招办老师教你填出好志愿

徐琳 编著

化学工业出版社
·北京·

内容简介

本书作者在"985工程"大学招生办公室工作7年,亲自参加大学招生录取工作,并参加过省级教育考试院录取投档工作,以及一线升学咨询工作。本书内容是作者全流程一线招生工作经验的总结与思考。书中通过拆解志愿填报的基本元素,帮助读者熟练掌握志愿填报底层方法,有学有练,以达到不受省份、时间和政策变化的局限,面对不同填报规则都能有效应对的目的。此外,作者通过自己总结的"123志愿填报法"框架,帮助读者快速了解志愿填报知识的全貌,系统掌握志愿填报方法。书中还解读了新高考背景下的多元升学路径,从国家、大学为什么要进行多元升学的角度,为读者解读多元升学如何备考。

本书非常适合高中生及其家长,以及高考志愿规划师、教育从业者阅读。

图书在版编目(CIP)数据

招办老师教你填出好志愿/徐琳编著. —北京:化学工业出版社,2021.2(2025.4重印)
ISBN 978-7-122-38495-9

Ⅰ.①招… Ⅱ.①徐… Ⅲ.①毕业生-高中-升学参考资料②高等学校-招生-介绍-中国 Ⅳ.①G647.32

中国版本图书馆CIP数据核字(2021)第023913号

责任编辑:成荣霞 　　　　　　　　　文字编辑:李　曦
责任校对:李　爽 　　　　　　　　　装帧设计:韩　飞

出版发行:化学工业出版社(北京市东城区青年湖南街13号　邮政编码100011)
印　　装:北京科印技术咨询服务有限公司数码印刷分部
710mm×1000mm　1/16　印张 16¾　字数 254千字
2025年4月北京第1版第5次印刷

购书咨询:010-64518888　　　　　　　售后服务:010-64518899
网　　址:http://www.cip.com.cn
凡购买本书,如有缺损质量问题,本社销售中心负责调换。

定　　价:58.00元 　　　　　　　　　　　版权所有　违者必究

序

徐琳老师与我，亦师亦友。徐琳老师小我几岁，但在国内高考升学规划这个领域，却实实在在是全国范围内的先行者之一，也最早提出了早期高考报考届普遍采用的"线差法"。时至今日，随着高考录取数据的日趋完备，"位次法""等位分法"更多地被普遍使用，但"线差法"依旧是我们判断学校录取"位置"的一个重要依据。一晃，都是快20年前的事情了。

徐琳老师曾是国内知名"985工程"高校的招办老师，在高校招生一线一干就是多年，同时因其对于录取工作的熟悉，多次被借调至当地教育考试院从事检录工作，属于少有的"科班出身"高考志愿填报专家。这些年，徐琳老师业余时间潜心在高考报考一线工作，既作为老师"传道授业"，教授高考升学规划从业者指导报考的方法和技巧，同时也抽出宝贵时间指导学生报考，属于理论与实战皆精通的资深专家。

徐琳老师的这本著述，可以说是其近20年的用心钻研所得，无论从内容结构还是陈述所及的观点案例，简直可以被称为一本高考升学规划师的培训手册。它是广大读者，更是考生家长用于准备自家孩子高考志愿填报不可或缺的工具书。

通常而言，一名高中毕业生填报高考志愿前，需要系统了解的内容大致包含如下的部分：科学的填报理念、林林总总的升学路径、本地高考招生相关政策、大学和专业的各种信息、报考的注意事项及填报的相关技巧等，内容繁杂，常常让家长感到压力和头疼。

在本书中，徐琳老师以"生涯规划决定志愿填报"的理念为核心引领，把复杂的高考志愿填报方法简化为"123志愿填报法"，不仅有助于家长首先明白基于孩子未来的长远规划是高考志愿填报的着眼点，同时"123"这种三段式的表述，也有助于家长消除对准备高考志愿填报这件事的畏惧感。

在内容呈现上，徐琳老师真是不惜笔墨，用了整整 11 章的内容系统全面地教授家长"好爸妈如何填出好志愿"。家长在阅读的时候，可以先通篇大致浏览一遍，然后根据自己的实际需要再进一步精读相关内容。从这 11 章内容脉络看，所涉及的模块分别是：报考理念、招生政策、数据运用、高校和专业认知、新高考志愿填报、多元升学路径、案例解读和注意事项，囊括了新、老高考志愿填报的所有相关内容。可以负责任地讲，掌握高考志愿填报的方法，这一本书就够了。

与徐琳老师相识多年，徐琳老师为人真诚坦荡，做事细致较真。本书的写作与出版，在我看来，真的是他多年沉淀与积累的结果，也是一直和自己较劲的结果。作为一名在高考升学规划的道路上，也有着超过十年从业经历的我，特别真诚地向各位家长朋友推荐此书。高考填志愿，读徐琳老师的书，没错！

是为序，也衷心祝福所有读过此书的读者朋友，填出好志愿，赢在新起点！

于晓宁
（重庆新起点教育创始人）

前言

2002年开始从事招生工作到2020年,我关注高考升学有18年的时间,从大学的招生办老师到省级教育考试院的录检员,这18年的过程中经历从顺序志愿到平行志愿,从考前、估分到出分志愿填报,从自主招生到强基计划、综合评价,见到千千万万个高考家庭的喜与悲,每次遇到努力12年取得不错的高考成绩,却因为高考升学知识的缺乏或不系统导致高考失败的考生,内心总有一种不安。

高考成功需要高考分数的成功和志愿填报的成功,二者缺一不可。分数的成功主要靠孩子的努力,志愿的成功更多的是靠家长,不管您事业有多忙,作为高中生的家长,在孩子最为重要的这三年,都应该高效高质量地做好孩子的规划师、咨询师,为孩子解决理念不对、方法不会、信息不足的问题,把孩子的高考成绩用好,把志愿填好,把大学升好,为孩子的职业和幸福人生打下一个坚实的基础。

虽然成功的道路千万条,条条大路通罗马,但是人生可以选择"匹配"的机会不多,更多的可能是需要适应,高考志愿填报是可以选择"匹配"的,应该珍视这个机会。高考志愿填报关系着每一个青年人的发展,是每一个青年人的人生重要转折点,稍有不慎就有可能留下人生中的遗憾。高考志愿填报无小事,千里之堤毁于蚁穴,任何一个细节上的失误,一个准备上的疏忽都有可能成为孩子生涯规划的绊脚石。它是一个系统工程,虽然网络时代关于高考升学的文章很多,但多数都是信息孤岛,只有将这些孤岛有效地串联起来,这些文章的指导性才有意义,切记不可以偏概全。

志愿填报切不可突击,不要错误认为这是高考出分之后的事情。要想做好志愿填报,需要花费一定的时间,家长一定要负起责任,与孩子并肩作战。同时,家长也要掌握好度,切忌不可大包大揽,反客为主。

本书并不完善,只代表了我一家之言,有一定的局限性,但这是我

18年始终关注高考升学的心得与经验，我尽量用最为通俗的语言表达出来，与家长、朋友们分享。希望本书内容对大家有所帮助，愿您的孩子考上理想的大学，实现自己的愿望。

在这儿我要感谢于晓宁、辛星、李大赫、刘玥玲、井华、王弘鹏、李刚、沈峰、董冠军、林楠、魏宇轩、周林玲、李博阳、任年璐、于燕等很多知名志愿填报专家提出的意见和建议，更要感谢我的家人对本书编写工作的支持，还要感谢很多家长、朋友为本书提供的一些案例素材。

徐琳
于南开园

目录

第一章　考得好就是高考成功吗　　1
第一节　先来看看这些案例，到底什么是高考成功　　1
第二节　高中家长的三级修炼，看看你现在是第几级　　3
第三节　助力孩子科学升学必须解决的三大问题　　6

第二章　想要报得好，家长必须掌握"123志愿填报法"　　10
第一节　从高考整个流程来看我们需要掌握的知识　　10
第二节　什么是"123志愿填报法"　　12

第三章　掌握1条准则：生涯规划决定志愿填报　　14
第一节　志愿填报的两种常见误区　　15
第二节　什么是生涯规划　　16
第三节　生涯规划中常用的几种自我认知测评工具　　19
第四节　如何看待"00后"孩子的志愿填报需要从人格特质出发　　35

第四章　熟知2种政策之一：省内政策　　40
第一节　省内政策了解渠道　　40
第二节　以河南省为例，手把手教你筛选出省内政策干货　　40
第三节　省内政策必懂知识：平行志愿、顺序志愿的投档规则　　56
第四节　平行志愿最怕的两大现象：滑档和退档　　61
第五节　如何正确对待平行志愿规则下的"冲稳保"　　63
第六节　通过案例进一步理解平行志愿规则　　66

| 第七节 | 顺序志愿的注意事项 | 70 |
| 第八节 | 你还必须详细了解的体检指导意见 | 71 |

第五章 熟知2种政策之二：高校政策 78

第一节	从哪里了解高校政策	78
第二节	招生章程的正确查询途径	79
第三节	以西南大学为例，手把手教你筛出高校政策的干货	82
第四节	高校政策必懂知识：没有黑幕，只有你不懂的专业级差	89
第五节	通过专业投档练习来理解专业投档规则	94

第六章 熟练掌握分析往年数据的方法 97

第一节	分析往年录取数据的两大常见误区	97
第二节	分析往年数据时的核心方法：位次法	104
第三节	常听人说分差法，什么是分差法，还能用吗	109
第四节	七步让你解决你最关心的：我家孩子考了600分，能报考哪些大学	113

第七章 如何深入了解一所高校 117

第一节	我国高校情况概览	117
第二节	深入了解一所高校的七个维度	120
第三节	了解高校的信息查询方式及一些其他注意事项	149

第八章 如何了解专业，选出适合自己的专业 152

第一节	中国本科专业概览	152
第二节	如何认识一个专业	179
第三节	选择专业的五个维度	182
第四节	了解专业的常见查询渠道	185

第九章　新高考后的高考志愿填报有哪些变化　188

第一节　我眼中的新高考改革背景　188
第二节　新高考，新在哪里　193
第三节　新高考下的志愿填报　196
第四节　对于家长来说，怎么应对新高考的变化　201

第十章　新高考背景下的多元升学路径　207

第一节　多元升学路径简要梳理　207
第二节　强基计划政策详解　224
第三节　综合评价录取政策详解　229
第四节　家长和考生如何准备强基计划和综合评价录取　230

第十一章　案例解读与志愿填报的其他几个重要问题　234

第一节　如何使用志愿填报选择的一般模型：大学、地域和专业　234
第二节　阳光招生下，警惕招生诈骗　237
第三节　网上填报高考志愿要慎重　239
第四节　看似位次不够的学校为什么又行了　241
第五节　新高考背景下，要注意了解大类招生的利弊　242
第六节　利用好高招咨询，起到事半功倍的效果　245
第七节　一位考生的志愿填报全程解读　249
第八节　志愿填报的知识你都掌握了吗　254

第一章

考得好就是高考成功吗

第一节

先来看看这些案例，到底什么是高考成功

高考成功，是所有高考家庭期待的结果，但现实中很多人对高考成功的理解很片面，特别是考爸考妈们。他们认为，只要孩子考得好，就是高考成功了。不可否认，考得好确实是高考成功的一个要素，但是却不是唯一要素，实际上每年都有一部分考生，经过12年的苦读，取得了不错的高考成绩，但是由于缺乏高考升学的基本知识，导致高分低就，甚至有一些考生因为对大学、专业不够了解而选错了专业和大学，即使到了今天信息如此充足的时期依然如此。

2017年，浙江有位考生，高考考了646分，这个孩子在近30万考生当中取得了5760名的名次，不得不说这是一个高考分数的成功者，但是这个孩子最终被录取到同济大学浙江学院。同济大学浙江学院是一所独立学院，原招生的批次是在"三本"招生，同济大学浙江学院同年在浙江录取的考生的最低分是515分，这个孩子以比最低分高出131分的成绩考入这所高校。当年这件事情瞬间在网络引起热议。孩子努力12载取得646分的成绩，我认为非常不容易，以这个分数，这个考生

可以考入诸如武汉大学、南开大学、华东理工大学等众多"985工程"大学，但是考生和家长很大概率是因为将同济大学和同济大学浙江学院混为一谈，而不知道二者是性质、层次等完全不同的两所大学。从目前来看，无论是发展的路径还是社会对这两所学校学生的认可度都是有一定差距的。而2017年是浙江实施新高考的第一年，所谓新高考，相比于老高考一定有很多的政策变动和调整，我认为，正是考生和家长没有把握这些政策的变化导致了这个现象的发生。那么646分考入三本在老高考时期为什么就不会存在呢？因为浙江省2017年的高考录取政策有一些调整，从原来的把高校分批次录取变成了把学生按照高考成绩分段录取，取消了原来的一本、二本、三本之说，即取消录取批次，把所有本科层次的高校放在一起录取。哪怕你是高考省排名第一名，如果你第一个志愿填报了原三本院校，也可以直接被录取；而以前这所院校，只有在原一本、二本高校录取完毕后才开始录取。我们试想一下，老高考时期，如果你考到646分，必然高出一本线很多分，那么一本院校会成为你重点考虑的高校，你也必然从一本院校当中选择高校填报，并大概率会被录取，而三本院校需要在三本批次填报，你想在一本批次填报根本是不可能的。2017年浙江考生中除了这个646分的考生以外，还有几个考生以非常高的高考成绩考入一些原三本院校，其分数也成为这些院校的历史最高录取分。从目前的情况来看，虽然录取批次合并是一个趋势，但不同高校的毕业生在社会认可度上会存在不同也是客观存在的。我觉得这些考生并非是主观意愿想到这些大学就读，而是由于对大学认知的不清楚和对规则变化的不了解造成的。我认为这种现象的发生，家长的责任要大于孩子。我在与很多高中生家长交流的过程中，发现大部分的家长其实很想帮助处于高中时期的孩子，但是很多家长并不知道怎么样、从哪些方面去帮助孩子。

再来看一个案例，2020年参加高考的浙江考生小丽，由于家长对于生涯规划、学业规划知识了解得比较早，综合孩子的性格、兴趣、能力、价值观，让孩子从高一就树立了学医的梦想。有了梦想，孩子在高中阶段也很努力，她想考取她心中最理想的大学——复旦大学医学部。但复旦大学医学部在浙江的高考录取分数每年都很高，为了多一次录取机会，小丽的妈妈早早就开始研究高考志愿填报的相关知识。新高考后，浙江的"三位一体"是高分考生步入知名高校的一条很重要的路，而这条路，特别是复旦大学"三位一体"招生通过初审的条件是，第一次就业、选考的三科外加英语成绩的总分，后续校测中，通过笔试者才有资格进入面试，笔试成绩成为能否参加面试的关键所在。按照以往复旦大学的录取规则来看，笔试成绩虽然不计入最终录取成绩，但是笔试却是筛选人的最重要环节，一般会有 5000~6000 人获得笔试资格，而进入面试的人数大多不足 1000 人。当然面试的成绩在一定程度上决定了你能以多少分的高考成绩进入这个大学。于是从高一暑假开始，小丽放弃了很多高中的娱乐时间，提早开始了解复旦大学往年的笔试真题，进行相应培训，在日常生活中注意提高自己的语言表达能力、思维逻辑能力等。功夫不负有心人，小丽取得了 652 分的高考成绩，但是这个成绩距离她的梦想大学还有很大的差距。复旦大学医学部临床医学专业当年的录取成绩最低分是 689 分，但是由于她在复旦大学"三位一体"笔试中的优异表现使得她能够顺利进入面试。面试中，小丽又取得了非常高的成绩，并最终凭借 652 分的高考成绩顺利考入复旦大学医学部学习临床医学专业，实现了自己的梦想。

一个 646 分考入三本，一个 652 分考入需要 689 分的复旦大学医学部，为什么会有如此差别？我们可以看到他们的区别是身后是否站着一位或两位善于学习高考升学知识的家长。考得好不等于高考成功，所谓高考成功需要在考得好的基础上再加上报得好，走得好。我认为高中阶段，考得好这个任务以考生为主、家长为辅，而报得好这个任务是以家长为主、考生为辅的。家长要想真正帮到孩子，其实就是系统地学习高考升学的相关知识，让孩子取得的那个分数的价值发挥到最大，为孩子选择到适合孩子的大学和专业，进而选择到适合孩子的行业和职业。

第二节
高中家长的三级修炼，看看你现在是第几级

孩子步入高中，特别是高二、高三，家长难免出现很多顾虑，想帮帮孩子又不知从何处入手。在我们的研究中发现，孩子高中阶段的学习

除了与孩子的努力、学校的培养息息相关之外，爸妈的学习水平和引导能力也是高考最终能否取得圆满结果的关键因素之一。从我们大量的高三家长案例和访谈调查中发现，一般来说，家长存在三种状态，我们把这些称为高中家长的三级修炼，修炼等级越高，越能帮助孩子在高考中取得理想的结果。

第一级修炼：做好家庭氛围、后勤工作，其他都是孩子自己的事。持这种观点的家长不在少数，特别是自己本身教育水平不高，工作比较忙的家长。他们往往把更多的精力放在为孩子提供更优越的学习环境上，比如租房陪读，给孩子做好饭，等等。他们不知道这样做还远远不够。从目前情况来看，高中生的学业是非常紧张的，他们很少有时间更多地关注时事，关注学习之外其他的东西，家长应该利用好一切可利用的时间引导孩子对时事和高考政策有所了解，那么前提就是家长对相关工作有所准备。我认识一个朋友，他的孩子上高中，学校距离家比较远，每天都是他开车接送，在车上需要一个多小时的时间。最开始他只是跟孩子聊聊天。孩子英语是弱项，听力丢分严重，他问我怎么办。我说你就利用好在车里的一小时就行了，但可能需要你多下功夫。他就每天登录各类网站，下载各类英语节目，把车内 MP3 的歌曲全部删掉，换成这些英语节目。刚开始孩子不理解，更听不懂，但随着时间的推移，孩子渐渐开始感兴趣了，并且能听懂一些内容。三年中，每天车里面一小时，日积月累，孩子的英语能力得到了很大提升。家长可以利用好一切可利用的机会让孩子拓展课外或相关的知识，前提是家长需要更用心、更细心，不推卸责任，不把高考备战完全当成是孩子的事。

第二级修炼：愿意投入时间，但学习不系统，对高考报考知识一知半解，想对孩子有所指导，但又感觉心里底气不足。处于这一级的家长，往往已经意识到志愿填报知识的重要性，但又苦于没有渠道，不知道如何学习，这一级的家长往往更容易出现志愿引导上的失误。我曾经接到过一个山东家长的邮件，他的儿子是 2011 年参加高考的考生，孩子本身就是复读生。为了孩子，一家人含辛茹苦。第一年孩子的成绩并不理想，没有达到山东的一本线，孩子选择了复读。第二年一开始，家长就跟孩子一起努力，看了很多志愿填报的文章，了解了很多平行志愿、专业级差一类的专业名词。孩子考分高出一本线 30 分，他咨询了某个一本大学的招生老师，也通过网上进行了咨询，还通过分差法计算出该校往年的录取分高出一本线 20 分左右，并最终报了该大学。他们一家认为，反正现在都实行平行志愿，该大学不行，后面还有其他学校。没想到报考大学当年在山东的录取线很高，结果孩子被调剂到山东省内某高校。我觉得能被调剂到一所在一批次招生的大学已经是不幸中的万幸了。家长在跟我交流的过程中一直在问我一个问题："山东为什么违反国家政策，不实行平行志愿？"这个问题使我哭笑不得。

一些家长通过网络掌握了一些填报志愿的知识，但这些知识如果没有系统串联起来，很可能最后会害了孩子。还有的家长，不愿意自己投入时间去学习，把孩子的志愿完全委托给一对一的教育机构来做一对一志愿填报。这样做并非绝对不行，但目前这种机构的水平也是参差不齐的。如果你自己本身不懂，很难判断哪些是可靠的，哪些是不可靠的。而且毕竟家长才是对孩子了解度最高的人，有些一对一的服务只用半小时就帮你出完志愿表，毫无对孩子的了解可言，更难保证志愿与孩子的匹配性。因此，家长系统地学习掌握志愿知识还是非常有必要的。

第三级修炼：成为志愿填报、高考报考知识的"专家"。一听到专家这个词，很多家长觉得不可能达到这个水平，其实恰恰不是。以我的经验来看，仅对于自己孩子的报考来说，通过一段时间的学习，家长完全可以成为志愿填报的专家。因为每个孩子在报考的时候都有所侧重，家长需要把精力集中在与孩子分数、兴趣等匹配的高校上，并不需要全面了解所有高校。比如孩子成绩很好，在省重点中学就读，往年同一高中与孩子成绩相当的毕业生都可以考入原"985 工程"大学，那么家长在深入了解大学时就需要集中精力了解 39 所原"985 工程"大学上，最多再关注一些原"211 工程"大学中的高分院校，而并不需要把所有高校都进行深入了解。有的孩子立志学医，家长就可以以医学为中心，延展性深入了解一些相关专业，并不一定要把所有专业都覆盖。每年都有很多善于学习的家长从孩子步入高中就开始关注信息，学习知识，有条件的系统地看看志愿填报知识方面的书籍。在我看来，首先，书籍的学习比网络更好，因为网络的知识太片面，而书籍往往是成体系的。如果有条件可以听听讲座，最好是系统学习的讲座，当然现在网络很发达，可以选择一些网课等。其次，在高考改革的大背景下，家长应该关注一些多元升学路径的问题，像强基计划、艺术特长生、综合评价录取等。机会是留给有准备的家长的孩子的。如果不了解这类信息，必然导致孩子丧失这样的机会的可能性增大。从以往经验来看，在这些方面做得好的家长，往往会给孩子设计出一条合适的升学路径，往往能让孩子综合自身优势，利用好一些特殊招生政策，让孩子的高考升学得到更为满意的结果。同时，用这些家长的话来说，经过孩子三年的高中学习、高考准备，自己都能给别的孩子做指导了，其实就已经俨然成了一个志愿专家。

成绩靠孩子，志愿靠家长，这是经过千百万个高考家庭得出来的结论。孩子最终志愿填报得是否科学，对高招政策的把握是否准确，很大程度在于父母的学习程度。希望所有的高考父母都能努力学习，跟孩子一起准备高考，迎接高考，做一个高考过程中的好爸妈。

第三节
助力孩子科学升学必须解决的三大问题

在关注高考升学 18 年的时间里，我觉得很多家长填不出好志愿，往往存在三大问题：第一，理念不对；第二，方法不会；第三，信息不足。

关于理念不对的问题，第一个常见的错误是每个人都会有一些固有的思维，这其实是一个很正常的现象，但是社会在发展，也在变化，特别是近两年大多数省份都处在新老高考的交替时期，很多高考政策都在发生变化，用老思维面对新高考就是理念不对的一个常见现象。比如前面举例中提到的 646 分上了三本的孩子的家长，在政策发生变化的时候，就没有想到这个政策的变化会对自己和孩子提出哪些新的要求。实际上录取批次的取消就要求家长必须对所报大学有更多了解。该家长忽略了这一点，酿成苦果。在理念问题上的第二个常见错误就是很多家长在志愿填报这个事情上总是抱着"我以为"的态度，遇到事情总是我以为怎么样，而缺乏一些探索精神。这个态度在高考升学上也是要不得的。志愿出错的家长往往在谈及这个结果和错误的时候就会说到我以为这件事怎么样。比如有个考生填报志愿，没有服从专业调剂，结果被退档直接进入征集志愿行列。家长在谈到这个问题的时候追悔莫及，说"我以为退档了还可以往后面的学校投"。多数高考升学的政策都是客观的，该查文件的查文件，该掌握方法的掌握方法，千万不可大意。第三个常见的错误就是很多家长总觉得高考离我还远，我等到出分以后再说吧。每年在接待单独咨询家长的过程中，我也能体会到家长不懂高考升学知识所带来的困扰。2020年的一名北京考生，从他的位次和往年高校录取排名来看，他最佳的选择可能是在北京选择一所公办本科院校，但是他由于平时没有跟家长在高校和专业选择上有任何沟通，所以在自认为没有考好的情况下，便在志愿填报上与家长产生了分歧，自己提出坚决不留北京，原则就是离家长越远越好，而实际上他这个位次到了外地也选不到更高层次的高校。但这个时候的孩子已经非常难沟通，很可能最后妥协的是家长，其选择就不能说是科学的升学。分析他的情况，第一，从模拟考试的校排名、区排名来换算市排名，他的高考基本属于正常发挥。但为什么他会有没有考好的印象呢？我觉得跟家长不懂升学知识有关系。家长如果能在孩子一模、二模考试的时候根据排名为孩子指出可能考取的大学，学生如果觉得高校或专业不够理想，他还有努力的时间；而家长不懂升学知识，就只能任由孩子自我想象。等到高考后，丰满的理想和骨感的现实之间的差异，让孩子很难接受，也没有了努力的时间和空间，于是便很难沟通，很多家庭为此付出的代价很高。第二，如果家长可以掌握一些高考升学知识，孩子的学习内驱力就会有所提升，对学习就会有所把控，也不会出现志愿填报的任性和非理性选择。平时依据孩子的考试成绩帮助孩子设立一些具体的升学目标，而不是泛泛地跟孩子说，考个好大学或好专业。例如，我表哥的孩子，在吉林省的一所著名初中上学，孩子的成绩很一般，基本在班里也就是中等水平。男孩子在这个年龄往往爱玩，这个孩子对手机游戏、电脑游戏有些痴迷，后来中考成绩也不是非常理想，从著名初中滑落到了一所吉林省二类高中。我建议表哥利用假期带孩子来一趟天津，进而可以到北京走一走。表哥正好有时间，就带着孩子来了天津。在天津，我们去了各个大学转了转，其中包括南开大学、天津大学、天津医科大学、天津财经大学、天津师范大学、天津城建大学、天津农大以及几所大专高职院校。然后我们又去了北京，先后到了北京大学、清华大学、中国人民大学以及北京的其他不同类别的一些学校。在游学校的过程中，我们并没有给孩子讲太多哪个学校好或者不好，而是让孩子自己去体验。果然，走了一圈后听我表哥说，孩子回去后非常努力，自己就规定了玩电脑的时间，自己有了体验，也就能够把好大学或好专业的目标具体化，进而把为目标而努力细化到每一天，每一小时，每一分钟。

方法不会是家长最为常见的问题。这个问题分为两类：第一类就是由于不关注，所以不知道；第二类就是很关注，但是不系统。不知道和不系统就成了家长在志愿填报方法掌握上的两大难点。完全不知道的家长一般到了最后会去想办法求助懂的人填报，而不系统的家长往往更容易出大问题。如 2020 年的一个北京考生，母亲是一个中学的年级主任，多年的高三带班经验让这位母亲对志愿填报非常有信心。孩子分数不高，考了 482 分。2020 年北京每人在普通本科批次可以填报 30 组志愿组，孩子还是挺幸运的，投档进入北京服装学院的 04 专业志愿组，这个专业志愿组只有一个高分子材料与工程专业。北京市公布投档线的时候，一家人很高兴，想着很快就能收到北京服装学院的录取通知书了，但收到的却是孩子被退档的消息。究其原因，是因为孩子在体检的时候检测出有轻微色弱。家长虽然对于平行志愿如何把控，以及如何利用往年分数的问题搞得很清楚，但是却忽略了体检问题也是退档的常见原因之一的问题，不系统的志愿填报知识导致了这样的问题的发生。不系统学习在现在这个信息非常发达的时代是一个很常见的问题，很多家长东一篇文章、西一个视频地看，看似也学习了很多，但这些信息，都是一个个点，并不是一个体系，而志愿填报的知识需要的是一个体系，所以对于高考升学知识系统地掌握和学习是非常必要的。

关于信息不足的问题，也是常见的问题。特别是对于大学和专业的了解和理解。知己知彼百战百胜，对于选择的大学和专业的了解，是科学选择的前提。然而很多考生和家长往往在这些内容上是有所欠缺的，在录取批次合并的大趋势下，很多家庭由于对大学没有足够的认识，导致原本能上"985 工程"大学的学生选择了三本；也有很多家庭在专业认知上不够，导致选错专业，如孩子本来想以后从事园艺设计的工作，选择专业时没有选择园林专业却选择了农学的园艺；想当医生的孩子却选择了生物医学工程这个更偏重于研究器械的学科。孩子在高中三年学习紧张，没有更多的时间了解大学和专业，家长在这个方面应该成为孩子的咨询师，在孩子未来填报志愿时或者在平时跟孩子沟通交流的过程中，家长可以给孩子解释一些专业内容或大学特色，帮助孩子更好、更快、更有效地了解这些信息。除此之外，大学和专业的选择更多的也是为未来的职业服务，所以了解行业和职业也是一件家长必然要做的事情，更好地了解行业、职业对于大学、专业背景的入职要求的需求，以及胜任这个职业所需的技能，也能帮助孩子为职场做好准备，从而实现人生的幸福。

第二章

想要报得好，家长必须掌握"123志愿填报法"

第一节 从高考整个流程来看我们需要掌握的知识

从图2-1高招录取工作流程图来看，志愿填报的整个过程，大体涉及三个主体：当地省级教育考试院（或省级招生办公室）、高校、考生。

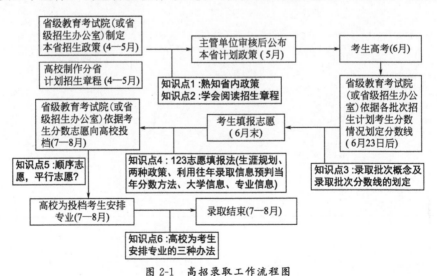

图2-1 高招录取工作流程图

当地省级教育考试院负责本省的招生政策的制定，负责考生从报名、信息汇总、投档的组织和录取的检查监督等整体的高考录取工作。

高校招办负责依据总的招生计划数制订分省招生计划，制定本校的招生规则，对投档考生的档案进行审核、分配专业或录取退档等。

考生当然主要就是依据高考分数进行志愿的填报。

第一步，每年 4—5 月，省级教育考试院（或省级招生办公室）会依据当年国家的总体指导意见和本省的具体情况制定本省的招生政策，一般都会出台一个某某省某某年普通高等学校招生录取实施办法的文件，不同的省份名称可能不一样，但一般都会有这样一个文件。这个文件会详细规定这个省这一年什么样的人符合报考条件、省里面设置多少个录取批次、每个录取批次实行什么样的投档规则等。与此同时，各招生高校也需要依据国家总体指导意见和本校的情况制定本校的招生政策，也就是会制定本校的招生章程，招生章程当中会规定对进档考生安排专业的具体办法是什么，规定学校有哪些特殊的专业需要特殊的一些要求，比如某某专业必须要求外语单科成绩达到 120 分以上或某某专业只招男生或女生等。

第二步，每年 5 月前后，省级招生录取实施办法会经过省级招生工作领导小组和教育部审核后向社会公布。这个文件在一定程度上可以说就是当年该省的高考录取规则。高校的招生章程则需要经主管单位审核同意后向社会公开公布，比如教育部直属高校就需要教育部审核，省属高校就需要省级教育主管部门审核。高校的招生章程是高校当年实行高考录取的一个依据。

特别提醒一下，从以上的描述中不难看出：第一，高考录取分省进行，作为考生和家长不需了解其他省份的政策，但一定要熟知本省政策；第二，高考录取政策是按照年份进行，有一定时效性，不能用老规则参与新游戏，一定要对当年政策熟知；第三，对欲报考的高校的招生章程需要熟悉掌握。

第三步，6 月初考生高考，6 月 23 日左右查分，一般省份在 6 月末、7 月初进行高考志愿的填报，个别省份会分批填报，比如天津市 6 月末、7 月初填提前批次和本科批次志愿，8 月才填专科志愿，这些内容均以省内当年规定为准，考生和家长要注意查看。出分的同时，省级教育考试院（或省级招生办公室）一般会划定一个高考录取批次分数线,也就是我们平时说的一本线、二本线,或者新高考地区叫一段线、二段线,不同的划法有不同的含义,这部分内容我们等到讲解熟知省内政策部分和新高考章节部分再详细讲解。

第四步,考生填报完志愿之后,省级教育考试院(或省级招生办公室)会按照之前文件中规定的录取批次来依次进行录取投档,同时不同的录取批次一般采取不同的投档规则向高校进行投档。这里面就有一个非常重要的知识点叫作平行志愿或者顺序志愿。所以这里先要明确一个概念,就是平行志愿和顺序志愿指的是省级教育考试院(或省级招生办公室)向高校进行投档的时候的一种方法,千万不要与下一步高校分配专业的办法混淆。至于我们如何理解平行志愿和顺序志愿,如何更好地运用好方法应对平行志愿和顺序志愿,我们后续章节再详细解读。

第五步,电子档案从省级教育考试院(或省级招生办公室)投档至高校,高校要做的一个重要工作就是审核考生的电子档案,并把投档考生分配到不同的专业或退档。在这一步当中,非常重要的知识点一是要掌握大学在分配专业时的三种方法:有级差、无级差、志愿清以及它们的不同的应对策略。二是掌握什么情况下会出现退档。

第六步,录取结束。

第二节
什么是"123志愿填报法"

依据上节中所讲内容,综合自己18年的高考升学经验,我总结出一个考生家长必须掌握的志愿填报知识框架,叫作"123志愿填报法";所谓"123志愿填报法",就是掌握1条准则:生涯规划决定志愿填报;熟知2种政策:省内政策和高校政策;运用3类信息:往年录取分数信息、高校信息和专业信息。

可以说掌握了这个基本方法的框架,家长就基本上可以填出一个好志愿。但是框架看似简单,实际上内容却很丰富,甚至是学无止境,比如对高校信息的掌握了解,看似就四个字,但是内涵却是非常多的,你可以用3分钟了解一所高校,同样你也可以用一天了解一所高校,了解程度的不同可能导致对学校的认知会不同,那么选择的科学性也就会不同。

相比较而言,志愿填报的学习,方法不会的问题比较好解决,通过阅读本书基本上可以解决家长和考生志愿填报方法不会的问题,但是理念不对,特别是信息不足问题的解决是比较困难的,这类问题的解决必须靠大量的资料收集、整理、学习,所以这部分内容需要投入大量时间、精力,也是学无止境的。但无论如何,多学习多了解,合理利用规则是必要的。

第三章

掌握1条准则：生涯规划决定志愿填报

前些年，有两位天津文科考生，一位是学习成绩非常优秀的小文，当年高考成绩655分，文科全市排前20名。另一位是学习成绩也不错的小华，高考成绩567分，文科全市排第3400名。小文当年以比最低分高一分的成绩考取北京某"985工程"大学历史学专业，小华则考取了位于西安的陕西师范大学的历史学专业成了当时被称为免费师范生的学生（免费师范生后改为公费师范生）。很凑巧，这两位高考时相差88分的同学毕业后都回到天津就业，最后应聘到同一所中学当高中老师，小华由于当年的免费师范生政策，国家保证编制，到岗就有编制，而小文则被这所中学聘为校聘制，暂时没有编制。如果要取得编制，小文可能还要通过事业编考试才行，按照目前的情况，如果想参加这所学校的事业编考试，小文可能还需要读个研究生，因为天津市目前很多中学通过事业编考试的招聘对象最低学历都是研究生学历。

当年高考成绩的佼佼者在就业时却处于下峰，究其原因，主要是生涯规划没有做好。从生涯规划的角度说，两个关键词很重要：一个叫匹配，一个叫适应。

匹配，就是你在做志愿填报的时候，对自己所选的专业、大学，职业、行业，未来规划有深刻的了解，并尽量做出恰当、匹配的选择，就像小华一样，高考前就立志做历史老师，选择了最为适合自己分数的升学路径升学，进而实现职业理想。但是现实中，个人觉得完美的匹配是可遇而不可求的，很少有人能够做得到。很多人可能会因为这样或那样的原因没有做到匹配，那么就应该更好地去适应。就像上例中的小文，如果像小华一样，真的在志愿填报时就考虑好了要当历史老师，也许当年北京师范大学或华东师范大学的免费师范生历史学专业将会是更佳的一种选择。如果已经被现在所就读大学的专业录取，没有选择到匹配的大学和专业，那么就应该从如何更好适应出发，这种适应应该是为了适应未来目标而做出的调整，以弥补前一个选择的不匹配。例如上文中的小文，如果本来报考的是会计学专业，未来职业目标也是进公司做会计，但是不巧被调剂到历史学专业，这时可以考虑在已经学习了历史的前提下，如何去实现职业的理想，比如是否可以双修一个专业，或者是不是可以自己考个证。如果小文就是想从事跟历史相关的工作，那么小文现在这所学校的最佳未来职业选择是什么？相比于小华的陕西师范大学的免费师范生来说，小文就读的高校社会认可度更高，地理位置更好，保研率更高，本科毕业去中学当老师可能就不是小文的最佳职业选择。至少可以在本科阶段努力学习取得更好成绩保研、读博，进而做研究性工作。

第一节
志愿填报的两种常见误区

说起志愿填报的误区，让我想起了很多年前的一件事。张丽，2011年陕西文科考生，高考分数599分，当年一本线543分，高于一本线56分，高考排名650名左右。考生的父母比较早就开始学习志愿填报知识，对高校的情况进行了大范围的圈定，在高考分数出来后，通过分析、咨询逐步缩小了填报的范围，最终依据分数帮孩子确定了志愿填报表的草表，然后一家人开始讨论最终志愿表。孩子表示一直对文学很感兴趣，也有志于从事跟此相关的工作，父母商量后，还是决定要按照"冲一冲，稳一稳，保一保"的原则来填报，如果能冲上"好学校"，专业也无所谓了，但在稳一稳方面，家长觉得还是先报金融等热门专业，但也尊重孩子的意愿把汉语言文学填在了后面。结果该生冲一冲的学校因分数不够没有投档，而被录取到平行志愿中一所"985工程"大学的金融专业，家长非常高兴。这种高兴的气氛没有维持多久，孩子到大学后因对所学专业课程没有兴趣，大一两学期就挂了几科，本应大一拿到的几个学分没有拿到，每天专注于研读文学书目，还因挂科被学校学业警示，后来孩子对所学专业越来越没有兴趣，一度出现抑郁等情况，家长为此后悔不已。

从目前情况来看，由于过多地专注于成绩的提高，考生和家长对大学、专业，甚至对孩子自己都了解甚少，很多考生和家长以分数为标准来填报志愿，认为"把分数用足"是志愿填报最理想的事，能够压线进入某些高校某些专业才是最好的，但实则不然，按照先高校后专业这种录取模式来说，压线进入高校往往无法进入适合自己的专业。无法将专业与学生特点结合在一起，加之大学的学习比中学相对自由度更高，很多孩子因兴趣不在，无法集中精力学习，从而导致很多问题。

现实情况中，还有一部分父母乐于以就业"好坏"为标准填报志愿，认为考到一个就业率高的高校和专业就是好志愿，这种想法也是有偏颇的。首先，就业情况的好坏是整体上而非个体上的，可能这个专业很好就业，但毕竟达不到100%，那么如果不适合孩子，很可能那无法就业的就是自己的孩子这个个体。其次，就业形势的好坏是随着国家经济发展不同阶段有所不同的，比如从最初的学好数理化走遍全天下，到后来的英语、计算机热，再到经济管理热，又到了今天的电子、计算机热，专业的冷热程度，就业的难易程度并非一成不变的。最后，同一个专业的学生到了就业的时候，就业的质量也是千差万别的，因此，只有选择到适合自己的专业、大学，让它符合自己的职业生涯规划才是正路。

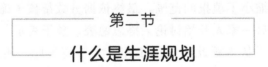

第二节　什么是生涯规划

生涯规划实际上可以归纳为四个词：知己、知彼、行动、决策。在志愿填报的环节，家长和考生需要对孩子自身的兴趣、性格、能力、价值观有所认知，同时对不同大学、不同专业和未来不同职业、不同行业的要求有所认知，通过志愿填报这种决策来匹配大学专业和职业行业的需求，通过志愿填报为大学生活和职场乃至一生的幸福人生打好基础。

教育正从以分为本向以人为本转变，特别是2014年国家出台高考改革政策后，这种转变更为明显。在我看来，生涯规划对志愿填报有着决定性的影响，也就是考生和家长要在充分认识了自我的基础上，在了解了高校、专业、职业、行业的基础上，依据自己的高考分数选报适合自己的专业和大学，达到人校匹配，进而实现未来的人职匹配，以人为本地选择适合的专业和大学，并为未来选择适合的职业和行业做好准备。把志愿填报当成职业生涯规划的一个实现途径是比较合适的选择。

当前情况下，志愿填报时期的自我认识不足或对大学、专业、职业、行业对人的要求的认知的不足而造成的问题有很多。据《中国青年报》报道，2008年的高考，周浩考出了660多分，是青海省理科前5名。本来他想报考北京航空航天大学，但这个想法遭到了家人和老师的一致反对，父母觉得这样高的分数不报考清华、北大简直就是浪费，高中班主任也一直希望他能报考更好的学校。而据报道，周浩从小就喜欢机械，如果能够进入北京航空航天大学，有很多实用性的课程，这比较对周浩的胃口。但是，顶不住家长和老师的苦口婆心，周浩最终还是妥协了，报考了北大并被录取到生物科学专业。到了北大，周浩不适应这种侧重于理论和分析的学科，没有兴趣的专业让周浩痛不欲生，每天接受的都是纯粹的理论更让他头昏脑涨。对于未来也变得非常迷茫，"不喜欢学术，搞不了科研，但是生命科学系的很多学生未来几乎都会读研究生，这样的路并不是我想走的。"于是，周浩学习开始不那么积极了，不再像刚入大学那会儿跟着室友一起去上自习。用他自己的话来说就是："越来越迷茫，不知道自己的出路在哪儿。"就连作业，周浩也不再认真完成，每次都是敷衍了事。于是，他决定大二先休学一年并来到深圳打工。到了深圳，周浩觉得自己应该认真规划一下自己的未来。休学期间，他当过电话接线员、做过流水线工人，没有一技之长又不擅长交际的周浩感受到了社会的残酷。对于深圳的经历，周浩坦言道："对于人间冷暖有了初步的体会，大家不会因为你是大学生就尊重你，就会多给你一次尝试的机会。"周浩开始选择适合他的学校。"在网上搜到了北京工业技师学院,它的水平在行业内是领先的。既然想学点技术,尤其是数控技术,那这里就是最好的地方。"最终,周浩从北大退学选择入学北京工业技师学院,开始寻找自己的梦。

周浩这种情况绝非个案,"分数"可能确实"用足"了,孩子却不喜欢,以致到了大学学不进去,拿不到毕业证,拿不到学位证,甚至中途退学。这种情况很多。出现这种情况的很大比例都是因为当初的志愿选择依据分数来进行填报,以"不浪费分数"为最重要目的,殊不知未来不是分数的,而是孩子的。因此结合孩子的兴趣、性格、能力、价值观来选择志愿是非常重要的。无论是学业规划还是升学规划,都应该立足自身,从认识自己开始。社会处于不断的发展变化之中,特别是中国社会高速发展,用几十年完成了西方几百年的进程,没有人能够准确地预测出未来10年的行业发展、就业情况等,所以只有客观地认知自我,结合自身的特点、行业规划和家庭情况等背景因素,站在把志愿填报当成自己生涯规划的一部分来考虑问题,才能做好志愿的选择工作。总结起来就是立足自我,适应社会,面向未来。

志愿填报其实是孩子成长过程中最关键的一个转折点,是生活轨迹选择的开始,甚至可以说志愿是选择未来人生的开始。换句话说,你填了什么样的志愿,等于你一生就选择了什么样的生活。很多人认为这句话我言重了,其实不然,家庭和每个人的人生都面临着很多选择,而志愿填报是非常重要的选择之一,它往往决定了一个人一生的生涯轨迹,关系到家庭的未来走向。志愿填报不仅仅涉及你考到哪所大学,还涉及你所就读大学的所在城市,因为这座城市很可能就是你以后生活的城市。从南开大学的就业情况来看,南开大学每年毕业的本科生有五六成,甚至更高比例,留在天津工作,为什么会这样?大学生找工作本来不受地域限制,但理想往往抵不过现实。比如你在天津上大学,天津的企业出于方便的考虑,往往将招聘的目光更多地投向天津的大学;而你本身就具有天津户口,不牵扯到进津指标等现实中的条件,促使你在天津就业的可能性极大;如果你本身是外地人,又是独生子女,可能就面临将来举家迁往天津的局面,看似跟生活没有关系的志愿填报,其实恰恰是生活轨迹选择的开始。所以,对志愿填报的重视,应该把它看作是家庭未来生活、孩子未来生活的战略选择。

第三节
生涯规划中常用的几种自我认知测评工具

按照生涯规划中的常使用的自我认知理论来说，个体自我认知主要是通过认知个体的兴趣、性格、能力、价值观四个维度来实现。那么具体该如何操作呢？生涯规划中的自我认知部分可以使用一些测评工具。使用测评工具前，我们必须先明确几个要点。

第一，测评工具一般都有一定的施测流程，应该严格按照施测流程实施，保证测评环境合格。

第二，人性复杂多变，测评工具的有效性和可信度都不可能达到100%，测评结果仅是帮助孩子认知自我的一个参考、一个工具，不要给孩子贴标签，限制孩子的发展和各种可能性。

第三，工具的使用，最好通过专业人士施测、解读。

第四，从人的角度来说，兴趣也好，性格、价值观也好，并没有好坏之分，能力也是有的人这方面强，有的人那方面强，只是未来不同的职业或行业或岗位需要不同的兴趣、性格、能力、价值观的人来适应，适合的就是最好的。

下面我们就来介绍几个常用的测评工具：第一个是霍兰德职业兴趣测评，这个测评在高考志愿填报工作中的应用也是最为广泛的。

美国学者约翰·霍兰德（John Holland）认为，人的兴趣与职业密切相关，个人职业兴趣会直接影响到人们的职业选择。

大多数人可以被归纳为六种类型：现实型（R）、研究型（I）、艺术型（A）、社会型（S）、企业型（E）和传统型（C）。这六种类型按照一个固定的顺序可排成一个六角型（RIASEC）。

在我们的社会环境中，有六类职业：现实型（R）、研究型（I）、艺术型（A）、社会型（S）、企业型（E）和传统型（C）。同样这六大职业类型，按照一个固定的顺序可排成一个六角型（RIASEC）。

测测您的职业兴趣

为更快捷地识别自己的职业兴趣,下面我先邀请您做一个测试。这就是非常著名的霍兰德职业兴趣量表。

霍兰德职业兴趣量表

姓名:　　　性别:　　　年龄:　　　日期:

本测验量表将帮助您发现并确定自己的职业兴趣和能力特长,从而更好地帮助您做出求职择业或专业选择的决策。

本测验共七个部分,每部分测验都没有时间限制,但请您尽快按要求完成。

第一部分　您心目中的理想职业(专业)

对于未来的职业(或升学进修的专业),您得早有考虑,它可能很抽象、很朦胧,也可能很具体、很清晰。不论是哪种情况,现在都请您把自己最想干的3种工作或想读的3种专业,按顺序写下来,并说明理由。请在所填职业/专业的右侧按其在您心目中的清晰程度或具体程度,按从很朦胧/抽象到很清晰/具体分别用1、2、3、4、5来表示,如5分表示它在您心中的影像非常清晰。

一、职业/专业:　　　　　清晰/具体程度:
理由:
二、职业/专业:　　　　　清晰/具体程度:
理由:
三、职业/专业:　　　　　清晰/具体程度:
理由:

以下第二、三、四部分每个类别下的每个小项皆为是否选择题,请选出比较适合您的,与您的情况相符的项目,并按有一项适合的计1分的规则统计分值,将相应分值填写在第六部分的统计项目中。

第二部分　您所感兴趣的活动

下面列举了若干种活动,请就这些活动判断您的好恶。喜欢的计1分,不喜欢的不计分。请将答案直接写在第六部分统计表中。

R:现实型活动统计( )	S:社会型活动统计( )
1. 装配修理电器或玩具	1. 参加单位组织的正式活动
2. 修理自行车	2. 参加某个社会团体或俱乐部活动
3. 用木头做东西	3. 帮助别人解决困难
4. 开汽车或摩托车	4. 照顾儿童
5. 用机器做东西	5. 出席晚会、联欢会、茶话会
6. 参加木工技术学习班	6. 和大家一起出去郊游
7. 参加制图描图学习班	7. 想获得关于心理方面的知识
8. 驾驶卡车	8. 参加讲座或辩论会
9. 参加机械学习班	9. 观看或参加体育比赛和运动会
10. 装配修理机器	10. 结交新朋友
I:研究型活动统计( )	E:企业型活动统计( )
1. 阅读科技图书或杂志	1. 鼓动他人
2. 在实验室工作	2. 卖东西
3. 改良水果品种,培育新的水果	3. 谈论政治
4. 调查了解土和金属等物质的成分	4. 制订计划、参加会议
5. 研究自己选择的特殊问题	5. 以自己的意志影响别人的行为
6. 解算术或数学游戏	6. 在社团中担任职务
7. 物理课	7. 检查与评价别人的工作
8. 化学课	8. 结交名流
9. 几何课	9. 指导有某种目标的团体
10. 生物课	10. 参与政治活动
A:艺术型活动统计( )	C:传统型活动统计( )
1. 素描/制图或绘画	1. 整理好桌面与房间
2. 参加话剧/戏剧	2. 抄写文件和信件
3. 设计家具/布置室内	3. 为领导写报告或公务信函
4. 练习乐器/参加乐队	4. 检查个人收支情况
5. 欣赏音乐或戏剧	5. 打字培训班
6. 看小说/读剧本	6. 参加算盘、文秘等实务培训
7. 从事摄影创作	7. 参加商业会计培训班
8. 写诗或吟诗	8. 参加情报处理培训班
9. 进艺术(美术/音乐)培训班	9. 整理信件、报告、记录等
10. 练习书法	10. 写商业贸易信

第三部分 您所擅长的活动

下面列举若干种活动,请选择您能做或大概能做的事。

R:现实型能力统计(　)	S:社会型能力统计(　)
1. 能使用电锯、电钻和锉刀等木工工具	1. 有向各种人说明解释的能力
2. 知道万用电表的使用方法	2. 常参加社会慈善活动
3. 能够修理自行车或其他机械	3. 能和大家一起友好工作
4. 能够使用电钻、磨床或缝纫机	4. 善于与年长者相处
5. 能给家具和木制品刷漆	5. 会邀请人、招待人
6. 能看建筑设计图	6. 能简单易懂地教育儿童
7. 能够修理简单的电器设备	7. 能安排会议等活动顺序
8. 能修理家具	8. 善于体察人心和帮助他人
9. 能修理手机	9. 帮助护理病人和伤员
10. 能简单地修理水管	10. 安排社团组织的各种事务
I:研究型能力统计(　)	E:企业型能力统计(　)
1. 懂得真空管或晶体管的作用	1. 担任过学生干部并且干得不错
2. 能够列举三种蛋白质含量高的食品	2. 工作上能指导和监督他人
3. 理解铀的裂变	3. 做事充满活力和热情
4. 能用计算尺、计算器、对数表	4. 有效利用自身的做法调动他人
5. 会使用显微镜	5. 销售能力强
6. 能找到三个星座	6. 曾作为俱乐部或社团的负责人
7. 能独立进行调查研究	7. 向领导提出建议或反映意见
8. 能解释简单的化学现象	8. 有开创事业的能力
9. 能理解卫星为什么不落地	9. 知道怎样做能成为一个优秀的领导者
10. 经常参加学术的会议	10. 健谈善辩
A:艺术型能力统计(　)	C:传统型能力统计(　)
1. 能演奏乐器	1. 会熟练使用 Word、Excel 等办公软件
2. 能参加二部或四部合唱	2. 会用复印机或传真机
3. 独唱或独奏	3. 能快速记笔记和抄写文章
4. 扮演剧中角色	4. 善于整理保管文件和资料
5. 能创作简单的乐曲	5. 善于从事事务性的工作
6. 会跳舞	6. 善于用计算器或算盘
7. 能绘画、素描或书法	7. 能在短时间内分类和处理大量文件
8. 能雕刻、剪纸或泥塑	8. 习惯用电脑处理问题
9. 能设计板报、服装或家具	9. 能搜集数据
10. 能写一手好文章	10. 善于为自己或集体做财务预算表

第四部分　您所喜欢的职业

下面列举了多种职业,请认真地看,请选择您有兴趣的工作,有一项计 1 分,不太喜欢或不关心的工作不选,不计分。

R:现实型职业统计(　)	S:社会型职业统计(　)
1. 飞机机械师	1. 街道、工会或妇联干部
2. 野生动物专家	2. 小学、中学教师
3. 汽车维修工	3. 精神科医生
4. 木匠	4. 婚姻介绍所工作人员
5. 测量工程师	5. 体育项目教练
6. 动物饲养员	6. 福利机构负责人
7. 园艺师	7. 心理咨询师、职业规划师
8. 长途汽车司机	8. 共青团干部
9. 电工	9. 导游
10. 火车司机	10. 国家机关工作人员
I:研究型职业统计(　)	E:企业型职业统计(　)
1. 气象学或天文学者	1. 厂长
2. 生物学者	2. 电视剧/电影制片人
3. 医学实验室的技术人员	3. 公司经理
4. 人类学者	4. 销售员
5. 动物学者	5. 不动产推销员
6. 化学学者	6. 广告部长(经理)
7. 数学学者	7. 体育活动主办者
8. 科学杂志的编辑或作家	8. 销售部长(经理)
9. 地质学者	9. 个体工商业者
10. 物理学者	10. 企业管理咨询人员
A:艺术型职业统计(　)	C:传统型职业统计(　)
1. 乐队指挥	1. 会计师
2. 演奏家	2. 银行出纳员
3. 作家	3. 税收管理员
4. 摄影师	4. 计算机操作员
5. 记者	5. 书记人员
6. 画家、书法家	6. 成本核算员
7. 歌唱家	7. 文书档案管理员
8. 作曲家	8. 打字员
9. 电影电视演员	9. 法庭书记员
10. 电视节目主持人	10. 人员普查登记员

第五部分　您的能力类型简评

下面两张表是您在 6 个职业能力方面的自我评定表。您可先与同龄人比较出自己在每一方面的能力，然后斟酌后对自己的能力做评估。请在表中适当的数字上画圈，数值越大表明您的能力越强。

注意，请勿画同样的数字，因为人的每项能力不会完全一样的。

表 A

R 型	I 型	A 型	S 型	E 型	C 型
机械操作能力	科学研究能力	艺术创作能力	解释表达能力	商业洽谈能力	事务执行能力
7	7	7	7	7	7
6	6	6	6	6	6
5	5	5	5	5	5
4	4	4	4	4	4
3	3	3	3	3	3
2	2	2	2	2	2
1	1	1	1	1	1

表 B

R 型	I 型	A 型	S 型	E 型	C 型
体育技能	数学技能	音乐技能	交际技能	领导技能	办公技能
7	7	7	7	7	7
6	6	6	6	6	6
5	5	5	5	5	5
4	4	4	4	4	4
3	3	3	3	3	3
2	2	2	2	2	2
1	1	1	1	1	1

第六部分　统计

测试内容		R 型 现实型	I 型 研究型	A 型 艺术型	S 型 社会型	E 型 企业型	C 型 传统型
第二部分	兴趣						
第三部分	擅长						
第四部分	喜欢						
第五部分 A	能力						
第五部分 B	技能						
总分							

第七部分　您所看重的东西——职业价值观

下面列出了人们在选择工作时通常会考虑的 9 种因素。请您将相应的内容填入下面的空格中。

最重要		次重要	
最不重要		次不重要	

1. 工资高、福利好
2. 工作环境（物质方面）舒适
3. 人际关系良好
4. 工作稳定有保障
5. 能提供较好的受教育机会
6. 有较高的社会地位
7. 工作不太紧张、外部压力少
8. 能充分发挥自己的能力特长
9. 社会需要与社会贡献大

根据约翰·霍兰德的观点，同等条件下，人的兴趣与其职业相匹配，将提高他们的工作满意度、职业稳定性和职业成就感。因此，如果我们能更好地了解并发展自己的兴趣，将有助于进一步明确自己在学业、专业、职业以及休闲生活等领域的选择和投入。图3-1是霍兰德职业兴趣六个类别职业的特性。

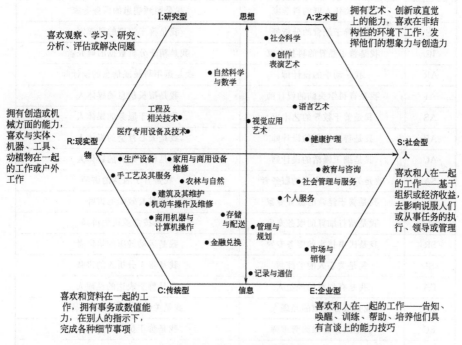

图 3-1 霍兰德职业兴趣类型

以单代码和双代码与工作的对应关系如表3-1，供大家参考。

表 3-1　霍兰德单代码和双代码与适配工作参考表

R	我是工程师	我是技术者
A	我是创新者	我是艺术家
I	我是科学家	我是思考者
S	我是助人者	我是教育家
E	我是说服者	我是经理人
C	我是执行者	我是会计师
RI	我是善于思考的技术者	我是运用科学推理的工程师
RA	我是善于设计的工程师	我是具美学概念的建筑设计师
RS	我是善于服务的技术者	我是乐于教导的工程师
RE	我是具领导力的工程师	我是有经营理念的工程师
RC	我是有执行力的工程师	我是按部就班的技术专家
IR	我是生物医药的专家	我是科技的研发人员
IA	我是有创意的科学家	我是善于出点子的信息人
IS	我是关怀人群的科学家	我是照顾病患的医务专家
IE	我是善于经营的分析师	我是善于管理的科学家
IC	我是善于品管的科技专家	我是精于分析数据的研究者
AR	我是动手的设计师	我是运用科技或信息的设计师
AI	我是有科学头脑的设计师	我是擅长信息的媒体人
AS	我是善于教导的艺术家	我是乐于服务的媒体人
AE	我是善于企划的设计师	我是关心社会的媒体人
AC	我是细工慢活的设计师	我是精打细算的媒体人
SA	我是关怀社会人文的服务者	我是善于表达的讲师
SE	我是善于经营的服务专家	我是有效能的讲师
SC	我是精打细算的服务专家	我是按部就班的讲师
SR	我是医事技术的服务专家	我是运动健康的培训者
SI	我是关心人的治疗师	我是善于分析人的讲师
EA	我是有创意的经纪人	我是善于表达的经理人
ES	我是服务领域的经理人	我是关怀社会的法务人员
EC	我是财务金融的管理师	我是善于执行的经理人
ER	我是信息安全的管理者	我是工程科技的经理人
EI	我是善于分析的管理者	我是善于分析的法律专家
CE	我善于管理财务金融	我是有经营理念的会计师

续表

CR	我是科技业的保全专家	我是科技的品管师
CI	我是善于分析的精算师	我是分析数据的统计分析师
CA	我是创新的会计师	我是金融商品的营销专家
CS	我是善解人意的会计师	我是勤于服务的财管人员

性格与职业

美国心理学家威廉·詹姆斯（William James）曾说过："播下一个行为，收获一种习惯；播下一种习惯，收获一种性格；播下一种性格，收获一种命运。"世界上没有完全相同的人，每个人都是独一无二的。我们常说"性格决定命运"，这些与中国古语说的"积行成习，积习成性，积性成命"是一个道理。可见，古今中外人对性格形成的看法都是一样的。那性格对人的职业选择和发展又有什么影响呢？职业性格又指什么呢？

职业性格测一测

美国心理学者凯瑟琳·布里格斯（Katherine Briggs）和伊莎贝尔·布里格斯·迈尔斯（Isabel Briggs Myers）母女依据心理学家荣格（Carl Jung）的心理类型理论，研究发展出 MBTI（Myers-Briggs Type Indicator）职业性格类型指标，用以描述人们在能量来源、获取信息、做出决策和生活方式四个维度上（每个维度有两个方向）的差异，同时也展示了人在适应周围外部环境时的不同倾向。下面来测试一下你的性格，请填写表 3-2 MBTI 性格测试表，测测你的性格。

在日常生活中，对于每个维度的两个倾向，在不同的事情上每个人都会不同程度用到，只是对其中的一种较为偏爱，运用自然而感觉舒畅。即世界上既没有绝对外向的人，也没有绝对内向的人，只是相对外向或内向，没有内向的外向华而不实，没有外向的内向木讷迂腐，因而，两者是交织表现，但有一种是我们个体相对偏爱的。

表 3-2　MBTI 性格测试表

维度	方向 1	方向 2	我的偏好
能量来源	E(外向型) □主动结识 □喜欢成为焦点 □喜爱参与,喜动 □感情丰富、外露 □心中很少有秘密 □先做先说,后想 □追求广度,博而不精 □我们讨论一下吧	I(内向型) □被动交友,个别深交 □避免成为焦点 □爱独处,喜静 □感情内敛,较少表露 □只和知己交流 □三思而后行后说 □喜欢钻研,追求深度 □让我想想	
获取信息	S(实感型) □关注物理特征,注重细节 □相信确定的,着重现实的 □留心具体的和特殊的 □喜欢被证明有效的方案 □习惯于按照规则、手册办事 □循序渐进地讲述有关情况 □热爱生活,享受当下 □请告诉我具体事实	N(直觉型) □关注抽象内涵、联系、规律 □相信灵感,着眼未来 □留心普遍的和有象征性的 □喜欢新思想、创造性的方案 □习惯尝试,跟着感觉走 □跳跃性地表达和展现 □发起者、创造者、推动者 □我要了解全局	
做出决策	T(理性型) □分析,用逻辑客观方式决策 □一视同仁、公平公正 □因渴望成就而受激励 □质疑、发现问题和不足 □真实、直率、严厉 □严格执行 □兴趣在事物,非个人 □这符合逻辑吗	F(感性型) □个人化的、价值导向的方式决策 □重视准则的例外性 □为了获得欣赏而受激励 □赞美、宽容、忍耐 □不伤人感情,喜欢调解 □把握分寸、圆滑 □兴趣更多在人 □会有人因此受到伤害吗	
生活方式	J(系统型) □具有决断性而非好奇心 □计划、标准、习惯 □有"工作原则":先完成工作再玩 □建立目标,准时完成 □注重结果 □乐于告诉他人怎么做 □兴趣在事物,非个人 □先做好准备吧	P(弹性型) □具有好奇心而不着急做决定 □习惯适应变化和意外 □"玩的原则":先玩一会儿,再工作 □随着新信息的获取,不断改变目标 □注重过程 □乐于观看各种结果 □兴趣更多在人 □等等看再说吧	

我的性格类型:

性格与职业

MBTI 的四个维度、八个方向，一共组成 16 种性格类型，每种职业性格都有其对应的最适宜的职业类型，在性格与职业匹配时，个人的状态是最舒适的、内在外在是统一的，心情是愉悦的，工作创造性也是相对较高的。你可以根据 MBTI 类型指标进一步了解自己的性格，并作为职业方向选择的参考。表 3-3 MBTI 性格与职业适配表给出了各种性格类型及其匹配度较高的职业领域或专业。

表 3-3 MBTI 性格与职业适配表

ISTJ 检查者、研究者、技术性	ISFJ 保护者、社会工作者、同情心	INFJ 咨询师、创新者、帮助成长	INFP 导师、治疗师、理想主义
ESTJ 监督者、管理者、组织梳理	ESFJ 供给者、销售、合作帮助	ENFJ 教导者、传播者、忠诚	ENFP 倡导者、激发者、创造性
ISTP 操作者、机械技能、务实的	ISFP 艺术家、手工艺设计、审美	INTJ 智多星、思想家、新方案	INTP 设计师、学术家、新观念
ESTP 发起者、开发者、自主应变	ESFP 表演者、教育、服务	ENTJ 统帅、领导者、规划	ENTP 发明家、企业家、开创性

在性格与职业匹配上，需要注意两个方面：第一，职业与性格的关系并不是固定的、静止的，而是动态的。职业环境或个人的主观调节都会改变性格，因为性格具有后天可塑性，且人步入职场后基于职业素养的原因会逐渐适应职业要求。第二，只有少数职业可能对性格类型有着特殊的要求，但大多数职业与性格没有过于严格的对应。对于适应能力较强的人来说，同一性格类型在不同的职业领域，或者不同的性格类型在相同的职业领域都可能会有出色的表现。客观、全面地了解自己的性格特征，思考选择适合自己性格的职业及生活的同时，也不要被目前的性格表现限制了自己生涯发展的可能性。只是尊重自己的天性，在与性

格匹配的职业领域工作，或用我们天性喜欢的方式完成工作，会让我们发展得更好、更快、更持久，在工作本身上更具创造性、更容易取得成功。

能力与职业

与传统对智力的理解不同，世界著名教育心理学家霍华德·加德纳（Howard Gardner）在《智能的结构》一书中首次提出了人类有着完整的智能"光谱"，而不只是传统的"智力"或"能力倾向"，并提出"智力是在某种社会或文化环境的价值标准下，个体用以解决自己遇到的真正的难题或生产及创造出有效产品所需要的能力"。加德纳认为，智力的基本性质是多元的——不是一种能力而是一组能力，其基本结构也是多元的——各种能力不是以整合的形式存在，而是以相对独立的形式存在。经过多年的研究，加德纳逐渐完善了自己的理论，明确提出人类存在多种不同的思维方式，他将人类的智能类型分成八种，分别是：语言智能、逻辑-数学智能、视觉-空间智能、身体-动觉智能、音乐-节奏智能、人际智能、自省智能、自然观察智能。这一理论被称为多元智能理论（Multiple Intelligences）。有学者在加德纳的研究基础上又进一步将其发展为九种智能结构，在原来的基础上增加了"存在智力"，这是一种沉思关于生命、死亡和存在等重大问题的能力。

霍华德·加德纳认为这些智能都是相互独立的，没有哪一个比其他的更为重要，尽管有可能某些是主导的，某些是潜伏的。这几种智能代表了不同的潜能和天赋，如果给予恰当的教育和训练，这些潜能都可能发展到一个很高的水平。

1. 语言智能

语言智能主要是指有效地运用口头语言及文字的能力，即指听说读写能力，表现为个人能够顺利而高效地利用语言描述事件、表达思想并与人交流的能力。

这种智能在作家、演说家、记者、编辑、节目主持人、播音员、律师等职业上有更加突出的表现。例如由记者转变为演说家、作家和政治领袖的丘吉尔，央视著名主持人白岩松等。

2. 逻辑-数学智能

逻辑-数学智能是指运算和推理的能力，表现为对事物间各种关系如类比、对比、因果和逻辑等关系的敏感，以及通过数理运算和逻辑推理等进行思维的能力。

这种智能在侦探、律师、工程师、科学家、数学家和会计身上有比较突出的表现。例如相对论的提出者爱因斯坦，Facebook 创始人扎克伯格，股神巴菲特等。

3. 视觉-空间智能

视觉-空间智能是指感受、辨别、记忆、改变物体的空间关系并借此表达思想和情感的能力，表现为对线条、形状、结构、色彩和空间关系的敏感，以及通过平面图形和立体造型将它们表现出来的能力。

这种智能在画家、雕刻家、建筑师、航海家、博物学家和军事战略家、牙科医生、内外科医生，及裁缝、电工、木工、无线电修理工、机床工的身上有比较突出的表现。例如画家毕加索，著名建筑学家梁思成等。

4. 身体-动觉智能

身体-动觉智能是指善于运用整个身体来表达想法和感觉，以及运用双手灵巧地生产或改造事物的能力。这类人很难长时间坐着不动，喜欢动手建造东西，喜欢户外活动，与人谈话时常用手势或其他肢体语言。他们学习时是通过身体感觉来思考。

这种智能在运动员、舞蹈家、外科医生、手艺人、赛车手和发明家身上有比较突出的表现。例如"飞人"刘翔，篮球明星姚明、科比，乒乓球运动员刘国梁等。

5. 音乐-节奏智能

音乐-节奏智能是指感受、辨别、记忆、改变和表达音乐的能力，表现为个人对音乐，包括节奏、音调、音色和旋律的敏感，以及通过作曲、演奏和歌唱等表达音乐的能力。

这种智能在作曲家、指挥家、歌唱家、演奏家、乐器制造者和乐器调音师身上有比较突出的表现。例如国际著名钢琴家郎朗，音乐天才莫扎特、贝多芬等。

6. 人际智能

人际智能是指与人相处和交往的能力，表现为察觉、体验他人情绪、情感和意图并据此做出适宜反应的能力。

这种智能在教师、律师、销售员、公关人员、谈话节目主持人、管理者和政治家等身上有比较突出的表现。例如美国黑人领袖、社会活动家马丁·路德·金等。

7. 自省智能

自省智能是指认识洞察和反省自身的能力，表现为能够正确地意识和评价自身的情感、动机、欲望、个性、意志，并在正确的自我意识和自我评价的基础上形成自尊、自律和自制的能力。自省智能高的人能正确把握自己的长处和短处，把握自己的情绪、意向、动机、欲望，对自己的生活有规划，会吸收他人的长处，会从各种回馈中了解自己的优劣，常静思以规划自己的人生目标，爱独处，以深入自我的方式来思考，喜欢独立工作，有自我选择的空间。

这种智能在政治家、哲学家、心理学家、教师、小说家、律师等人身上有比较突出的表现。例如哲学家柏拉图、尼采等。

8. 自然观察智能

自然观察智能包括对于社会的探索和对于自然的探索两个方面。自然探索方面指能认识植物、动物和其他自然环境（如云和石头）的能力。自然智能强的人，在打猎、耕作、生物科学上的表现较为突出。

这种智能在生物学家、生态学家、化学家、天文学家等人身上有比较突出的表现。例如生物学家、画家达尔文等。

表3-4为多元智能检核表。

表 3-4　多元智能检核表

多元智能检核表

姓名（　　　　）班级（　　　　　　）

◆如果你的状况与以下叙述句相同，请在叙述句前的横线处打钩。

A. 语言智能

___ 写作或表达能力高于同年龄的朋友

___ 喜欢说（或听）故事和笑话

___ 很会记名字、地址、日期或琐事

___ 喜欢文字游戏，例如猜谜语

___ 有空时喜欢看书

___ 喜欢写些东西

___ 喜欢顺口溜、双关语、绕口令等

___ 语文、社会、历史是比较喜欢或擅长的科目

___ 和同年龄相比，我认识的词汇较丰富

___ 很容易就能了解别人说话或文章的内容

B. 逻辑-数学智能

___ 对于如何做事会问很多问题

___ 心算对我来说蛮容易的

___ 喜欢数学或科学

___ 较喜欢看推理小说

___ 喜欢象棋或其他策略游戏

___ 喜欢需要逻辑推理或运用智力的难题

___ 对于经过测量、分析过的事比较容易相信

___ 所有事物都可以加以研究，找到合理的解释

___ 对新的科学发现很有兴趣

___ 喜欢找寻事物的规则、发生的原因

C. 视觉-空间智能

___ 思考或回忆时，脑中有清晰的图像

___ 阅读地图、图表比阅读文字容易

___ 画图对我来说是一件容易的事

___ 认路对我来说很容易

___ 我喜欢看有很多图解的书

___ 喜欢看电影、投影片或其他视觉上的表演

___ 喜欢拼图、走迷宫或类似的视觉活动

___ 观看立体透视图对我来说很容易

___ 阅读时从图画而不是文字中获取更多信息

___ 爱在书本、纸张或其他东西上随手涂画

D. 身体-动觉智能

___ 动力协调，擅长一种或多种体育运动

___ 很难长时间坐着不动

___ 善于模仿他人的动作

___ 喜欢拆解，然后再组装物品

___ 喜欢通过亲自触摸学习东西

___ 喜欢在户外活动

___ 要动手去做或身体活动的事情我表现得不错

___ 喜欢动手做东西

___ 走路、跑步或做一些肢体活动时我最有灵感

___ 喜欢黏土或其他用手触摸的经历

E. 音乐-节奏智能

___ 音乐走调或出错时我可以马上知道

___ 我知道很多歌曲的旋律

___ 生活中如果没有音乐会很无聊

F. 人际智能

___ 比较喜欢团体运动（例如球类运动），胜于个人运动（例如慢跑、游泳）

___ 别人认为我是领导者（或自己认为）

___ 喜欢帮助朋友，给有问题的朋友建议

续表

___会演奏一种乐器或参加合唱团	___有问题时我会找朋友帮忙
___我很容易就记住歌曲的旋律	___喜欢和朋友一起游玩、做事
___空闲的时候我常听CD或广播	___喜欢教导别人如何做某件事或完成工作
___我常无意识地哼歌曲或打节拍	___喜欢参加团体活动,较不喜欢独处
___对外界噪声很敏感	___有两三个好朋友
___喜欢唱歌或有节奏的活动	___关心他人
___喜欢听音乐	___朋友有问题时会问我的意见或请我帮忙
G. 自省智能	**H. 自然观察智能**
___我是一个独立、意志坚强的人	___很喜欢探索大自然的奥妙
___我了解自己的优缺点	___喜欢看"Discovery"这类频道的节目
___喜欢独处(玩耍或学习)	___到户外游玩,喜欢观察生物的特征
___我有自己特殊的爱好和兴趣	___对大自然中的景物能很快地分辨出来
___我经常自我反省或思考一些问题	___会注意到大自然或生活中的各种变化
___我是个有责任感的人(或别人这么认为)	___会想要了解事物是怎么运作的
___喜欢独立工作而不是合作	___对动植物或其他自然环境中的景物、现象感到好奇
___经常思考自己未来要做什么	___喜欢园艺、自然步道或参与自然观察等活动
___能从生活的成功和失败中学习	___喜欢观察天文星象
___不善谈自己的兴趣爱好	___愿意花时间观察动植物的生命历程

在表3-4多元智能检核表中统计各项智能打钩数目(各项智能得分),并在图3-2中画出各项智能的得分,并将各点联结,成为一个八边形。

哪一项智能是自己特别擅长的?它如何展示在生活中。

哪一项智能是自己不足的?它对自己的影响是什么?

进行检验时,是否发现了一些自己以前有过,却已忽略多年的才能?

哪一项智能是自己期望进一步发展的?该如何培养?

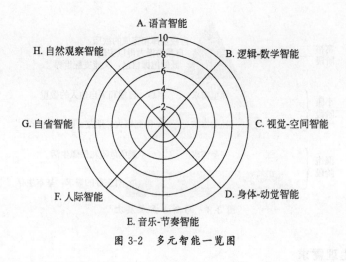

图 3-2 多元智能一览图

第四节

如何看待"00 后"孩子的志愿填报需要从人格特质出发

家长首先应该认识到"00 后"与自身成长的差别。目前即将参加高考的孩子的家长大多是"70 后",少部分"80 后",孩子多为"00 后"。不同时代,社会需求不同。了解这个问题之前,我给大家介绍一下著名的基本需求层次理论,即马斯洛理论。亚伯拉罕·马斯洛(1908—1970)出生于纽约市布鲁克林区,是美国社会心理学家、人格理论家和比较心理学家,人本主义心理学的主要发起者和理论家,心理学第三势力的领导人;第二次世界大战后马斯洛到布兰代斯大学任心理学教授兼系主任,开始对健康人格或自我实现者的心理特征进行研究;曾任美国人格与社会心理学协会主席和美国心理学协会主席(1967),是《人本主义心理学》和《超个人心理学》两种心理学杂志的首任编辑。

马斯洛需求层次理论把人类需求分成生理、安全、社交、尊重和自我实现五个层次,依次由较低层次到较高层次,如图 3-3 所示。

图 3-3　马斯洛需求层次

1. 生理需求

对食物、水、空气、住房和穿着等需求都是生理需求，这类需求的级别最低，人们在转向较高层次的需求之前，总是尽力满足这类需求。

2. 安全需求

安全需求包括对人身安全、生活稳定以及免遭痛苦、威胁或疾病等的需求。和生理需求一样，在安全需求没有得到满足之前，除了生理需求，人们最关心的就是这种需求。

3. 社交需求

社交需求包括对友谊、爱情以及隶属关系的需求。当生理需求和安全需求得到满足后，社交需求就会凸显出来了。在马斯洛需求层次中，这一层次是与前面两个需求层次截然不同的另一层次。

4. 尊重需求

尊重需求既包括对成就或自我价值的个人感觉，也包括他人对自己的认可与尊重。有尊重需求的人希望别人按照他们的实际形象来接受他们，认识到他们的才能。当他们得到这些时，不仅赢得了人们的尊重，同时其内心亦会因对自己价值的满足而充满自信。

5. 自我实现需求

自我实现需求的目标是自我实现。欲达到自我实现境界的人，主要表现在工作学习和生活的追求。随着生理、安全、社交、尊重四种需求的满足，人们开始寻找生活的乐趣和学习更多的知识。

如果说"00后"跟"70后""80后"的最大区别，就是随着我国的经济发展越来越快，全面建成小康社会，"00后"的基本需求即生理需求、安全需求，相比于前面几代得到了很大改善，随着网络的发展，信息量获取越来越大，他们的"自我"意识更强。作为一个"70尾、80头"，在我填报志愿的年代，大多数人对于志愿填报还停留在人云亦云的阶段，今天张大姑说南开不错，明天李大爷说吉林大学是好学校，更别提专业、职业、行业的认知了。20世纪90年代末我从老家考入南开大学读本科，志愿的选择上，可能考虑到我是独生子女，父母倾向于让我留在老家吉林，考当时还叫作白求恩医科大学的本硕博连读专业，这样既可以照顾家庭又能上一所不错的大学。可作为一个懵懂少年，我总想摆脱家庭的束缚，独自到外面闯荡，闯出一番事业，于是毅然拒绝了父母的劝告，将我一直向往的周总理的母校南开大学作为我第一志愿的学校，很幸运，我被录取了。直到要离开家，独自到天津闯荡，父母送我到学校的那一刻，我才感慨万千。父母回去是下午的火车，跟我在食堂吃了一顿饭，那次饭，我流泪了，不知道到底是为什么，也许是对陌生环境的一种恐惧，也许是些许后悔，更也许是有点担心父母。一年多的时间过去了，我才逐步适应大学的生活。我们那个年代，研究生还非常让人崇拜，学习好与不好仿佛都影响不了大家对未来的憧憬，就这样我们度过了四年的大学生活，特别是到了大四那年，大家才突然意识到最终我们都是要步入社会的，社会的考验才是必要的。那个时候还没有职业规划的概念，大家都处于混沌的状态，都是"车到山前必有路"的态度。大四之前，大家才开始规划生活，有的准备考研，有的开始找工作。我是又想考研，又不想放弃工作，也就是没有明确目标。我开始不停地参加招聘会，同时又在准备考研。那时候，外企的高工资、高待遇是那代大学生的向往，而我毕业后找工作还算顺利，拿到了当时同学们都非常羡慕的宝洁公司的录入通知，与此同时，我又接到学校"2+2"保研的面试，也就是工作两年后，可以保送研究生。与宝洁公司相比，学校的工作稳定又可以保研，于是我毫不犹豫地选择了留在学校"2+2"的工作机会。

　　这种选择并非好与不好，我想说的是，你的志愿填报已经基本决定了你的人生轨迹。从我们大学本科班同学来看，我们班一共有36人，天津本地的同学只有5个，而目前有19人在天津工作生活，换句话说，重视高考志愿就是对自己的人生负责。但"00后"不同于我们，他们中的很大一部分，非常清楚自己想要什么，越来越多的人在跟我交流的过程中谈到"喜欢冒险，不太喜欢20岁已经看到死时候的样子"，"我从小就喜欢北京，我喜欢在地铁里天天挤来挤去的感觉"，他们更重视活出自己想要的样子，非常值得欣慰的是他们中的很大一部分已经在思考未来想活成什么样子。职业生涯规划的概念在很多发达国家已经开展了很多年，德国孩子很小的时候就开始被灌输职业规划的理念，被引导选择适合自己的道路。我国自2014年发布新高考的方案后，新高考的核心概念从以分为本转化成以人为本，也就是在选择大学专业甚至未来职业行业的过程中，注重人和选择对象的匹配性。因此，中学生职业规划的课程也会越来越多地走进中学的课堂，"00后"将有更多认知自我、认知外部世界的机会，他们的"主见"会越来越强，他们的"个性"会越来越强，发挥自己的优势，在自己擅长的领域把自己喜欢的跟自己的职业相关联起来，而这一切将开始于他们对自己的大学和专业的选择上，也就是志愿填报的过程当中。

　　如果你是一名"00后"高中学生的父母，要认识到这一点，并对他们适度地进行引导，做好志愿填报的军师而并非指挥官，把选择权更多地交给孩子们，做更多有助于孩子们了解自己、了解大学和专业、了解职业和行业的工作。家长们确实该摒弃自己那一辈子得出的很多人生"攻略"，社会在变，想想我们当年，我们的父母的见识你会认为已经远远跟不上时代的发展，但我们又在重复着我们父母当年的一些做法，大包大揽，替孩子做主的时代确实已经过去了。前段时间我听我的学生讲，现在有一个职业叫电子竞技，就是玩网络游戏，年收入高的可以达到百万级，这样的事情我作为一个"80后"都不可想象。但社会就是这样，它不以任何人的意志为转移，适合我们的人生攻略确实可能不再适合孩子们，认识到这一点，对家长指导孩子志愿填报这一过程中起着至关重要的作用。

高考志愿填报的过程当中，家长和孩子意见一致的情况还真是凤毛麟角。大多孩子和家长都持不同意见，除非孩子没有任何主见，其实这样的孩子也是没有做好人生第一步的准备的。而对于"00后"而言，这样的孩子可能会越来越少。我也曾遇到一个比较极端的案例，这是一位优秀、成功的中年男人，从事建筑行业，事业成功、人脉深厚，但他不是一个优秀的家长。儿子高考志愿填报时，一心想报考旅游管理专业，但老爸一手遮天，"只有我说了算，叫他报考会计专业！"儿子在高压下屈从了父亲的意见，可是大学四年，本来文科成绩优秀的他，到毕业时好几科不及格，结果只能拿到毕业证，学位证拿不到。好在在他父亲的帮助下，孩子在某公司找到一份工作，待遇不错，可孩子觉得跟自己的专业不对口，而且不是自己的兴趣和未来发展之所在。儿子有自己的一整套安排，可是，老爸不同意，因为老爸把一切都安排好了，创造了最好的条件，不用孩子多操心，未来像被装进了保险箱。结果，孩子这次言辞激烈、离家出走，一走就是五天，逃到一个距家千里之外的海滨城市。父亲是通过手机定位才得到儿子的所在位置，并动用了各种关系，布置了一群人在那个城市守候着……我既为这个孩子担心，怕他有什么过激的行为，又为这个父亲心酸，费心费力，儿子却不理解！这对于"90后"大学生可能还算是个案，但在"00后"中如果家长执意安排孩子的人生选择，可能这样的事情会越来越多。

　　这就是我理解的"00后"的高考志愿选择，独立、随性、注重感觉和匹配。在这样的情况下，认知孩子，孩子自身的性格、兴趣、能力、价值观就显得尤为重要。

第四章

熟知2种政策之一：
省内政策

第一节
省内政策了解渠道

　　前面其实已经介绍过，省内政策就是一个文件，具体叫法不同，但是内容类似，这个文件就是规定你所在省当年具体有关普通高校招生的一个规定或实施办法，一定要登录官方网站去查询这个文件。

　　我们以河南为例，登录河南招生考试信息网，找到河南省2021年普通高等学校招生工作规定这个文件，把这个文件研究透彻，就可以了解河南的高考政策。同样，如果你是山东的，你就登录山东省教育招生考试院官网找到这个类似文件研读透彻即可。

　　第二节我就以河南省2020年文件为例教大家如何读透省内政策。

第二节
以河南省为例，手把手教你筛选出省内政策干货

　　这里还是要先强调一点，我们以河南为例，并不是要大家都深入掌握

河南的政策，而是要掌握你所在省的政策。家长要注意学习政策解读的底层逻辑，掌握一般性规律，培养自己解读你所在的省的具体政策的能力。

先来看河南省的文件如下：

河南省2020年普通高等学校招生工作规定

为做好2020年普通高等学校（以下简称高校）招生工作，保障高校选拔符合培养要求的新生，根据有关文件精神，制定本规定。

高校招生工作应贯彻公平竞争、公正选拔、公开透明的原则，德智体美劳全面考核、综合评价、择优录取新生。

一、报名

1. 符合下列条件的人员，可以申请报名：

（1）遵守中华人民共和国宪法和法律；

（2）高级中等教育学校毕业或具有同等学力；

（3）身体状况符合相关要求。

2. 下列人员不得报名：

（1）具有高等学历教育资格的高校的在校生，或已被高校录取并保留入学资格的学生；

（2）高级中等教育学校非应届毕业的在校生；

（3）在高级中等教育阶段非应届毕业年份以弄虚作假手段报名并违规参加普通高校招生考试（包括全国统考、省级统考和高校单独组织的招生考试，以下简称高校招生考试）的应届毕业生；

（4）因违反国家教育考试规定，被给予暂停参加高校招生考试处理且在停考期内的人员；

（5）因触犯刑法已被有关部门采取强制措施或正在服刑者。

3. 报名办法：

按照《河南省招生办公室关于做好2020年普通高校招生报名工作的通知》（豫招普〔2019〕42号）文件要求办理。

二、考生电子档案

4. 考生电子档案是高校录取新生的主要依据。考生电子档案内容主要包括考生基本信息、思想政治品德考核鉴定或评语、高中学业水平考试成绩和反映学生综合素质的材料、体检信息、志愿信息、高考成绩信息、考生参加高校招生及有关考试的诚信记录（主要指高校招生考试、高中学业水平考试过程中违规的简要事实、处理结果，以及录取后不入学的事实）

等内容。考生电子档案须与考生报名登记表、体检表、报考学校（专业）志愿表等纸介质材料相对应部分的内容一致。

5.各级招生考试机构要完善信息采集、确认、比对校验等办法，健全管理制度，确保考生相关信息的完整、准确、安全，确保考生电子档案与纸介质表（卡）或相应信息数据库内容一致。

6.省招办按教育部规定的格式建立考生电子档案库。考生电子档案库一经建立，任何人不得擅自更改。

三、思想政治品德考核

7.思想政治品德考核主要是考核考生本人的现实表现。

考生所在学校或单位应对考生的政治态度、思想品德作出全面鉴定，并对其真实性负责。无工作单位的考生由所属的乡镇、街道办事处鉴定。鉴定内容应完整、准确地反映在考生报名登记表中。对受过刑事处罚、治安管理处罚或其他违法违纪处理的考生，要提供所犯错误的事实、处理意见和本人对错误的认识及改正错误的现实表现等翔实材料，并对其真实性负责。

8.考生有下列情形之一且未能提供对错误的认识及改正错误的现实表现等证明材料的，应认定为思想政治品德考核不合格：

（1）有反对宪法所确定的基本原则的言行或参加邪教组织，且情节严重的；

（2）触犯刑法、治安管理处罚法，受到刑事处罚或治安管理处罚，且情节严重、性质恶劣的。

四、身体健康状况检查

9.报考高校的所有考生均须参加身体健康状况检查（以下简称体检），如实填写本人的既往病史。**体检标准按教育部、原卫生部、中国残疾人联合会印发的《普通高等学校招生体检工作指导意见》和人力资源社会保障部、教育部、原卫生部《关于进一步规范入学和就业体检项目维护乙肝表面抗原携带者入学和就业权利的通知》**等有关要求执行。考生如因身体等特殊原因，无法参加特定项目检查时，须出具体检医院相应材料。

10.体检工作由县级以上招生部门和卫生健康行政部门组织实施。须在指定二级甲等以上医院或相应的医疗单位进行体检。主检医师应由具有副主任医师以上职称、责任心强的医生担任。主检医院或相应的医疗单位对考生身体健康状况作出相应的、规范准确的体检结论，并对其真实性负责。体检结论由主检医师审核签字并加盖体检医院（医疗单位）公章方为有效。体检结论于体检结束后告知考生,并由其本人确认签字。非指定的医疗机构为考生做出的体检结论无效。

我省指定河南省人民医院为终检医院,省招生考试委员会负责协调终检医院对有关方面有异议的体检结论做出最终裁定。

11.**高校在《普通高等学校招生体检工作指导意见》等有关要求的基础上,可根据本校的办学条件和专业培养要求,提出对考生身体健康状况的补充要求。补充要求必须合法、合理,有详细的说明和解释,并在招生章程中向社会公布。**

五、考试

12.教育部授权教育部考试中心、省级招生考试委员会或高校承担高校招生考试有关工作。

13.全国统考(含分省命题,下同)、省级统考试题的命制和参考答案、评分参考(指南)的制定,分别由教育部考试中心、有关省级招生考试委员会负责。教育部授权有关高校自行命题的,按教育部有关规定办理。各级考试机构和高校要按照有关要求,结合本省本校实际,为残疾人平等报名参加考试提供合理便利。

14.全国统考、省级统考及高校自行命制的试题(包括副题、参考答案)、评分参考(指南)等应按照教育工作国家秘密范围的有关规定严格管理。

15.各级招生考试委员会和有关高校均须按国家规定加强安全保密设施建设,完善安全保密规章制度,采取有效措施,加强监督和检查,建立健全应急处置机制、值班制度和第一时间报告制度,确保安全保密工作万无一失。一旦发生失(泄)密事件,事发单位须在第一时间直接报省招办,并立即采取有效措施,防止失(泄)密范围的进一步扩大。省招办接到报告后须立即报省招生考试委员会和教育部。

16.考试必须在国家教育考试标准化考点举行。考点应设在县级以上人民政府所在地。若因特殊情况需要在县级人民政府所在地以外增设考点的,须报经省招办批准。考务工作按照教育部及我省的有关考务管理规定执行。

17.我省高考科目设置为"3+文科综合/理科综合"。"3"为语文、数学(分文科数学、理科数学)、外语(含听力),是考生必考科目;文科综合(包括政治、历史、地理)和理科综合(包括物理、化学、生物),由考生根据本人情况选考其一。"文科综合/理科综合"每科满分为300分,其他各科满分均为150分，总分满分为750分。

报考体育、艺术类专业的考生，除参加文化科目考试外，还须通过相应的专业考试，专业考试由省招办和相关高校组织安排。

18.全国统考科目中的外语分英语、俄语、日语、法语、德语、西班牙语6个语种，由考生任选其中一个语种参加考试。我省外语考试使用教育部考试中心统一命制的含有听力的试卷（其中笔试部分120分，听力部分30分），考生听力部分的测试成绩不计入总分，作为单列的一项成绩在投档时提供给高校参考；非听力部分120分调整为150分；调整换算办法：按考生非听力部分的卷面成绩乘以1.25，换算为外语科目成绩。

我省今年暂不组织报考外语专业考生的口试工作。

19.全国统考于7月7～8日举行，具体安排如下：

日期	时间 科目	9:00—11:30	15:00—17:00
7月7日		语文	数学
7月8日		文科综合/理科综合	外语

20.所有统考科目均实行网上评卷。评卷工作按教育部有关规定，由省招办负责组织实施。高校有责任承担评卷工作任务。考试结束后，各地须配合做好考试内容改革的宣传工作，发挥高考的育人功能和积极导向作用，按有关要求及时、准确上报有关考试信息。

21.省招办通过普通高招考生服务平台只读邮件向考生发送电子成绩单。考生也可在省招办公布的网站上查询本人成绩。

22.考生对成绩有疑问的，可在规定的时间内到报考所在地的县（市、区）招生考试机构登记申请成绩复核。复核工作由招生部门组织进行，核查是否漏评、分数合计是否有误，不复核评分宽严。复核结果由当地招生考试机构以适当方式及时通知考生。

23.考生答题卡由省招办按国家秘密级事项管理保存至考试成绩发布后半年，保管期满按秘密级材料处理办法集中销毁。未经省招办批准，任何人不得接触考生答题卡。考生答题卡扫描图像、评卷信息按国家秘密级事项管理。

六、招生章程

24.高校依据《中华人民共和国教育法》《中华人民共和国高等教育

法》和教育部及我省有关规定制定本校的招生章程。

高校的招生章程是高校向社会公布有关招生信息的必要形式，其内容必须合法、真实、准确、表述规范，经主管部门依据国家有关法律和招生政策规定核定后方能向社会公布。一经公布，不得擅自更改。各高校在招生宣传（广告）中要准确描述本校的办学类型、层次，使用与办学许可证或批准文件相一致的学校名称，不得使用简称，国家另有规定的除外。学校法定代表人应对本校招生章程及有关宣传材料的真实性负责。**高校依据招生章程开展招生工作**。

高校须按教育部规定的时间将本校招生章程上传至**中国高等教育学生信息网**（http://gaokao.chsi.com.cn）"阳光高考"招生信息发布及管理平台（以下简称"阳光高考"平台）；省内高校按照省教育厅要求，通过"河南省学历教育招生章程核定系统"按时上传招生章程待核定申请材料。

25.高校招生章程主要内容包括：**高校全称、校址**（涉及分校、校区等均须注明），**层次**（本科、专科），**办学类型**（如普通或成人高校、公办或民办高校或独立学院、高等专科学校或高等职业技术学校等），招生计划分配的原则和办法，预留计划数及使用原则，专业教学培养对外语的要求，身体健康状况要求，进档考生的录取规则（如有无相关科目成绩或加试要求、对加分或降低分数要求、投档及投档成绩相同考生的处理、进档考生的专业安排办法等），学费标准，家庭经济困难学生资助政策及有关程序，颁发学历证书的学校名称及证书种类，联系电话、网址，以及其他须知等。

高校制定的特殊类型招生办法须符合相关规定，且不得与本校招生章程内容相违背。

26.高校应在规定的时间内，及时将经主管部门核定的招生章程在本校网站公布，并通过"河南省普通高校招生计划网上核对系统"填报本校公布招生章程的网址，省招办汇总并向社会及考生公布高校招生计划时一并公布高校网址。**河南省招生办公室网站**（http://www.heao.gov.cn）、**河南招生考试信息网**（http://www.heao.com.cn）链接教育部"阳光高考"平台，以便考生查阅高校招生章程。高校未按时在"阳光高考"平台传送招生章程或其内容不全、未经高校主管部门核定、与国家及我省规定不符而产生的有关问题，由招生学校负责处理。

七、填报志愿

27.志愿分批：

(1) 本科（非艺术类）志愿分为本科提前批（含体育、军队、公安、司法、地方公费师范生及其他有特殊要求的本科专业，公安、司法专科专业随该批录取）、国家专项计划本科批、本科一批、地方专项计划本科批、本科二批。

(2) 艺术类本科分艺术本科提前批、艺术本科A段、艺术本科B段。

本科提前批各类不得兼报，考生只能选报其中一类。艺术类本科与非艺术类的本科批次录取同时进行，与非艺术类的本科提前批不能兼报，其他批次如出现兼报，按照各批次投档录取时间安排顺序进行投档。

(3) 专科层次分专科提前批和高职高专批。专科提前批包括艺术、体育、定向培养士官、空乘、航海、医学、小学教育（全科教师）等专科，各类别不得兼报。

28. 志愿设置：

(1) 本科提前批（除地方公费师范生）、专科提前批（除艺术类外），第一志愿可填报1个高校志愿，第二志愿为平行志愿，可填报1~4个高校志愿，每个志愿可填报1~5个专业和是否同意调剂专业。

(2) 本科提前批的地方公费师范生、国家专项计划本科批、本科一批、地方专项计划本科批、本科二批和高职高专批均实行平行志愿。本科提前批的地方公费师范生、国家专项计划本科批、本科一批、地方专项计划本科批可填报1~6个高校志愿；本科二批可填报1~9个高校志愿；高职高专批可填报1~6个高校志愿。每个高校志愿可填报1~5个专业和是否同意调剂专业。

(3) 艺术本科提前批设2个志愿，每个志愿可填报1个高校，每个高校可填报1个专业和是否同意调剂专业。

美术、书法类专业在艺术本科A段、艺术本科B段、艺术专科批的实行平行志愿，设9个志愿，每个志愿可填报1个高校，每个高校可填报1个专业；其他批次、其他类别仍为顺序志愿，设2个志愿，每个志愿可填报1个高校，每个高校可填报1个专业和是否同意调剂专业。

(4) 设军队招收飞行学员（简称招飞）志愿，考生可填报1个高校志愿和1个专业志愿，海、空军招飞全面检测合格的考生方可填报。

(5) 设特殊类型招生志愿（包括高校专项计划、高水平艺术团、高水平运动队招生），可填报1个高校志愿，每个高校可填报1~5个专业和是否同意调剂专业。已取得相应资格的考生，可在以上3类中选报1类，不得兼报。

(6) 在相应批次设**民族预科班志愿**，可填报1个志愿。经省招办审核、公示合格的少数民族考生方可填报。

(7) **定向就业招生**专业在本科一批、本科二批等实行平行志愿的批次中，须填报在相应批次所规定的定向志愿栏中；在设有第一志愿的顺序志愿批次中，定向就业招生专业填在相应批次的第一院校志愿栏中。学生录取为定向生后，入学报到前应与培养学校和定向就业单位签订定向就业协议。填报定向西藏志愿的考生在志愿填报截止后三天内递交定向西藏就业承诺书。填报地方公费师范生志愿的考生，录取时须按照有关规定签订相关协议，入学报到时凭录取通知书和定向就业意向书报到。

29.志愿填报时间：

考生志愿在网上填报，分三次进行：

（1）7月26日8:00—7月28日18:00。填报：军队招飞，本科提前批（公安、司法专科随该批）、国家专项计划本科批，艺术本科提前批，专升本，对口招生本、专科志愿；

（2）7月30日8:00—8月2日18:00。填报：艺术本科批A段、艺术本科批B段、特殊类型招生志愿，本科一批、地方专项计划本科批、本科二批志愿；

（3）8月4日8:00—8月8日18:00。填报：专科提前批和高职高专批志愿。

30.志愿填报要求：

（1）考生必须在规定时间内严格按要求和规定程序完成志愿填报并保存，**在规定的截止期前允许有2次修改**，此后将无法更改。逾期不予补报。

（2）考生网上填报志愿完成提交后，即视为与高校之间的志愿约定生效，录取时不得擅自放弃；考生的志愿信息任何人不得改动，否则，将依法依纪严肃追究有关人员的责任。县（市、区）招生考试机构依据考生网上保存的志愿信息打印出志愿表并加盖公章后存入考生档案。

（3）考生填报志愿前应认真阅读有关院校招生章程、网上填报志愿的说明，依据省招办公布的招生专业计划，按有关规定和要求，选择填报学校和专业志愿。志愿须由考生本人填报，家长、老师、同学及其他任何人不得代替考生填报。因考生本人填报疏漏或失误或未按规定程序操作造成的后果，由考生本人承担责任。

31.各级招生考试机构和高级中等教育学校要组织力量，加强对考生志愿填报的政策解读和技术指导。考生填报志愿结束前各级招生考试机构不得将考生高考成绩提供给高校。

32.对生源不足的高校进行网上征集志愿。未被录取且符合征集条件的考生可以重新填报志愿。

八、录取

33.高校录取新生工作在省招生考试委员会领导下，由省招办组织实施，实行计算机远程网上录取。各高校应在校内采取远程异地方式开展录取工作。录取期间，高校和省招办要保证相互通信联络的畅通。

34.按照"学校负责、招办监督"的原则实施新生录取工作。高校应按照向社会公布的招生章程中的录取规则进行录取，并将普通高中学生学业水平考试成绩和综合素质评价结果作为学校招生录取时的重要参考。对思想政治品德考核合格、身体健康状况符合相关专业培养要求、投档成绩达到同批录取控制分数线并符合学校调档要求的考生，是否录取以及所录取的专业由高校自行确定，高校负责对已投档但未被录取考生的退档原因做出解释，高校不得超计划录取。省招办负责监督在本地区招生高校执行国家招生政策、招生计划情况，纠正违反国家招生政策、规定和违背录取规则等行为。

35.高校录取新生要按照远程网上录取的规定程序，按时完成调档、阅档、审核、预录、退档等各环节工作，保证考生电子档案正常流转和录取工作顺利进行。对超过时间未按要求完成相关环节工作的高校，省招办应主动与之沟通，对无故拒绝联系或故意拖延时间的高校，省招办可根据所发出的考生电子档案按照该高校计划数及录取规则将考生电子档案设置为预录取状态，同时立即书面通知该高校，并将有关情况上报教育部。

36.**录取工作分批进行，依次为本科提前批、国家专项计划本科批、本科一批、地方专项计划本科批、本科二批、专科提前批和高职高专批。**

（1）强基计划在录取工作全面开始前按照高校提供的拟录取名单办理录取手续。

（2）军队招飞安排在本科提前批之前录取。如军队招飞未被录取，考生仍可参加提前录取批次的军队、公安、司法、民航等院校的录取。

（3）参加本科提前批录取的院校或专业为：体育类、军队院校、公安类（本、专科专业）、司法类（本、专科专业）、航海类本科专业、教育部直属高校免费师范类、地方公费师范生本科专业、免费医学定向就业类、外国语言文学类（非英语）专业，经批准实行综合评价模式招生及其他有特殊招生要求的高校或专业。

（4）国家专项计划本科批安排在本科提前批结束后，本科一批开始前录取；地方专项计划本科批安排在本科一批结束后，本科二批开始前录取；特殊类型招生志愿在本科一批之前投档录取。

（5）参加本科一批录取的院校或专业为："双一流"建设高校和经我省批准的高校本科专业。

（6）参加本科二批录取的院校或专业为：除参加本科提前批和本科一批录取的院校和专业之外的其他高校本科专业。

（7）参加专科提前批录取的院校或专业为：有特殊要求的专科专业。

（8）参加高职高专批录取的院校或专业为：其他无特殊要求的普通类专科专业。

37.同一高校、同一学历层次、同一招生类型的招生计划原则上应安排在同一批次录取。高校中外合作办学专业须与高校在同一地区招生的其他专业安排在同一批次录取。学校如有特殊需要希望调整录取批次，应书面报省招办，经研究后确定。

38.艺术类本科录取依次为艺术本科提前批、艺术本科A段、艺术本科B段。原则上，经教育部批准的独立设置的本科艺术院校（含部分艺术类本科专业参照执行的高校）、可不编制分省计划的高校以及"双一流"建设高校的艺术类本科专业参加艺术本科提前批录取；艺术本科提前批以外的公办高校和经我省批准的高校的艺术类本科专业参加艺术本科A段录取；独立学院、民办院校的艺术类本科专业参加艺术本科B段录取。

39.省招生考试委员会根据各录取批次招生计划数和考生的统考成绩，按文、理科分别划定各批次录取控制分数线，并分别划定艺术及体育类本、专科专业分数线和文化分数线。

国家专项计划本科批和地方专项计划本科批均执行本科一批分数线。

40.在投档成绩达到同批录取控制分数线的考生中，根据投档比例，省招办向高校投放考生电子档案。

41.**本科提前批的军队、公安及其他有特殊要求的普通类院校（非艺术、体育类）第一志愿批量投档比例，一般省外普通高校按不超过招生计划数的120%确定，省内高校和军队院校不超过招生计划数的110%**，后续补充投档按计划余额1∶1投档。

42.本科提前批的地方公费师范生、国家专项计划本科批、本科一批、地方专项计划本科批、本科二批和高职高专批平行志愿投档，投档原则为

"分数优先,遵循志愿,一轮投档"。即:由高考成绩总分加上照顾政策分值后生成排序成绩,按排序成绩分科类从高分到低分排定位次,然后按位次优先的原则,根据考生平行志愿的自然顺序从前到后进行检索,一经检索到计划未满额的学校,即向该校投档;排序成绩相同的考生,依次按语文、数学、外语听力成绩排序。

本科一批、本科二批在正式投档前进行模拟投档,省招办按计划数105%以内适当比例向高校提供上线生源情况,高校应根据本校计划和生源分布情况,合理提出调档比例意见,省招办根据高校调档比例意见进行模拟投档。高校根据模拟投档情况在正式投档前完成计划调整,调档比例原则上控制在105%以内,并确保符合录取规则的调档考生能够录取。省招办根据高校最终确定的调档比例进行正式投档。

平行志愿一次性投档录取后,未录满的计划向社会公布征集志愿。对计划余额不大的高校,在原分数线上征集;对计划余额大的高校征集志愿时降分备档。征集志愿后线上生源仍不足的,降分投档,降分幅度一般不超过20分。当次征集志愿的计划只按考生当次所报的征集志愿投档。征集志愿平行志愿投档后,根据计划余额和生源情况进行补档。

艺术类平行志愿投档办法按艺术类招生文件执行。

……

以上就是河南省的2020年高招政策的文件。我觉得家长务必了解的内容,都用特殊字体表示,下面我们就家长阅读这个文件时必须了解的点来说一下。

第一,高考体检标准。关于高考体检标准,文件中提到了两个文件,即教育部、原卫生部、中国残疾人联合会印发的《普通高等学校招生体检工作指导意见》和人力资源社会保障部、教育部、原卫生部《关于进一步规范入学和就业体检项目维护乙肝表面抗原携带者入学和就业权利的通知》。这两个文件是全国性的普适性的体检要求,家长务必要读懂读透。这两个文件,特别是第一个文件,详细写明了哪些情况哪些专业可以不予录取。比如文件中写明,轻度色觉异常(俗称色弱)不能录取的专业:以颜色波长作为严格技术标准的化学类、化工与制药类、药学类、生物科学类、公安技术类、地质学类各专业,医学类各专业;生物工程、生物医学工程、动物医学、动物科学、野生动物与自然保护区管理、心理学、应用心理学、生态学、侦察学、特种能源工程与烟火技术、考古学、海洋科学、海洋技术、轮机工程、食品科学与工程、轻化工程、林产化工、农学、园艺、植物保护、茶学、林学、园林、蚕学、农业资源与环境、水产养殖学、海洋渔业科学与技术、材料化学、环境工程、高分子材料与工程、过程装备与控制工程、学前教育、特殊教育、体育教育、运动训练、运动人体科学、民族传统体育各专业。前些年有位考生平行志愿投档进入某大学，而该大学在考生所在省仅投放的4个招生专业均为食品科学与工程，无其他专业，而这个学生体检时是有色弱的，结果被学校退档，进入征集志愿，最后录取到一所独立学院。关于体检的问题，一定要重视，否则很容易出大问题，对于搞不懂的问题，可以通过咨询目标高校招办搞懂，对于限报专业一定要尽量规避。

关于体检，文件中还有一句话也值得所有考生、家长关注，文中提到高校在《普通高等学校招生体检工作指导意见》等有关要求的基础上，可根据本校的办学条件和专业培养要求，提出对考生身体健康状况的补充要求。补充要求必须合法、合理，有详细的说明和解释，并在招生章程中向社会公布。这句话给了我们很重要的启示，有关体检标准，学校是可以提出结合自身办学情况的一些要求的。比如说浙江中医药大学就在招生章程中规定，鉴于专业工作的特殊性，建议报考口腔医学专业的考生为惯用右手考生，建议报考护理学专业的考生身高在158cm（含）以上。这个要求并不是一个普适性要求，而是对于报考浙江中医药大学口腔医学或护理学专业的考生的一个要求，如果你报考浙江中医药大学的护理学专业，但是你身高不足1.58米，那么会存在因此退档的风险。这一点也很值得注意。

第二，关于录取批次的概念。文件中说得很清楚，2020年在河南参加录取的高校可能一共有上千所，这些学校会按照不同的情况放到不同的批次中进行录取。军队招飞安排在本科提前批之前录取。参加本科提前批录取的院校或专业为：体育类、军队院校、公安类（本、专科专业）、司法类（本、专科专业）、航海类本科专业、教育部直属高校免费师范类、地方公费师范生本科专业、免费医学定向就业类、外国语言文学类（非英语）专业，经批准实行综合评价模式招生及其他有特殊招生要求的高校或专业。参加本科一批录取的院校或专业为"双一流"建设高校和经河南省批准的高校本科专业。参加本科二批录取的院校或专业为除参加本科提前批和本科一批录取的院校和专业之外的其他高校本科专业。参加专科提前批录取的院校或专业为有特殊要求的专科专业。参加高职高专批录取的院校或专业为其他无特殊要求的普通类专科专业。每个省的录取批次设置不同,但大体相当,分为提前批、一本、二本、三本、专科提前批、专科批等等。一本一般为国家重点大学,比如"985工程""211工程""双一流"高校,一般放在一本招生,当然随着时间流逝,很多省份也把在本省认可度较高的高校,特别是省内认可度较高学校放入一本招生,这就是河南招考政策文件中描述的经河南省批准的高校本科专业。二本一般是省属一般本科院校,但是性质为公立院校。三本一般是民办本科院校和独立学院。当然,现在很多省份已经把二本和三本的录取批次合并,像河南省就不存在三本了,那么现在的二本高校就包含了原来的二本和三本高校。所以理解录取批次有两个重要的知识点。第一,各省在录取的时候是把学校分配到不同的批次里面来录取;第二,录取批次是有顺序的,前一个录取批次的高校录取结束才会开始下一个批次,互相是不影响的。但是如果被前一个批次录取,将不再参加后续批次录取。

关于录取批次,家长经常会有这样几个误区。第一,不填白不填,比如孩子本不想去某提前批次招生高校,但是家长觉得提前批志愿空着浪费,随便在志愿表上填上一些高校,万一被录取将不能再参加下面批次的录取。第二,很多家长总觉得只有一批次、二批次、三批次、专科批才有用,提前批没用。其实也不是这样,提前批不同的省份所含的院校都不一样,比如暨南大学在重庆就一直在提前批次录取,但是在很多省份却是在一本录取。同时,大多数省份把少数民族预科、军队院校、公安院校、师范院校、一些普通高校的特殊专业如小语种等都放在提前批录取,对于很多考生来说也都是非常不错的选择。我身边有个例子,有个朋友的孩子,他是陕西的男性理科考生,高考成绩刚达到一本线,在本科一批次高校中,这个孩子的选择余地很小,但他通过分析往年的情况,结合自己的实际意愿,报考了一所限定男女人数、身体条件要求比较高的军校指挥类专业,经过军检、政审面试,这个孩子顺利被该军校录取。毕业后,孩子被分配到基层部队,由于在基层部队,军校出身的干部不多,孩子也受到单位的格外重视,也因为孩子非常努力,被部队推荐到军校继续攻读硕士研究生。硕士研究生毕业后又回到部队,很快得到提干。他合理地使用了提前批次志愿，理智地分析了自己的优、劣势，适得其所，是一个非常成功的案例。

近几年来，大家都可以发现一个现象，就是各省均有一个政策，录取批次逐步合并，很多省先是把二本和三本合并，然后再把二本和一本合并。其实这是新高考改革的一个配套措施，从国家来说取消录取批次，鼓励高校办出有特色的专业，然后通过录取批次的取消，让有特色的二本甚至三本学校能够实现逆袭，受到高分学子的青睐。如果按照之前的录取批次进行招生，就算再有特色，在三本招生的高校也很难招到高分学子。但这需要一个过程，从市场角度来说，大家还会认为高校普遍存在"优劣"之分，特别在就业市场，单位对于毕业生的认可很大程度上还来源于他的学校。也许若干年后646分选择三本是一个自愿的选择，但是从目前来看可能还没有发展到这一步，所以之前的646分选择三本院校那个孩子的选择很可能是由于对高校的认知不清楚导致的，误以为同济大学浙江学院就是同济大学的一个校区或学院。

无独有偶，同样的事情，也发生在了2020年的广东录取当中。有一个考632分的高分考生考入了电子科技大学成都学院。接连发生类似事件，有的家长可能会问：以前为什么不需要对高校有足够的认知，而现在却必须这样？实际上无论什么时候都需要对高校有足够认知，只是以前你没有认知，错误造成的后果轻一些，以前录取分批次进行，在一定程度上，录取批次已经帮家长和考生把学校的层次分开了，不会出大问题，但是在录取批次合并的背景下，对高校层次的认知不清导致犯大错的可能性就增加了。

第三，本省的各批次的志愿设置，每个批次的投档规则。比如能报几所院校，每个院校报几个专业，抑或像新高考一样，按照专业志愿组填报或院校加专业填报。一定要弄清楚不同批次的投档规则是平行志愿还是顺序志愿。实际上在这个层面上就涉及一个本章很重要的内容，就是平行志愿和顺序志愿的问题，这个我们后续会进行详细讲解，有关新高考的报考模式，我们也单独拿出一个章节来进行讲解。按照河南目前仍然实行老高考的方式下，大家可以看到文件中描述，本科提前批（除地方公费师范生）、专科提前批（除艺术类外），第一志愿可填报1个高校志愿，第二志愿为平行志愿，可填报1~4个高校志愿，每个志愿可填报1~5个专业和是否同意调剂专业。这里面说的意思是本科提前批和专科提前批实行顺序志愿，有第一志愿和第二志愿之分，但是第二志愿实行的是平行志愿。

本科提前批的地方公费师范生、国家专项计划本科批、本科一批、地方专项计划本科批、本科二批和高职高专批均实行平行志愿。本科提前批的地方公费师范生、国家专项计划本科批、本科一批、地方专项计划本科批可填报1～6个高校志愿；本科二批可填报1～9个高校志愿；高职高专批可填报1～6个高校志愿。每个高校志愿可填报1～5个专业和是否同意调剂专业。

很多家长在看到河南这个文件的时候，包括很多媒体的宣传可能都会讲河南已经实行了平行志愿。这样描述其实是不够准确的，严格意义上来说，河南是大部分批次实行了平行志愿，而在本专科提前批次仍然本质上是顺序志愿，因为第二志愿的平行志愿，是只有在第一志愿没有录满的学校中才会有作用。这里也想提醒各位家长，目前来说大部分省都仍然是一部分批次顺序志愿、一部分批次平行志愿。在所有批次均实行平行志愿的省也有一些，家长要特别关注到本省的具体文件中的政策描述。回到河南这种部分批次平行志愿、部分批次顺序志愿的政策，对考生和家长来说，如果填报提前批的高校，那么要用顺序志愿的填报办法来应对，切不可用平行志愿的应对办法；同样如果填报诸如本科一批次之类的平行志愿，就需要了解使用平行志愿的填报办法来应对。否则就是驴唇不对马嘴，会出问题。读到这里，我们就会发现，把平行志愿和顺序志愿搞懂是我们掌握省内政策的重中之重。

第四，投档比例。投档比例就是在正式投档前，省级教育考试院（或省级招生办公室）提前依据模拟投档的情况将生源情况提供给高校，高校根据该省生源情况和自身情况确定的档案投送份数和实际录取人数的比例。这里面有个模拟投档的概念，模拟投档就是省级教育考试院（或省级招生办公室）在正式投档前会进行几轮甚至十几轮的模拟投档，让高校依据生源情况和自己是否有预留招生计划，自行确定投档比例的过程。比如A高校招收100人，省级教育考试院（或省级招生办公室）一般会在模拟投档阶段按照100%、105%、110%，分别对高校进行模拟投档，如果该省生源较好，模拟投档线较高，正好高校还有一些预留计划可以投放，高校的投档比例就可以设置高一点，反之，可能就将投档比例设置低一点。每所学校都设置完投档比例后，省级教育考试院

（或省级招生办公室）一般还会给高校一个模拟投档情况。有的高校可能还会调整比例，直至所有高校都确定了比例以后才正式投档。假设 A 高校最终设定投档比例是 105%、招生人数是 100 人，那么省级教育考试院在给 A 高校投档的时候会投出 105 人给 A 高校来供其选择录取。

第五，征集志愿。征集志愿的意思就是假设所一本高校招生计划是 100 人，但是在本次投档时符合投档条件的只有 90 人，那么还空余 10 个招生计划没有录满，那么在这一次投档录取结束后，这 10 个招生计划会面向一本线上在第一轮录取中没有被录取的学生再公布一次，再报一次志愿，这个过程叫作征集志愿。如果 10 个计划还是没满，那么有可能会向线下 20 分之内的学生开放填报。所以严格意义上说，在河南如果你低于分数线 20 分之内，还是有可能走到上一个批次的高校的。当然这个降分的幅度，征集志愿的次数不同省份都不一样，像北京近几年都是降分 30 分以内征集，征集次数具体查询当年文件即可。这里要提醒各位家长的是，虽然有征集志愿这回事，但是征集志愿一般不确定性很高，在信息越来越公开的情况下，往往剩下的需要征集志愿的招生计划的情况都不是很理想。出现个别认可度比较高的大学，认可度比较好的专业的话，竞争程度、录取分数往往会比首次更高，因为很难说当年本省有多少人第一次志愿填报时失误了，到了征集志愿二次时，往往是优质资源更少，所以经常出现的情况是征集志愿的录取分数要远高于第一次录取的分数。像 2020 年天津市一名考了 643 分的考生被征集志愿录取到衡水学院，而衡水学院在第一次录取过程中的最低分只有 516 分。虽然这名 643 分的学生最后没有去，但也在一定程度上说明了征集志愿的不确定性大和竞争残酷，对于考生和家长来说，最好还是不要进入征集志愿行列，尽量在第一次录取过程中就被录取。

第六，阅读河南文件中其他可以了解到的信息，包括同分考生在比位次的时候，河南省是看语文、数学和外语听力的单科成绩的，这里说明一点，在省级教育考试院（或省级招生办公室）公布的高校最低投档分的时候，往往会出现 600.120110025 这样的分数，小数点前面的 600 是考生取得的实际高考成绩，那么小数点后面的是什么呢？就是你所在的省在同分考生如何排位的时候的规定，比如河南规定同分考生依次看语文、数学、外语听力成绩，那么 600.120110025 这个投档分小数点后面的数字依次是语文成绩 120，数学成绩 110，外语听力成绩 25 分，这样做的目的是在同分考生中直接可以排出位次，便于系统投档。

此外，还有三个网站是考生和家长必须要关注的，这三个网站就是中国高等教育学生信息网（http：//gaokao.chsi.com.cn）"阳光高考"招生信息发布及管理平台、河南省招生办公室网站（http：//www.heao.gov.cn）、河南招生考试信息网（http：//www.heao.com.cn）。一般来说，本省省级教育考试院（或省级招生办公室）的网站和公众号，以及教育部"阳光高考"平台是各省考生和家长务必关注的网站，也是了解本省政策最及时、最官方、最权威的途径。还有就是文件中提到的多元升学的一些路径，也值得考生和家长关注，比如民族预科班，定向就业，飞行员，高水平运动员，高水平艺术团，国家、高校、地方三大专项。

第三节

省内政策必懂知识：平行志愿、顺序志愿的投档规则

家长和考生要明确，平行志愿还是顺序志愿指的是省级教育考试院（或省级招生办公室）向高校投档这个环节上使用的规则，不要把流程步骤搞混了。而且同一个省份在不同录取批次可能实行的规则并不相同，并非所有省所有批次都是平行志愿，大部分省份实际上实行的都是大部分批次执行平行志愿规则，这一点是考生和家长一定要悉知的。

一、平行志愿投档规则

那么什么是平行志愿投档规则？平行志愿投档规则请大家一定要记住三个词：分数优先，遵循志愿，一次投档。这三个词就说明了省级教育考试院（或省级招生办公室）在投档时候的整个过程。

投档前，对同一科类分数线上待投档的考生按总分从高分到低分进行排队，所有考生排一个队列，排队在前的考生优先投档，同分考生会按照文件中规定的小分顺序排队，前面一名考生投档完成或检索所有填报志愿均无法投出后才开始投档下一名考生，这就是"分数优先"。

遵循志愿指的是投档到具体某名考生了，会根据该考生所填报平行志愿的志愿顺序（先 A 后 B 再 C），检索有剩余名额的报考院校。即先检索该生的 A 志愿院校是否满额，如果 A 志愿院校满额，则继续检索 B 志愿院校，如果 B 志愿院校未满额，则进行投档，该生投档处理结束，否则继续检索 C、D、E……如果该考生所有平行志愿都未投出去，则属于未能投档的考生，此考生处理结束。下一步，计算机继续进行队列中下一位考生的投档。这里面有个非常重要的概念就是我们常常说的考生滑档了，所谓滑档就是投档到你了，你报考的所有高校均已经被比你位次高的考生占满了，没有名额了，你就滑档了。滑档考生将直接进入征集志愿行列。

一次投档说的是平行志愿只进行一轮投档，当一名考生的电子档案投出去后，那么本志愿后续的院校志愿就不再检索。如果该考生投档到某院校后，由于某些原因又被学校退档，此时本轮次的平行投档早就结束，该生也不能投入后续志愿学校，只能参与征集志愿或者下一批次的投档。

例如，对于同省考生 A 和考生 B，考生 A 高考分数为 641，考生 B 为 640，两人都达到了本省当年理科一本线。考生 A 第一学校志愿为复旦大学，第二学校志愿为同济大学，考生 B 第一学校志愿为同济大学。到 A 该投档时，假设复旦大学已经投满，而同济大学还有一个招生计划未投满，那么，按照平行志愿的录取原则"分数优先、遵循志愿"，考生 A 将投档到同济大学，同时同济大学投满，考生 B 虽然第一志愿报考的是同济大学，但由于分数低于考生 A 也就只能再看看其他志愿了。平行志愿规则下，高分学生会优先被录取。

二、顺序志愿投档规则

顺序志愿投档是按照"志愿优先，从高分到低分"的原则进行。也就是说当前批次全体录取高校的第一志愿都录取结束后，再进行第二志愿的投档，第一、第二志愿在录取时间上是不重叠的。

在顺序志愿投档规则下，在一志愿投档前，计算机根据各考生填报的一志愿将他们分成不同的队列，一志愿填报同一所院校的考生在同一个队列，按分数从高到低排队。投档时按院校确定的投档比例（一般在 120%以内），将符合条件且排名位于该投档比例相对应名次之前的考生电子档案投给院校。例如：某院校的招生计划是100人，投档比例设为120%，一志愿投档时计算机将一志愿填报了该校且在该队列中的分数排名在第120名以前（含第120名）的考生投给该院校。

所有高校一志愿的录取都结束后，再进行二志愿的投档。只有一志愿未完成计划的院校参与二志愿投档，投档过程和一志愿类似。在投档前将二志愿填报同一院校且未被录取的考生放在同一个队列排队，根据从高分到低分的顺序，按缺额的计划数进行投档。如果二志愿结束后，仍有院校未完成计划，将进行征集志愿。从以上顺序志愿的投档流程可以看出，顺序志愿中的第一志愿非常重要，考生一旦一志愿报得太高而未被录取，等到二志愿投档时，往往其二志愿院校已经录满或者二志愿分数线飙升，留给该考生的二志愿机会就很少了。对于顺序志愿的填报，考生一定要根据自己的分数和院校及专业意愿谨慎选报第一志愿，避免冲高。

为了让我们更好地理解和掌握平行志愿和顺序志愿的规则，我们请大家做如下的平行志愿和顺序志愿投档练习，大家可以想想自己的体会。

平行志愿和顺序志愿投档练习

考生情况如表4-1所示。

表4-1 平行志愿和顺序志愿投档练习考生情况表

姓名	科类	高考分数	平行A	平行B	平行C	平行D
张一	理工	678	清华	北大	南开	复旦
李二	理工	680	南开	复旦	北大	清华
王三	理工	676	清华	北大	复旦	南开
郝四	理工	687	北大	复旦	清华	南开
谭五	理工	681	北大			
牛六	理工	670	南开	复旦		
徐七	理工	672	清华			

高校情况在该省招生计划情况为：清华1人，北大1人，南开1人，复旦1人。投档比例均为100%。

请分别按照平行志愿原则和顺序志愿原则做投档练习，看一下不同规则的不同的结果并想一想感受。

平行志愿原则

清华投档人：_____

北大投档人：_____

南开投档人：_____

复旦投档人：_____

顺序志愿原则

清华投档人：_____

北大投档人：_____

南开投档人：_____

复旦投档人：_____

第一步，在平行志愿投档前，我们一定要默念分数优先，那么表格顺序就变成如表 4-2 所示。

表 4-2 平行志愿投档练习第一步

姓名	科类	高考分数	平行 A	平行 B	平行 C	平行 D
郝四	理工	687	北大	复旦	清华	南开
谭五	理工	681	北大			
李二	理工	680	南开	复旦	北大	清华
张一	理工	678	清华	北大	南开	复旦
王三	理工	676	清华	北大	复旦	南开
徐七	理工	672	清华			
牛六	理工	670	南开	复旦		

第二步，遵循志愿。每个学校只有 1 个招生计划，投档比例均为 100%，那么郝四投档进北大，同时北大投满了，谭五自然就投不进北大了，由于谭五只报考了一个志愿，谭五滑档等待征集志愿。李二投档进南开，同时南开投满。张一投档进清华，同时清华投满，投档到王三的时候，清华已满、北大已满，复旦还有 1 个名额，所以王三投档进复旦，四所学校都投满了，徐七、牛六也无法投档了。

那么在这里面又有一个非常重要的概念，就是高校的投档线、录取线是怎么回事。很多家长在认知这个高校投档线的时候是有一个误区的，就是经常问，你们学校定多少分？大家需要明白，省级教育考试院

（或省级招生办公室）投给高校的所有考生中那个最低分的孩子的高考成绩就是这所学校当年在这个省的投档线。以上面的例子为例，北大今年在这个省的这个科类的投档线就是郝四的成绩 687 分，南开今年在这个省的这个科类的投档线就是李二的高考成绩 680 分。同理录取线就是这个学校录取后，录取的所有考生中成绩最低的同学的高考成绩。

这里面大家就必须搞清楚两个问题，第一，投档线和录取线并不是高校人为确定的，而是大家报考自然形成的。好多家长有个误区，认为这个分数是人为确定的，所以总会问：老师，你们学校今年分数定多少分？第二，严格意义上说，准确的投档线或录取线，只有在投档以后或录取之后才会形成，那么是不是我们在报考的时候只有蒙着报？实际上也不是的，因为大学本身是有层次的，在社会的认可度，考生心目中的"热度"以及招生计划是提前可以查询到的，平行志愿的本质又是按照分数的高低选学校，所以每年大学的录取分数线存在一定的规律可循，作为考生和家长一定要掌握科学的合理依据往年录取分数预测大学当年录取分数的办法。这个内容我们后续章节会专门详细讲解。

第三步，一次投档。假设郝四投档进入了北大，但是由于某些原因被北大退档了，那么郝四不会被投入复旦等后续志愿。他将进入征集志愿行列，而北大在这一轮剩下的这个招生计划，也将进入征集志愿去征集填报。

现在我们再来说说顺序志愿投档。如果是顺序志愿，那么会按照第一志愿来排序，那么我们就只能假设上表中的平行 A 志愿变成第一志愿，平行 B 志愿变成第二志愿，依次往后，表格将变成如表 4-3 所示情况。

表 4-3　顺序志愿投档练习第一步

北大	清华	南开	复旦
郝四 687	张一 678	李二 680	
谭五 681	王三 676	牛六 670	
	徐七 672		

如果投档比例仍然为 100%，北大投档郝四，清华投档张一，南开投档李二，由于第一志愿没有人报复旦，所以复旦第一轮空档。第一轮录取结束后，如果已经投档的三人均被投档高校录取，那么第二志愿报

考复旦且第一志愿没有被录取的只剩下牛六，牛六会被投档复旦。

这就是平行志愿和顺序志愿的不同，平行志愿分数优先，其次才是报考的志愿顺序，而顺序志愿是志愿顺序优先，其次才是分数。不同的规则对应不同的录取批次，所以家长一定要搞懂，你所在的省每一个录取批次到底是顺序志愿投档还是平行志愿投档，然后在不同的录取批次针对不同的投档规则采取不同的应对策略。

第四节
平行志愿最怕的两大现象：滑档和退档

不难看出，平行志愿原则的实行，更多地保证了高分学生进入更高层次的学校，大大地减少了"高分落榜"的现象。平行志愿的投档规则下，很多人说考生可以"冲一冲、稳一稳、保一保"。为什么可以这样？当你了解了平行志愿的投档本质，你就能深切领会其中的精髓。冲一冲、稳一稳、保一保，实际上是针对报考院校来说的，因为平行志愿是分数优先的，所以你前面学校冲不进去是不要紧的。但是平行志愿就可以无所畏惧，尽量报高吗？不，平行志愿最怕的是滑档和退档。

什么叫滑档？滑档就是省级教育考试院（或省级招生办公室）按照分数优先的顺序，投档到你了，你报考的所有学校都已经投满了，也就是你的档案没有学校可投，这个时候你就是滑档了，比如上面例子中的谭五。滑档应该如何避免呢？不同省份在不同录取批次可以报考的学校数量是不同的，要想避免滑档，你就需要保证在你报考的院校中肯定有能投进去的学校，也就是要做好保底工作。做好保底工作我觉得核心要素有三个，第一个就是尽量填满你所在省级教育考试院（或省级招生办公室）规定的可以报考的数量，比如说某省考生在一本可以报考1~6所院校，那么你最好填满6所高校。第二个就是你的位次要跟你选择的保底院校往年的录取最低位次有一定的位次差。这个位次差到底是多少合适，很难有一定绝对的数值，因为不同分段，不同省份的考生可能都会略有不同。第三个是你的保底高校在你所在省的招生计划要多。为什么要选择招生计划相对多的高校来做保底？前面给大家讲过高校的投档线的概念，投档的所有学生中的最低分的考生的分就是投档线。假设你的高考成绩在所在省是10000名，你找了一个以往录取最低位次是20000名的学校，是不是就一定可以保底了呢？在我看来不一定。假设这个学校只招一个人，今年有一个全省排名5000名的人选择了这所学校，因为他身体不好，但亲属就在这个学校，比较方便照顾他。那么对这个学校来说，今年的录取最低位次就可能变成了5000名。但是如果这所学校招100人，那么1~2个人有特殊情况就不会影响这个学校总体录取位次的这个大局。做好以上三点才能有效避免滑档。考生和家长应该在充分理解平行志愿投档原理的基础上去熟练掌握运用这三个策略。

什么叫退档？省级教育考试院（或省级招生办公室）按照"分数优先，遵循志愿"的原则投档进某个学校，学校在审核档案，分配专业的时候由于某些因素把档案退回省级教育考试院（或省级招生办公室）的这种现象叫退档。退档的最常见原因主要有四项。第一就是专业不服从调剂。也就是考生确实够了某高校的投档线，但是在报考专业的时候，仅报考了部分专业，而且不服从调剂，那么如果你报考的专业分数一旦达不到，又不服从专业调剂，学校将做退档处理。第二就是不符合学校的体检要求。这里面讲的体检要求包括前面介绍过的三部委联合颁发的体检的指导意见，也包括学校在招生章程中规定的一些特殊的体检要求，如《浙江中医药大学2020年招生章程》中就规定，护理学专业要求身高158cm（含）以上，如果你不符合体检要求，也很有可能被退档。第三就是不符合学校当年招生章程的要求。如《天津医学高等专科学校2020年普通高职高专招生章程》规定，充分考虑行业特点及岗位实际情况，助产、医学美容技术、护理（涉外护理）、护理（口腔护理）、护理（社区护理）、护理（老年护理）六个专业只招女生，要求身高1.60米以上，男生不适宜报考；医学影像技术专业只招男生，女生不适宜报考。个别专业有性别和身高的要求，有的学校可能会有语言语种的要求，有的可能会有单科成绩的要求，都要注意符合条件才可以。第四是投档比例高而退档。一般来说高校为了一次性满足生源需求，在平行志愿规则下，投档比例一般会设定在105%~110%。假如A校计划招生100人，按照105%的比例投档，省级教育考试院（或省级招办公室）就会投 105 人，如果这 105 人都服从专业调剂、符合身体条件、符合章程要求，多出来这 5 个人在之前就有可能因为总分低被退档。但是不得不说明的一点是，随着平行志愿的推广，现在越来越多的省级教育考试院（或省级招生办公室）和学校也都意识到投档又退档对考生来说是灾难性打击，所以很多省现在也都在文件中规定对于服从调剂、符合身体要求、符合章程要求的考生要做到投档不退档，也就是对于多出来这 5 个人会要求高校增加招生计划，将这 5 个人都录取。很多高校也有类似的承诺，但是由于不同省份、不同高校可能会有不同的政策，所以还是建议考生家长通过招生咨询或查询高校的招生章程把这个承诺拿到，再大胆报考。万一遇到投了档又退档的情况，对考生来说将是很大的悲剧。

第五节　如何正确对待平行志愿规则下的"冲稳保"

一、冲一冲的核心技巧

很多媒体和专家都在讲，在平行志愿投档规则下可以"冲一冲、稳一稳、保一保"的方式来进行填报。冲一冲的意思就是选择自己位次可能不一定够得上的高校填报。大家理解了平行志愿的本质投档规则后就能理解，平行志愿之所以可以冲一冲，是因为冲不上的话并不要紧，而冲一冲往往又能够让自己的分数"不浪费"。因为本来就是冲的学校，那么一旦投档进去，很可能是"擦边"进学校。以往很多家长觉得这样擦边进学校，分数不浪费，这就是最好的志愿。实际上却未必，因为一般来说冲一冲进学校的往往会丧失选择专业的空间，很多人可能会被专业调剂。

湖南考生张某在志愿填报过程当中，按照"冲一冲、稳一稳、保一保"的原则填报了五所高校。本来只想上财经类专业的张某最终压线投档进入某高校，但被调剂到地理信息专业。每年高考录取的过程中，这种例子数不胜数。那么是不是冲一冲就不可以用呢？我觉得还是有几种情况可以冲一冲的。第一，完全的院校优先，只要是能够进某个大学，任何专业都可以接受。第二，你冲的这个院校在你所在的省的招生专业，你都是可以接受的，这样的学校可以大胆冲击。这里面会涉及一个家长和考生容易有误区的概念，就是大学在专业调剂的时候在哪个范围内调剂，实际上大学在进行专业调剂的时候，它只在你所在的省的招生计划内调剂，不会跨出招生计划调剂。举个例子，某高校一共有20个专业，在你所在的省的理科只投放了4个专业，那么它只在这4个专业内调剂，不会到其他16个专业内调剂。第三，你冲的这所高校招生录取的专业位次排序比较稳定，即你所想冲一冲的高校近几年招收的专业高分的都在高分段，低分的都在低分段，然后你想去的专业恰恰都是最低分段的专业。第四，跨批次冲一冲。比如很多人会在提前批次选择一些高校冲一冲，并且不服从专业调剂，冲上了就去，冲不上去自然进入一本录取。2020年，有一位重庆考生的高考成绩是507分，比重庆理科一本线高了7分。这个孩子和家长对于未来的专业选择非常明确，未来要当医生，所以大学期待学习临床医学专业。而这个成绩虽然高出一本线7分，但是要想在一本实现读临床医学专业是非常难的，所以他决定放弃一本志愿，主要考虑二本志愿。但因为高出了一本线，所以我们建议该生还是要填报一本的可能冲击高校，这时候一个学校进入了我们的视野，电子科技大学（沙河校区）的医学类专业第一年在重庆招生，没有以往的录取数据作为参考，同时该校在重庆投放的招生专业只有两个，一个临床医学，一个护理学。这样的一种专业安排，我们认为该生可以冲击。虽然电子科技大学是一所"985工程"高校，但是高分考生仍然怕调剂到护理学，而高分段的考生会有尽量保证一本录取的要求，那么他就必须要服从专业调剂，而服从调剂就有调剂到护理学的可能，那么很多高分考生就会规避这个学校，加之第一年招生没有以往的数据作为参考，就会有更多的高分考生规避这所大学。而507分的考生在二本做好志愿布局的前提下，一本空着也是空着，我们大胆在一本批次填报了电子科技大学（沙河校区）的临床医学专业并且不服从专业调剂，很幸运，这个学校在本科一批次第一次录取断档，也就是实际投档人数不足招生计划的招生人数，507分的考生顺利投档进入该校，并被临床医学专业录取。这样的情况下，电子科技大学（沙河校区）医学类专业还进行了征集志愿，在征集志愿录取的学生中，最高分达到了 653 分。就这样 507 分的学生和 653 分的考生成了同大学同专业的同学。

2020 年，电子科技大学（沙河校区）代码 9625 在重庆理科第一轮平行志愿录取和征集志愿录取情况如表 4-4 所示。

表 4-4　电子科技大学（沙河校区）2020 年重庆理科 9625 代码录取情况统计表

招生代码	学校名称	招生计划	科类	投档次序	最高投档分	最低投档分
9625	电子科技大学（沙河校区）	9	理工类	平行志愿	637.265109130	507.192104091
9625	电子科技大学（沙河校区）	4	理工类	首次征集	652.264115133	598.246120108

冲一冲是分数用足的保证，但是如何在大学和专业上做好平衡也是很重要的。冲一冲利用得好，可以实现分数的最优化，冲不好，后果可能也很严重。只有切实掌握了平行志愿的投档规则，用好冲一冲才能填出好志愿。

二、稳一稳要稳得可心

稳一稳说的就是选择几所以往录取位次跟自我位次比较接近或相当的高校。稳一稳的高校一般是最有可能实现的高校，因此一定要更加重视。稳一稳的高校一般来说报考的时候需抓住两个关键点：选择招生计划相对稳定且数量较多的高校；选择往年录取位次相对稳定的高校。

稳一稳这个环节，要注意平行志愿并非没有排列次序问题。江苏考生李华，在填报志愿过程中严格按照科学填报步骤、科学分析方法进行，最终在第一批次圈定了北京大学、南开大学、天津大学和吉林大学。李华认为平行志愿没有顺序，要按照以往录取最低位次高低排序，拉开梯度，便按照这样的原则将上述四所学校依次填写在志愿表上。从李华内心来讲，北京大学无疑是其最为心仪的学校，但其分数只是冲击一下，其次应该是天津大学的建筑学专业，再次为南开的工商管理专业，最后是吉林大学的化学专业。录取过程中，李华果然冲击北大未果，没有投档进入北京大学，按照其志愿顺序，李华被投档到南开大学并录取到工商管理类专业，后来李华得知其分数也达到天津大学建筑学专业，但却未被其录取。录取结果与自己的意愿相违背，主要是因为李华还是没有理解透平行志愿的概念。他理解了平行志愿的分数优先，却忽略了一个原则叫遵循志愿，投档的原则除了按照分数排队依次投档外，一旦进入投档程序是要严格遵循考生的志愿的，也就是按照考生填报的顺序依次投档，一旦投到前面的志愿学校，后面的肯定就没有机会投档了。所以，大家在平行志愿填报时除了在每一批次拉开一定梯度外，还应该注意填报顺序，基本的原则应该是高分在前低分在后，但如果你更钟情于某一相对低分的学校，则应该根据自己的情况适当调整。就像李华，如果按照北大、天大、南开、吉大的顺序填报则比较适合他。

三、保一保要保得放心

保一保的核心要素我们已经在如何避免滑档的部分进行了详细说明，大家可以翻到相关章节去看。

第六节
通过案例进一步理解平行志愿规则

平行志愿投档规则的本质一定要搞清楚，理解透，掌握好。我们下面举家长和考生容易出现的四个问题以作提示。

【案例1】专业填报不合理，不服从专业调剂

辽宁理科考生石某，考分625分，南开大学当年在辽宁理科录取分为621分，她按照平行志愿原则投进南开，报考专业为金融工程、工商管理两个专业，并且不服从专业调剂。而两个专业当年录取分分别为643分、636分。因所报专业已满，不服从调剂，她被退档而进入了征集志愿行列。

【案例分析】

令人遗憾的是，如果石某服从专业调剂，就能够进入南开，目前高校对学生专业调整的政策不少，特别是各大名校为了吸引生源，纷纷推出多次换专业的机会，最起码考入南开这样的学校，考生还可以通过双修、辅修等路径实现自己的专业梦。

(1) 平行志愿省（市、区）的考生，尤其是高分考生，如果不是对某类专业特别偏爱，尽量填写服从调剂，可以增加录取机会。平行志愿实行后，考生一旦投档又被退档，则将直接进入征集志愿行列。从目前的情况来看，一旦进入征集志愿，剩余的高校往往还不如第一轮服从调剂录取的结果，而且征集志愿的竞争往往比第一轮更激烈。

(2) 相比于顺序志愿来说，平行志愿省（市、区）对于同一所高校而言，投档分差会缩小。如南开在某省的理科录取最高分与最低分在非平行志愿时相差 60 分左右，而实行平行志愿后分差只有 20 分。由于生源更为集中，每一分都有很多学生，专业之间的分数差距将缩小，考生如果不服从专业调剂，可能面临退档的风险比从前更高。

【案例 2】 定位不准，志愿全失

平行志愿实行后，高分考生更多地进入高层次学校，同时也就让更多在控制线左右的学生丧失了进入更高层次学校的机会。那么自我定位和报考技巧中就要求考生要充分考虑自身实力，在填报学校志愿时一定要保住底。

2020 年四川考生李某高考成绩 680 分，在本科一批次仅填报两所高校，即中国人民大学和浙江大学，最终滑档进入征集志愿。随后其父母到网上求助，其求助信息截图在网络上引发广泛讨论，如图 4-1 所示。

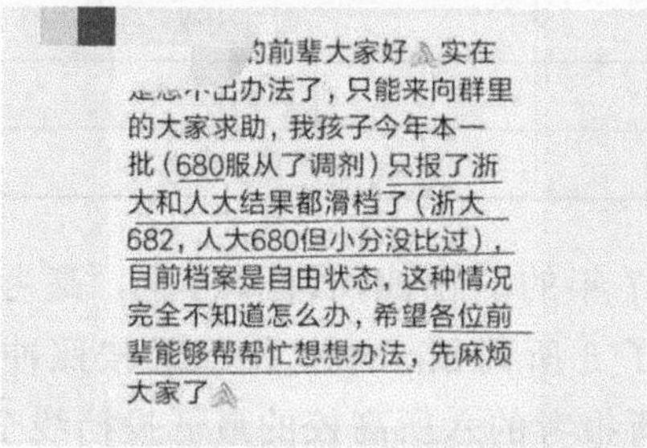

图 4-1　2020 年四川考生李某家长在家长群内求助信息截图

该生是一名理科生，全省排名 605 名，按照四川省教育考试院公布的各高校在四川省的理科投档分数（见表 4-5）。该生在本科一批次只有 11 个报考单位不能投档，选择任何其他的报考单位均不至于滑档。而四川省 2020 年规定在本科一批次可以最多可以填报 9 所院校，该生完全没有必要只填 2 所学校，但凡考生或家长有一点风险意识也不至于滑档。

表 4-5 四川省 2020 年理科部分高校投档线

序号	招生人数	大学名称	投档分数线
1	1	北京大学	695
2	3	清华大学	694
3	26	上海交通大学	692
4	24	复旦大学	691
5	81	复旦大学医学院	689
6	80	上海交通大学医学院	689
7	77	北京大学医学部	683
8	39	浙江大学	682
9	345	中国科学技术大学	681
10	346	中国科学院大学	681
11	2	中国人民大学	680
12	32	南京大学	678
13	93	浙江大学医学院	677
14	301	北京航空航天大学	676
15	25	同济大学	674
16	390	哈尔滨工业大学(深圳)	672
17	31	上海财经大学	669
18	17	南开大学	668
19	302	北京理工大学	662
20	330	哈尔滨工业大学	662

无独有偶，2017 年的一位四川理科考生，高考成绩 487 分，当年在本科二批次填报了 6 所高校。他觉得已经按照冲稳保的原则来填报了，结果滑档，其所报考的六所高校的最低投档线全部高于 487 分。李某当年的位次为 102091 名，他报考的第六所学校在 2016 年的最低位次是 150134 位，李某认为保底应该是没有问题的，但他没有考虑到该校当年在四川招生人数只有 3 人，当年有 3 名高分考生报考该校就会导致该校录取位次提高。

【案例分析】

（1）平行志愿省（市、区）考生，可以大胆按照喜爱程度将最喜欢的学校填在前面，但同时也应该尽量选择一两个录取分数比较低，自己也相对较喜欢的学校，拉开梯度。只有拉开梯度，才能增加投档进而录取的机会。

（2）平行志愿最重要的是要有保底高校。要保得住、保得好才行，要想做到这一点，除了拉开位次梯度外，还要注意要尽量填满规定可报的志愿数量、使用计划招生人数较多的学校保底，只有都做好才更保险。

【案例3】提档比例高，但要咨询好相关政策，否则有可能退档

平行志愿省（市、区）理科考生陈某，经过咨询后得到高校答复："按照往年情况看，问题不大，欢迎报考。"他考虑到该校如果不被投档还有其他学校可选，坚定地选择了该校。不过，最终结果是他虽然被提档，但因录取额满，分数偏低而被退档，导致他丧失了后面学校的录取机会。

【案例分析】

陈某的教训在于没有对高校的投档政策进行详细咨询，多数高校尤其是一本招生学校目前在平行志愿省（市、区）均打出"服从专业调剂，提档不退档"的承诺，如果选择的是这类学校，也就不会出现这种遗憾了。报考平行志愿批次的考生，对于提档比例偏高，提档后符合身体条件、符合章程要求的，仍可能退档的学校要慎重填报。当然目前来说各省级教育考试院为了保证考生利益，一般会在模拟投档阶段与高校进行沟通，但是为了保险起见，最好还是能在报考前核实相关政策再放心报考。

【案例4】平行志愿：必须冲稳保

2020年考生小丽报志愿之前，家长学习了一些志愿填报的知识，听了很多场志愿填报的讲座，大家都在说志愿填报必须冲稳保，于是就按照小丽的位次，分别找了两所冲的学校、两所稳的学校、两所保的学校填上，最后小丽一分不差地投入了冲的第二所学校，但是一看专业却傻了眼，看似一分都没有浪费的小丽，被调剂到这所学校的其他专业，而这个专业恰恰是小丽不能接受的。

【案例分析】

冲稳保只是针对平行志愿投档规则的一种方式，大家在理解了底层逻辑的基础上一定要灵活运用，让规则为自己的志愿理想服务，而不是机械地搬用方法。

第七节
顺序志愿的注意事项

前面已经了解过，顺序志愿的投档规则就是志愿顺序优先，其次才是分数。所以一旦你将某高校放在第二志愿，即使你分数再高，如果该校一志愿已经招满了，而你又没能被一志愿学校录取，你的档案也不会再投向这个高校。所以顺序志愿最重要的就一句话，要重视第一志愿的填报。

随着信息技术的推广，目前各省份均已经在大部分重要批次实行了平行志愿投档规则，但是其实大部分省份实行的仍然是部分批次的平行志愿。比如很多省份的提前批次仍然实行顺序志愿，上文介绍的河南省，对于提前批次的描述是本科提前批（除地方公费师范生）、专科提前批（除艺术类外），第一志愿可填报1个高校志愿，第二志愿为平行志愿，可填报1~4个高校志愿，每个志愿可填报1~5个专业和是否同意调剂专业。也就是在提前批和第一志愿实行顺序志愿，但是第二志愿是平行志愿，即第一次投档的时候按照顺序志愿原则投档，而到了二志愿投档，第一志愿没有录满的学校的剩余计划面向第一志愿没有被录取的学生的时候实行平行志愿。接下来，我们还用第三节平行志愿和顺序志愿投档练习的例子来举例，按照顺序志愿投档，则几个考生的投档顺序应如表4-6所示。

表4-6 顺序志愿投档演示表

北大	清华	南开	复旦
郝四 687 分	张一 678 分	李二 680 分	
谭五 681 分	王三 676 分	牛六 670 分	
	徐七 672 分		

假设北大录取了郝四，清华录取了张一，南开录取了李二，那么复旦还有一个名额没有录满，这个时候，剩余的考生为谭五、王三、徐七和牛六，将按照分数优先、遵循志愿、一次投档原则进行录取。剩余4

个未被第一志愿录取的考生报的志愿如表 4-7 所示。

表 4-7 顺序志愿示例——剩余考生在第二志愿为平行志愿的情况列表

姓名	科类	高考分数	第一志愿	第二志愿平行 A	第二志愿平行 B	第二志愿平行 C
谭五	理工	681	北大			
王三	理工	676	清华	北大	复旦	南开
徐七	理工	672	清华			
牛六	理工	670	南开	复旦		

在第二志愿为平行志愿的规则下，会录取分数高，志愿排序靠后为第二志愿平行 B 的王三，而不是分数低，志愿排序靠前的牛六。

但是假设河南省的政策说的是，提前批次实行顺序志愿、考生可以填报第一志愿 1 个，第二志愿 1 个，第三志愿 1 个，第四志愿 1 个，那么表格就变成如表 4-8 所示。

表 4-8 顺序志愿示例——剩余考生报考志愿为顺序志愿情况列表

姓名	科类	高考分数	第一志愿	第二志愿	第三志愿	第四志愿
谭五	理工	681	北大			
王三	理工	676	清华	北大	复旦	南开
徐七	理工	672	清华			
牛六	理工	670	南开	复旦		

那么，在复旦大学还有一个名额没有录满的条件下，在顺序志愿规则下，复旦大学会录取分数低，但是志愿顺序靠前的牛六。

由此可见，不同的政策会导致录取结果不一样，这也是我们考生和家长务必熟练掌握政策的一个原因。

第八节 你还必须详细了解的体检指导意见

了解体检之前，大家可以先来看一张体检表，如图 4-2 所示。

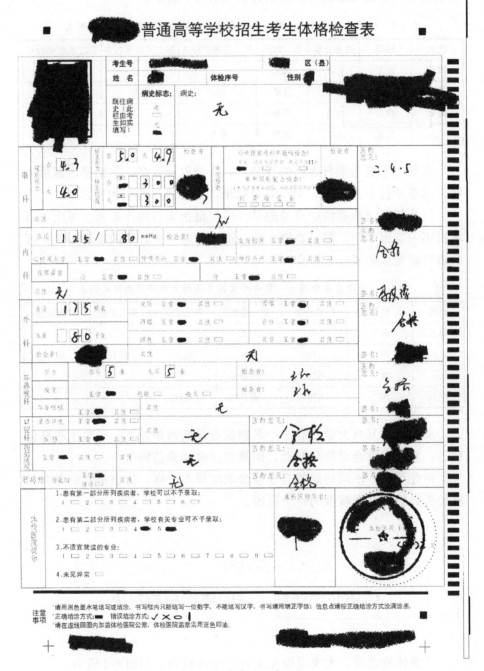

图 4-2 高考体检表示例

图 4-2 展示的是某省某位考生的体检表。因为涉及隐私,所以我们把相关内容都隐去了,但是保留了主要部分,一般来说,学校在审核体检表的时候,主要审核部分是最下面的体检医院提示,大家可以看到里面有四项内容,分别是:

第一部分所列情况为"患有下列疾病者,学校可以不予录取",相应的体检结论为"不合格"。

第二部分所列情况为"患有下列疾病者,学校有关专业可不予录取",相应的体检结论为"合格受限"。

第三部分所列情况是向考生提出的"不宜就读的专业"的建议,若考生执意报考或就读相关专业,则今后可能会对其录取或学习及在相关领域(行业)就业产生影响,请考生注意查看院校招生章程中是否有相关的限报规定。

第四部分就是"未见异常"。

这个结论是考生拿到自己的体检表后一定要看的一个内容。拿到体检报告后,考生和家长要仔细阅读体检表,尤其是体检结论,为选择适合自己的专业做参考。那么这四部分分别对应的是哪些内容呢?我们前面给大家提过一个文件,就是教育部等三部委联合颁发的《普通高等学校招生体检工作指导意见》,我们先来通读一下全文。

《普通高等学校招生体检工作指导意见》

(教育部 卫生部 中国残疾人联合会印发)

一、患有下列疾病者,学校可以不予录取

1.严重心脏病(先天性心脏病经手术治愈,或房室间隔缺损分流量少,动脉导管未闭返流血量少,经二级以上医院专科检查确定无需手术者除外)、心肌病、高血压病。

2.重症支气管扩张、哮喘,恶性肿瘤、慢性肾炎、尿毒症。

3.严重的血液、内分泌及代谢系统疾病、风湿性疾病。

4.重症或难治性癫痫或其他神经系统疾病;严重精神病未治愈、精神活性物质滥用和依赖。

5.慢性肝炎病人并且肝功能不正常者(肝炎病原携带者但肝功能正常者除外)。

6. 结核病除下列情况外可以不予录取。

（1）原发型肺结核、浸润性肺结核已硬结稳定；结核型胸膜炎已治愈或治愈后遗有胸膜肥厚者；

（2）一切肺外结核（肾结核、骨结核、腹膜结核等）、血行性播散型肺结核治愈后一年以上未复发，经二级以上医院（或结核病防治所）专科检查无变化者；

（3）淋巴腺结核已临床治愈无症状者。

二、患有下列疾病者，学校有关专业可不予录取

1. 轻度色觉异常（俗称色弱）不能录取的专业：以颜色波长作为严格技术标准的化学类、化工与制药类、药学类、生物科学类、公安技术类、地质学类各专业，医学类各专业；生物工程、生物医学工程、动物医学、动物科学、野生动物与自然保护区管理、心理学、应用心理学、生态学、侦察学、特种能源工程与烟火技术、考古学、海洋科学、海洋技术、轮机工程、食品科学与工程、轻化工程、林产化工、农学、园艺、植物保护、茶学、林学、园林、蚕学、农业资源与环境、水产养殖学、海洋渔业科学与技术、材料化学、环境工程、高分子材料与工程、过程装备与控制工程、学前教育、特殊教育、体育教育、运动训练、运动人体科学、民族传统体育各专业。

2. 色觉异常Ⅱ度（俗称色盲）不能录取的专业，除同轻度色觉异常外，还包括美术学、绘画、艺术设计、摄影、动画、博物馆学、应用物理学、天文学、地理科学、应用气象学、材料物理、矿物加工工程、资源勘探工程、冶金工程、无机非金属材料工程、交通运输、油气储运工程等专业。专科专业与以上专业相同或相近专业。

3. 不能准确识别红、黄、绿、蓝、紫各种颜色中任何一种颜色的导线、按键、信号灯、几何图形者不能录取的专业；除同轻度色觉异常、色觉异常Ⅱ度两类列出专业外，还包括经济学类、管理科学与工程类、工商管理类、公共管理类、农业经济管理类、图书档案学类各专业。不能准确在显示器上识别红、黄、绿、蓝、紫各颜色中任何一种颜色的数码、字母者不能录取到计算机科学与技术等专业。

4. 裸眼视力任何一眼低于5.0者，不能录取的专业：飞行技术、航海技术、消防工程、刑事科学技术、侦察。专科专业：海洋船舶驾驶及与以上专业相同或相近专业（如民航空中交通管制）。

5. 裸眼视力任何一眼低于4.8者，不能录取的专业：轮机工程、运动

训练、民族传统体育。专科专业：烹饪与营养、烹饪工艺等。

6.乙型肝炎表面抗原携带者不能录取的专业：学前教育、航海技术、飞行技术等。专科专业：面点工艺、西餐工艺、烹饪与营养、烹饪工艺、食品科学与工程等。（此条已经取消，见2010年教育部《关于高招体检取消乙肝项目检测有关问题通知》）

三、患有下列疾病不宜就读的专业

1.主要脏器：肺、肝、肾、脾、胃肠等动过较大手术，功能恢复良好，或曾患有心肌炎、胃或十二指肠溃疡、慢性支气管炎、风湿性关节炎等病史，甲状腺机能亢进已治愈一年的，不宜就读地矿类、水利类、交通运输类、能源动力类、公安学类、体育学类、海洋科学类、大气科学类、水产类、测绘类、海洋工程类、林业工程类、武器类、森林资源类、环境科学类、环境生态类、旅游管理类、草业科学类各专业，及土木工程、消防工程、农业水利工程、农学、法医学、水土保持与荒漠化防治、动物科学各专业。专科专业不宜就读烹饪工艺、西餐工艺、面点工艺、烹饪与营养、表演、舞蹈学、雕塑、考古学、地质学、建筑工程、交通土建工程、工业设备安装工程、铁道与桥梁工程、公路与城市道路工程、公路与桥梁工程、铁道工程、工业与民用建筑工程专业。

2.先天性心脏病经手术治愈，或房室间隔缺损分流量少，动脉导管未闭返流血量少，经二级以上医院专科检查确定无需手术者不宜就读的专业同第三部分第一条。

3.肢体残疾（不继续恶化），不宜就读的专业同第三部分第一条。

4.屈光不正（近视眼或远视眼，下同）任何一眼矫正到4.8，镜片度数大于400度的，不宜就读海洋技术、海洋科学、测控技术与仪器、核工程与核技术、生物医学工程、服装设计与工程、飞行器制造工程。专科专业：与以上相同或相近专业。

5.任何一眼矫正到4.8，镜片度数大于800度的，不宜就读地矿类、水利类、土建类、动物生产类、水产类、材料类、能源动力类、化工与制药类、武器类、农业工程类、林业工程类、植物生产类、森林资源类、环境生态类、医学类、心理学类、环境与安全类、环境科学类、电子信息科学类、材料科学类、地质学类、大气科学类及地理科学、测绘工程、交通工程、交通运输、油气储运工程、船舶与海洋工程、生物工程、草业科学、动物医学各专业。专科专业：与以上相同或相近专业。

6.一眼失明另一眼矫正到4.8，镜片度数大于400度的，不宜就读工学、农学、医学、法学各专业及应用物理学、应用化学、生物技术、地质学、生态学、环境科学、海洋科学、海洋技术、生物科学、应用心理学等专业。

7. 两耳听力均在3米以内，或一耳听力在5米另一耳全聋的，不宜就读法学各专业、外国语言文学各专业以及外交学、新闻学、侦察学、学前教育、音乐学、录音艺术、土木工程、交通运输、动物科学、动物医学各专业、医学各专业。

8. 嗅觉迟钝、口吃、步态异常、驼背，面部疤痕、血管瘤、黑色素痣、白癜风的，不宜就读教育学类、公安学类各专业以及外交学、法学、新闻学、音乐表演、表演各专业。

9. 斜视、嗅觉迟钝、口吃不宜就读医学类专业。

此部分内容供考生在报考专业志愿时参考。学校不得以此为依据，拒绝录取达到相关要求的考生。

四、其他

1. 未列入专业目录或经教育部批准有权自定新的学科专业，学校招生时可根据专业性质、特点，提出学习本专业对身体素质、生理条件的要求，并在招生章程中明确刊登，做好咨询解释工作。

2. 公安类普通高等学校招生体检按公政治〔2000〕137号文件执行。

3. 中国人民解放军院校招收学员体格检查按〔1997〕后联字2号文件执行。

对应上面的体检结论，大家就会比较清楚地看到《普通高等学校招生体检工作指导意见》（以下简称《体检工作指导意见》）第一部分为学校可以不予录取的疾病清单，也就是体检四项结论当中的第一项，体检结论通常为不合格。虽然现实中患有此类疾病的考生人数并不多，但是如果真有考生患有《体检工作指导意见》中第一部分中的疾病，考生和家长在志愿填报之前一定要充分与报考院校的招生办咨询沟通，得到允许报考的允诺后才可以报考。

《体检工作指导意见》第二部分所列情况为"患有下列疾病者，学校有关专业可不予录取"，相应的体检结论为"合格受限"。这部分考生相对来说人数还是比较多的，特别是色盲或色弱的学生。这部分考生在报考的过程中一定要注意尽量规避受限专业，尽量报考那些在你所在省招生专业均为你的非受限专业的高校。此类考生特别忌讳心存侥幸的心理，比如 A 高校一共在你所在省计划招收 10 个专业，而你只有一个专业受限，那么我可以填报 6 个专业，我不去报这个受限专业是否可以？我的建议是尽量规避，如果无法规避，尽量在报考前对所报考高校招办进行咨询。询问如果真遇到录取到我，只有受限专业了，学校如何处理，如果学校是退档处理，建议不予报考这个学校，如果学校可以调剂到其他专业就可以考虑报考。另外一点就是，家长在读文件的时候要特别注意，《体检工作指导意见》第二部分的第一条至第三条属色觉检查，后一条对前一条具有包含关系，如限考第三条，则同时也限考第一条、第二条的专业；第四条、第五条属视力检查，后一条对前一条也具有包含关系，如限考第五条，则表示第四条、第五条所列的所有专业均限考。以往就有限报家长没有读懂文件而报考了限报专业被退档的先例。

《体检工作指导意见》第三部分所列情况是向考生提出的"不宜就读的专业"的建议，不宜就读看似是个比较软的条件，而且教育部也在文件中注明此部分内容供考生在报考专业志愿时参考，学校不得以此为依据，拒绝录取达到相关要求的考生。看似软，实际上还是值得考生和家长关注。此部分的家长和考生需要注意，如果执意报考受限的专业，有可能导致两种后果：第一就是你的身体情况可能导致在大学期间无法顺利完成学业；第二就是你即使完成学业，未来在就业环节可能也会遇到麻烦。还有一点就是我们在解读省内文件的时候曾经说过，关于体检，教育部三部委的指导意见是一个全国性纲领文件，但是各校还可以根据自己的办学特点在招生章程中有一些特殊说明。所以如果你有不宜就读相关专业的受限体检结论，一定要注意查询报考高校的招生章程中是否注明了相关要求，如果明确有不符合章程要求的，也是不能填报的，慎重起见，即使章程中未规定相应的办法，最好还是通过招生咨询的方式与高校进行沟通。

《体检工作指导意见》的最后一部分也说明了公安类院校或军校一般对体检会有更高的要求，会对身高、体重、年龄等有更为细致的要求。如果有意报考此类高校的考生和家长也要注意身体条件是否符合公安或军校体检要求，在此我们不再赘述。

第五章
熟知2种政策之二：高校政策

第一节
从哪里了解高校政策

与省内政策相似，高校政策也主要是通过一个文件来了解，前文也有所提到，就是招生章程。高校招生章程是高校依据我国相关教育法规和教育部要求制定的，是高校开展招生工作的重要依据。教育部明确指出："高校的招生章程是高校向社会公布有关招生信息的必要形式，其内容必须合法、真实、准确、表述规范，经主管部门依据国家有关法律和招生政策规定核定后方能向社会公布。一经公布，不得擅自更改。学校法定代表人对学校招生章程及有关宣传材料的真实性负责。高校依据招生章程开展招生工作。"

因此，招生章程具有很强的规范作用，既是对高校的一种约束，也为考生创造了更加公平、公正、公开的竞争环境。同时，它也是考生了解招生政策的主要途径，是填报志愿不可或缺的参考资料。

这里面家长们常常会有一个误区，认为招生简章就是招生章程。实际上，招生章程不等同于招生简章，虽然两者只是一字之差，但却有很大差别。招生简章中的内容一般用于招生宣传，本质上是一份宣传材料，只能作为报考时的一般参考资料，其重要性远不如招生章程。

通过招生章程，你可以了解到高校全称、校址（会注明涉及的分校、校区等），层次（本科、专科），办学类型（如普通高校或成人高校、公办高校或民办高校或独立学院、高等专科学校或高等职业技术学校等），招生计划分配的原则和办法，预留计划数及使用原则，专业培养的外语语种，身体健康状况要求，录取规则（比如有无加试要求、对加分或降低分数要求投档、投档成绩相同考生的处理、进档考生的专业安排办法等），学费标准，家庭经济困难学生资助政策及有关程序，颁发学历证书的学校名称及证书种类，联系电话、网址，以及其他须知等。

第二节 招生章程的正确查询途径

查询招生章程主要有两个事项需注意：第一，就是招生章程有一定时效性，只规定一年的招生具体办法，比如你是 2021 年考生，你就要查询某某高校 2021 年招生章程，切不可用其他年份代替；第二，就是一定要通过官方渠道查询招生章程，根据教育部要求，各高校要在规定时间内将本校招生章程上传至阳光高考信息公开平台（http://gaokao.chsi.com.cn），经高校上级主管部门审核通过后，向社会公示。另外，有的省招办会对在本省招生高校的招生章程进行汇编，可以查询汇编文件，或登录各高校的招生官方网站查看。

我们以教育部"阳光高考"平台为例，手把手教你如何查询招生章程。第一步登录教育部"阳光高考"平台，其主界面如图 5-1 所示。

点击左上角的招生章程选项，出现如图 5-2 所示的招生章程分类列表。

然后根据高校所在地点击院校所在地，比如想看一下"西南大学 2020 年招生章程"就点击重庆，出现如图 5-3 所示的 2020 年重庆高校列表。

再点击西南大学进入，出现如图 5-4 所示的西南大学历年招生章程列表。

图 5-1 "阳光高考"平台主界面

图 5-2 "阳光高考"平台招生章程分类列表

第五章 熟知2种政策之二：高校政策 | 81

图 5-3 2020 年重庆高校列表

图 5-4 西南大学历年招生章程列表

点击西南大学2020年普通本科招生章程即可查看。

第三节

以西南大学为例，手把手教你筛出高校政策的干货

下面我们将以2020年西南大学的招生章程为例，教你如何筛选高校政策干货。西南大学2020年招生章程全文如下。

西南大学 2020 年普通本科招生章程

第一章　总则

第一条　根据《中华人民共和国教育法》《中华人民共和国高等教育法》《教育部关于做好2020年普通高校招生工作的通知》和《西南大学章程》，为做好学校2020年普通本科招生工作（以下简称招生工作），特制定本章程。

第二条　西南大学（Southwest University）是教育部直属重点综合大学，是国家首批"双一流"建设高校。学校有两个本科招生国标代码，分别是：西南大学10635，西南大学（荣昌校区）1063519635。

第三条　学校位于重庆市北碚区，坐落于缙云山麓、嘉陵江畔，占地8000余亩，校舍面积165万平方米，是闻名遐迩的花园式学校，教育部表彰的文明校园。学校荣昌校区位于重庆市荣昌区。

第四条　学校办学类型为公办普通高等学校，学习形式为全日制。学校具有博士、硕士、学士学位授予权。本科招生的主要类别有：普通文理科、艺术体育类、公费师范生、中外合作办学、保送生、国家专项计划、高校专项计划、非西藏生源定向西藏就业、体育单招、高水平运动队、港澳台侨和少数民族预科等。

第五条　学校对达到所在专业毕业要求者，颁发西南大学本科毕业证书；符合学校学位授予有关规定者，颁发普通高等教育本科毕业生学士学位证书。

第二章　组织机构

第六条　学校成立由主要负责人和有关职能部门负责人组成的招生工作领导小组，全面领导本科招生工作，研究决定招生工作中的重大事项，

深入实施招生阳光工程。领导小组下设办公室，设在招生就业处，具体组织实施考试招生各项工作。学校纪检监察部门依据有关规定参与和监督招生工作中各项政策和规定的落实。学校不委托任何中介机构和个人从事招生工作。

第七条 学校成立由主要负责人、有关职能部门负责人、教师代表、学生代表、校友代表组成的招生委员会，为学校本科招生工作提供咨询、指导和监督。

第八条 学校招生办公室通讯地址：重庆市北碚区天生路2号，邮编：400715。本科招生网址：http：//bkzsw.swu.edu.cn。招生咨询电话：023—68252513，传真：023—68250942，招生咨询邮箱：zs2006@swu.edu.cn。招生监督邮箱：zsksjd@swu.edu.cn。

第三章 招生计划及就读地点

第九条 学校根据事业发展、办学条件、生源质量、毕业生就业状况等情况，科学编制分省分专业招生计划，报教育部审定后，由各省级招生考试机构向社会公布。

第十条 2020年学校面向全国31个省（自治区、直辖市），在一本各批次（批次合并的省份按照规定批次）招收全日制普通本科学生10100名，招生专业103个。招生计划根据历年各省（自治区、直辖市）生源质量、毕业生就业状况进行分配，并向中西部地区和重点高校录取率相对较低省份倾斜。公费师范生招生计划按照各省（自治区、直辖市）需求分配。预留计划不超过学校总招生计划数的1%，用于调节各省上线生源的不平衡。

第十一条 2020年学校共有28个大类招生，按大类招生的学生入学后，学习统一的基础课程后再根据分流方案进行专业分流。其中植物生产类新生，第一年由学校随机分配到农学与生物科技学院、植物保护学院、园艺园林学院按大类统一学习，再分流到各专业及相应学院。

第十二条 西南大学荣昌校区是学校多学科高水平特色校区，根据办学需要，在校区设置动物科学学院和商贸学院，共有11个招生专业：信息管理与信息系统、市场营销（含市场营销、国际经济与贸易）、物流管理（含物流管理、公共事业管理）、水产类（含水产养殖学、水族科学与技术）、动物医学类（含动物医学、动物药学、中兽医学）、动物生产类（含动物科学）。

第十三条 西南大学西塔学院是经教育部批准，由西南大学与澳大利亚西澳大学、塔斯马尼亚大学联合设立的中外合作办学机构。招生专业包括生物技术、经济学、电子信息工程、食品质量与安全4个专业。

第十四条　西南大学中外合作办学项目包括心理学、软件工程、自动化、计算机科学与技术、植物科学与技术、动物科学6个专业，由西南大学分别与澳大利亚国立大学、澳大利亚迪肯大学、澳大利亚西澳大学、新西兰奥克兰大学、美国密苏里州立大学以及澳大利亚詹姆斯·库克大学合作举办。

第十五条　西南大学10635录取的学生在校本部就读，西南大学（荣昌校区）1063519635录取的学生在荣昌校区就读。学生进校后的专业转换按照《西南大学本科学生转专业管理办法》的相关规定执行。

第四章　入学考试

第十六条　学校各专业录取的各类学生（保送生、体育单招、少数民族预科班转入、港澳台侨、取得高水平运动队一类合格资格的学生除外），均须参加全国普通高校招生统一考试。

第十七条　2020年学校艺术类各专业不单独组织校考。报考艺术类专业考生，须参加各省级招生考试机构统一组织的相关艺术类专业省级统考。学校录取时以各生源省相关艺术类专业省级统考成绩为专业成绩录取依据。学校在26个省（自治区、直辖市）有艺术类招生计划，具体分省招生专业安排见学校2020年艺术类招生简章。

第十八条　报考体育教育专业考生，须参加各省级招生考试机构统一组织的体育专业考试；报考运动训练专业考生，须参加国家体育总局组织的体育专项考试和文化考试；报考高水平运动队考生，须参加学校组织的体育专项考试并取得合格资格。

第十九条　学校按照教育部及有关省（自治区、直辖市）的要求，组织高水平运动队招生、保送生招生、港澳台侨招生、少数民族预科班转入考试。

第五章　录取办法

第二十条　学校录取工作贯彻公平竞争、公正选拔、公开透明的原则，坚持德智体美劳全面衡量，综合评价，择优录取。

第二十一条　在实行平行志愿投档的省（自治区、直辖市），学校调阅考生档案的比例不超过招生计划的105%。在实行顺序志愿投档的省（自治区、直辖市），学校调阅考生档案的比例不超过招生计划的120%。对有明确投档比例规定的省（自治区、直辖市），学校执行生源省（自治区、直辖市）有关规定。

第二十二条 学校执行国家和各省（自治区、直辖市）规定的加分政策，按照加分以后形成的投档成绩进行录取和安排专业（不做分省计划的招生类型除外）。

第二十三条 对实行顺序志愿投档的省份及类别，学校优先录取第一志愿考生，若第一志愿考生生源不足，则依次录取后续志愿考生，若生源仍不足，将根据录取要求征集志愿；按照平行志愿投档的省份及类别，未完成的招生计划将征集志愿。若征集志愿后仍未完成招生计划，则将未完成计划调剂到其他生源质量好的省份。

第二十四条 考生的专业安排实行专业分数级差原则（中外合作办学专业除外），即按照考生填报的专业志愿顺序和成绩，根据专业志愿分数级差"2/1/1/0/0"后的等效分择优录取。考生所有专业志愿都无法满足时，若服从专业调剂，则根据考生成绩和专业志愿等情况调剂到其他未能录取满额的专业；若考生不服从专业调剂，则作退档处理。

第二十五条 中外合作办学专业安排实行专业志愿清的原则。即先将进档的第一专业志愿考生安排结束后，依次录取第二、第三及后续专业志愿考生直到完成专业招生计划。

第二十六条 在专业录取时，对高考投档成绩等效分相同的考生（江苏除外），文史类考生参考文综、语文、外语、数学成绩，理工类考生参考理综、数学、外语、语文成绩，综合改革类考生参考数学、语文、外语成绩后择优录取。艺术类专业同分排序按照我校当年艺术类招生简章执行。江苏考生填报我校选测科目须达到B+和B，必测科目须达到4C1合格，在同分条件下，选考科目等级高者优先。

第二十七条 学校英语专业只招收英语语种考生，对省级招生考试机构统一组织英语口试的省（自治区、直辖市），考生须参加口试且成绩合格；中外合作办学专业、药学（全英文创新实验班）以英语为主要授课语言，建议英语语种考生报考。

第二十八条 上海、浙江、北京、天津、山东、海南6个高考综合改革省份，按照生源所在省级招生考试机构公布的选考科目和录取办法执行。

第二十九条 公费师范生的录取办法执行教育部的有关规定。

第三十条 定向生的录取办法执行教育部及考生所在省（自治区、直辖市）的有关规定。其中，非西藏生源定向西藏就业的定向招生计划只招收填有我校此类志愿的考生，根据考生志愿从高分到低分择优录取。

第三十一条 体育教育专业的录取原则为：在文化成绩和专业成绩均上线的情况下，对该专业有明确的投档排序规则的省（自治区、直辖市），录取时按投档成绩择优录取；对该专业没有明确的排序投档规则或将文化、专业成绩均上线考生按志愿全部投档的省（自治区、直辖市），学校将按专业成绩择优录取。

第三十二条 国家专项计划的录取办法，依据教育部及相关省（自治区、直辖市）有关规定执行。

第三十三条 高校专项计划、艺术类、保送生、体育单招、高水平运动队招生录取办法，依据教育部有关规定和学校2020年有关招生简章执行。

第三十四条 少数民族预科班招生执行教育部、国家民族事务委员会及考生所在省（自治区、直辖市）的有关规定。

第三十五条 学校对考生身体健康状况的要求，按照《普通高等学校招生体检工作指导意见》、《关于进一步规范入学和就业体检项目维护乙肝表面抗原携带者入学和就业权利的通知》、教育部、各省级教育行政部门和学校的有关规定执行。

第六章 新生入学

第三十六条 根据教育部《普通高等学校学生管理规定》（教育部令第41号）要求，学校将组织新生入学资格复查。对复查不合格者，学校将视其情况予以处理。凡弄虚作假者，取消其入学资格。

第三十七条 公费师范生入学时须签订"师范生公费教育协议书"。非西藏生源定向西藏就业学生，入学时须签订"普通高等学校招收培养非西藏生源定向西藏就业协议书"。高水平运动队新生入学时须与学校签订协议，明确训练和比赛义务。

第七章 收费和资助

第三十八条 学费标准：普通类专业3700—5500元/年，运动训练专业8000元/年，艺术类专业10000元/年，中外合作办学项目专业30000元/年，中外合作办学机构专业45000元/年，少数民族预科3700元/年。公费师范生在四年修读年限内免缴学费、住宿费，并领取生活费补助。各项收费标准最终以重庆市物价局核定的标准为准。

第三十九条 学校构建了完整的国家奖助学金、国家助学贷款、学费补偿、贷款代偿、勤工助学、临时困难补助、新生入学"绿色通道"等多元化、全方位、全过程的奖助体系，帮助经济困难的学生顺利完成学业。

第八章　附则

第四十条　本章程自公布之日起施行。

第四十一条　本章程由学校招生办公室负责解释。

西南大学的 2020 年招生章程一共有 8 章 41 条，我们逐条来看一下，从第二条，我们可以清晰看出西南大学是我国"双一流"高校，并且西南大学会分成两个招生代码招生，一个是西南大学，一个是西南大学（荣昌校区）。这里面家长就要注意两个校区单独录取，在录取的时候是视为两所高校，那么就会存在分数不同的问题，考生家长应该关注在章程中注明两个代码招生的，颁发的毕业证、学位证是否有区别。对于颁发毕业证、学位证无区别的高校，就很可能成为低分高就的一种方式，值得考生和家长关注。如果章程中没有注明，考生家长可以通过招生咨询了解。

第三条说明未来进入西南大学读书的同学会在不同的校区，至于这两个校区如何分，需要进一步查阅相关资料。以西南大学为例，西南大学由西南师范大学和西南农业大学合并而来，又是两个招生代码，所以西南大学的分配方法应该是按照专业的不同分配到不同的校区学习。但是有的学校是会按照年级的不同分配到不同校区，如大一大二在 A 校区，大三大四在 B 校区等。这些信息需要考生和家长提前查询。

第八条可以获取学校的官方网址、咨询电话，这些都是很重要的信息。建议家长最好有个专门记录意向目标院校信息的笔记本。平时多注意汇总这些信息，到关键时刻能大大提高效率。

第十条写明预留计划不超过学校总招生计划数的 1%，用于调节各省上线生源的不平衡。这一条的意思就是学校有预留计划，但是没有具体写明用途，一般用于调档比例高于 100% 时录取那些身体条件合格，符合章程要求，但成绩处于 100% 以外的考生。

第十一条说明学校的 100 余个专业，按照大类进行招生。这里面有一个很重要的内容是考生家长如果报考这所大学，需要搞清楚大类招生具体包含哪些专业、分配专业的方法等。现在按照大类招生的高校越来越多，我们后面会专门用一个章节来写大类招生的报考注意事项。

第十二条到第十四条描述了西南大学招生的主要模式，包括西塔学院的中外合作办学、中外合作办学专业，以及荣昌校区的一些招生专业。

第十五条，如果孩子确实很可能考入西南大学，那么提前了解一下转专业的相关政策，就要找到《西南大学本科学生转专业管理办法》这个文件，提前了解可以为转专业做好准备。

第十六条到第十九条说明了西南大学的各种招生类型，相关考生可以参考。

第二十一条说明了不同投档政策下，学校的投档比例要求问题，但是没有说明对于服从专业调剂、身体合格、符合章程要求的提档考生是否退档。这一点如果谨慎一点，最好可以通过咨询招办的方式解决。

第二十二条说明了学校在对待各省的加分时在提档和安排专业的时候都是予以认可的。而有的学校则会在章程中注明，提档时认可，安排专业不认可。那么对于有省级考试院规定的加分条件的考生，应该优先选择提档和安排专业都予以认可的高校。

第二十四条到第二十六条是招生章程中非常重要的内容，就是这所大学如何对进档考生分配专业，不同的专业分配办法会导致不同的录取结果。这个问题将专门在下一节进行详细讲解。这里先来看一下西南大学分配专业的政策，对于非中外合作办学专业，考生的专业安排实行专业分数级差原则，根据专业志愿分数级差"2/1/1/0/0"后的等效分择优录取。第二十五条，对于中外合作办学专业，实行志愿清的分配专业原则，这里面就提到了两种分配专业的方法，一种叫专业级差，一种叫志愿清也叫专业志愿优先，其实还有一种叫分数优先，也叫无专业级差原则。第二十六条说明的是同分考生如何分配专业的问题。

第二十七条列举了一些需要高考外语语种为英语方可报考的专业。小语种考生要慎重报考或咨询高校招办取得不会被退档的承诺后方可报考。

第二十八条到第三十五条，列举了不同招生类型执行的一些国家文件。

第三十六到第四十一条，对一些特殊的需要签订协议的招生类别进行了说明，同时对学费、奖助学金情况进行了说明，对于家庭贫困的学生可以通过助学金或助学贷款等方式入学并完成学业。关于这些相关政策可以提前咨询、查询。

以上便是以西南大学 2020 年招生章程为例为大家进行的高校政策解读。我们归纳一下，在阅读招生章程的时候有哪几点是一定要阅读到的。

第一，高校的基本情况。包括学校的性质层次、办学地点和校区情况、办学类型、收费标准。

第二，学校的分配专业采取哪种办法：分数优先、志愿优先还是专业级差。

第三，学校的特殊招生政策，比如哪些专业要求外语语种为英语，哪些专业有性别、身高、体检、单科成绩等特殊要求。

第四，学校在不同投档规则下的投档比例，以及是否标注了对于体检合格、符合章程要求、服从专业调剂学生提档是否退档的规定。

第五，有加分资格考生要关注对于加分政策如何对待。

第六，注意通过招生章程搜集学校的联络咨询方式。

第七，通过招生章程了解学校相关的重要政策文件，比如转专业、主辅修等，可以通过到学校官网查找的方式做进一步了解。

第四节

高校政策必懂知识：没有黑幕，只有你不懂的专业级差

高校专业分配的主要依据是考生所填报的专业志愿和高考成绩，同时还要参考基础科目成绩、相关科目成绩、身体状况、政治思想表现等一系列因素。各高校对进档考生进行专业分配一般有三种选择：专业志愿优先（也叫志愿清）、分数优先（或叫无专业级差原则）、专业级差。

一是专业志愿优先（也叫志愿清）方式。首先按照投档考生所报考的第一专业分类，在各专业中按照分数排序，按照该专业的招生计划（招生人数）进行录取，多余的考生过滤掉，进入等待状态。比如，某高校投档后，金融专业计划招收 2 人，按照投档考生报考第一专业为金

融的分数排序，将前两名录取到金融专业，排在后面的考生进入等待状态。其他专业同理。此时假设数学专业计划招收2人，只有1人第一专业志愿报考数学，则将该名考生安排到数学专业，另外1个数学的招生名额留在后面进行分配。假设所有专业第一专业志愿录取完成，再按照考生所报考第二专业分类，按照分数排队，仍然采取上述办法录取。此时要注意，只有第一专业志愿没有录满的专业才录取第二专业志愿的考生。如上例中，金融在第一专业就已经录满，就不再招收第二专业志愿考生，而数学仍有1个名额没有录满，则录取第二专业填报数学的考生，按照第二专业报考数学的考生排队后，录取分数最高的那名考生。依次类推，最后，将服从专业调剂的考生排队，调剂到还没有录取满的专业中。如果考生所报专业都不能录取，且不服从调剂，直接按退档处理。按照这种办法，热门专业往往在第一专业志愿就录取额满，就不再考虑其他志愿考生。这种情况下，第一专业志愿就特别关键，其次是第二专业志愿，专业志愿顺序显得格外重要，如果所报考专业顺序安排不好，很有可能造成高分反遭退档的情况。这种专业录取方式有如院校投档中的顺序志愿投档办法，目前高校采取这种方式的越来越少。但有些高校也会采取，比如上文中提到的西南大学在2020年的中外合作办学专业中就采取志愿清的原则录取。

二是分数优先（或叫无专业级差原则）方式。将所有考生按照分数排队，依次录取每一名考生，一般情况下，只有给前一名高分考生安排完专业后，才考虑下一名低分考生。在录取排队中的考生时，先看该名考生所报第一专业志愿，如该专业已经录取额满，则看其第二专业志愿，依次类推，直到检索完他所报考的所有志愿。如果该生所报专业全部已经录取额满，则看该生是否服从专业调剂，如果服从专业调剂，则马上将其安排到剩余专业中往年录取分数最高的专业，如不服从专业调剂，则以所报专业已满，专业不服从调剂为由退档。这种方式，按照分数优先的原则进行录取，保护的是高分考生利益，被退档的往往是低分考生。低分考生即使在第一志愿报考了某专业，但因为分数低，有可能该专业还是被比他分高，但第二、三、四……专业志愿甚至调剂专业志愿录取，也不录取低分考生。在这种方式下，考生可以采取"第一专业冲一冲，第二专业保一保，第三专业稳一稳，还有机会垫一垫"的策略。需要注意的是，对于同一名考生来说，在专业录取时，除了按照分数优先的原则，还按照遵循志愿的原则，也就是会按照考生所报考的第一专业、第二专业、第三专业……的顺序来进行，如果考生把录取分数低的专业报在前面，分数高的专业报在后面，即使成绩达到了高分专业的录取分数，也非常可能被报在前面的低分专业录取。这种方法类似于省级教育考试院（或省级招生办公室）投档原则中的平行志愿原则。

三是专业级差方式。这种方式下所有考生按成绩排队，所有专业同时录取。专业级差是指同一高校的不同专业志愿之间所设置的分数差别。举个例子来说，某高校招生章程中规定专业级差为3分、2分、1分、1分、1分。含义是：以第二专业志愿身份考虑录取到某专业时，降3分与第一专业志愿报该专业的考生排序，以第三专业志愿身份考虑录取到某专业时，降5分（3分+2分）与第一专业志愿考生排序，依次类推。首先，录取排序中分数最高的考生，检索其第一专业志愿，如其第一志愿专业还有剩余名额则将该考生录取到该专业，完成对该考生的录取并取排序队列中下一名考生；如该生第一志愿专业已经满额，则将该考生总分减去预先设置的相应级差分并将其插入考生排序队列的相应位置，完成对该考生的处理并取队列中再下一名考生，以此类推，直至考生专业志愿均已处理完。如果这时仍有考生没有安排专业，则视其是否服从调剂，将其调剂到还有计划余额的专业中去；如果考生不服从调剂，则该考生被退档。专业级差的方式既考虑了考生的成绩，又考虑了考生的专业志愿。比如，某校在第一专业志愿与第二专业志愿的级差分设置为2分，某考生631分，第一专业志愿为金融学，第二专业志愿为数学。假设金融在高于此分数段时已经录取额满，数学尚有一个名额剩余，该生第一专业因录取额满没有被录取，将被减去2分，变为629分重新排序到队列中，此时有另一位考生630分，第一专业志愿为数学专业，则数学专业空缺的1个名额将录取第一专业志愿报考数学、考分为630分的考生。此种办法既考虑报考专业顺序又考虑考生分数，对于高分考生可以填报高分专业，但后续专业志愿要考虑专业级差分与梯度的匹配。对于低分考生，要特别重视前几个专业志愿的填报，后续专业志愿也要注意专业级差与梯度的匹配。

目前，高校录取专业时，一般采取上述三种方式之一。具体采用哪一种方式由高校决定，并在招生章程中对社会公布。大家还应该注意，高校在给投档考生分配专业时，还会考虑考生的身体状况、相关科目成绩、政审情况等。因此家长和考生们要了解《普通高等学校招生体检工作指导意见》中的限报专业，以及各高校相关专业的特殊要求，如不符合条件，不能盲目报考。关于高校特殊专业的特殊要求以及对加分政策的认可规则，一般会在高校招生章程或在考生所在省公布的招生计划中有所体现，考生应该注意查询。

【案例】

某年珠海高三应届毕业生阿伟的高考成绩不差，612分。他填报的第一志愿是西南财经大学。可阿伟万万没有想到，投档线只有604分的西南财经大学最终把他拒之门外。一个有点"异常"的情况引起了阿伟和家长的注意：西南财经大学在广东录取的35名考生中，有好几名考生的高考成绩还低于阿伟。

阿伟和家长犯嘀咕了：凭什么录取比阿伟分数还低的考生，却把他退了档？这中间会不会有不为人知的猫腻呢？

阿伟一纸诉状递到了广州市越秀区人民法院。他一告广东省教育厅，对招生工作未尽监督与检查的义务；二告西南财经大学违反录取规则，录取过程不公。

对此，西南财经大学递交了一份很详细的答辩状，认为他们的录取工作完全符合"按照院校志愿顺序、专业志愿顺序、分数高低顺序进行录取"的规则。

据西南财大透露，阿伟报了6个专业志愿，依次为金融学、会计学、财务管理、金融学（证券与期货方向）、法学和税务。而这6个专业志愿里，金融学、会计学、金融学（证券与期货方向）这3个专业全部按"第一专业志愿"就已经录满，而且最低录取分全部高于612分。财务管理和税务专业虽然不是第一专业志愿就录满，但两个专业的最低录取分也都高于612分。

出现比阿伟低分的专业是阿伟的第五专业志愿"法学"。西南财大表示，法学专业的最低录取分是605分，是在第三志愿录满的，阿伟却是第五志愿填报的，按该校的录取规则，阿伟出局。

西南财大详细列出了7名与阿伟同分或低分却被录取的考生情况。其中，有6名考生被录取的专业，都是阿伟没有填报志愿的专业，而这6名均按考生所填志愿录取；唯一和阿伟有重复志愿"PK"的就是那名考了 605 分的考生，偏偏"法学"是其填报的第一志愿。

最后就是"服从专业调剂"。西南财大说，今年在广东被调剂录取的考生共 4 位，最低分是 619 分，比阿伟高，所以阿伟最终被退档。

很多人看到低分被录取、高分被退档这个现象时，都会非常气愤，认为这里面又存在着很多黑幕。而学习了解过我们之前讲的关于高校分配专业的三种原则的人就会清楚，阿伟和家长是没有搞清楚高校分配专业的三种原则才出现了这一场官司。我判断，当年西南财大实行的一定是志愿清的录取原则，而阿伟没有注意到这一点，是按照无级差录取原则来进行专业填报，所以才出现了如上的悲剧，这是非常可惜的，如果阿伟或家长能够多了解一些志愿方面的知识，懂得查询报考院校的招生章程，更加认真地填写高校的专业，这种问题完全可以避免。

特别是各省实行平行志愿以后，虽然增加了考生的录取机会，但一旦你投档进入某个高校，如果因专业填报不合理被该校退档，那么将丧失再投档进入后续高校的机会。这些都是非常可惜的，三种专业安排原则中，只有无专业级差原则，基本是按照分数高低来安排专业的，可以 2 冲、2 保、2 稳。当然根据不同人也可以调整为 1 冲、3 保、2 稳等策略。对于志愿清和有专业级差录取原则，报考专业的顺序都会对最终录取产生不同结果，因此要特别重视和分析。从我的经验来看，因为高校的招生名额分配到各省一般都以十或以百为基础单位，相对较多，分数也就相对稳定，而对于专业来说，每个专业分配到各省的名额很少，名额少出现偏差的概率就会比较大。比如南开大学某个专业在吉林每年只招收 2 人，专业分数的不确定性会远远高于南开大学在吉林的录取分数线的稳定程度。因此对实行志愿清原则或有专业级差原则安排专业的院校的专业填报也要格外细心地分析，结合自己喜好和分数共同来填报。

了解到这里，你可能更会体会到，你看到、听到的并非都与"黑幕"相关。我曾经做过一个小实验，对我身边的几位孩子要高考的同事讲了以上案例，大家的第一反应 100% 都是觉得存在"幕后黑手"，但通过了解知识，我也想向大家说明，招生的阳光工程的普及程度非常高，志愿填报靠自己靠家长，不走歪门邪道才是正路。

第五节

通过专业投档练习来理解专业投档规则

【专业录取模拟训练】

某高校在某省计划招生 4 人,专业分别为法学 1 人、金融学 1 人、社会学 1 人、工商管理 1 人,省级教育考试院(或省级招生办公室)向该高校投档 5 人,情况如表 5-1 所示。

表 5-1 某省招办向某高校投档情况表

考生姓名	分数	报考志愿				是否服从调剂
考生 A	615	1 法学	2 金融	3 社会学	4 工商管理	服从调剂
考生 B	614	1 法学	2 社会学	3 工商管理	4 金融	服从调剂
考生 C	613	1 金融	2 社会学	3 工商管理	4 法学	服从调剂
考生 D	612	1 社会学	2 工商管理	3 法学	4 金融	服从调剂
考生 E	611	1 工商管理	2 法学	3 社会学	4 金融	服从调剂

如果该校只录取 4 人,必须退档 1 人。

请分别按照无专业级差,志愿清,专业级差均为 1 分原则三种录取模式为考生安排专业,并说明退档考生是谁?

无专业级差(分数优先)

志愿清(专业优先)

有专业级差,每个专业间级差 1 分

大家可以先做,我来给大家说一下这个过程。首先说无专业级差,也就是分数优先的原则,那么按照分数优先,遵循志愿的原则,当然前提是这些考生均符合学校招生章程要求和体检要求,那么考生 A 录取到法学,法学录满;这里也请大家明确一个概念,就是专业录取分数线,就是这个专业录取的所有学生的最低分,如法学这个专业今年在该省的录取线就是考生 A 的 615 分;接着考生 B,法学已经录满,按照分数优先的原则,考生 B 被社会学专业录取,社会学专业录满;接着考生 C，考生 C 被金融学专业录取，金融学专业录满；接着考生 D，社会学专业已经录满，被工商管理专业录取，工商管理专业录满。如果该校在该省不增加招生计划，必须退档1人，在无级差的原则下，考生 E 被退档。

下面我们来看志愿清原则下的录取情况，按照志愿清原则，第一志愿报考法学专业的是两个人，考生 A 和考生 B，那么法学录取的是考生 A，考生 B 等待第二志愿看是否有空余；第一志愿报考金融学的只有考生 C，考生 C 被金融学录取，第一志愿报考社会学的只有考生 D，考生 D 被社会学录取；第一志愿报考工商管理的只有考生 E，考生 E 被工商管理录取。那么经过第一轮录取，四个专业全部录满，考生 B 的第二、三、四专业志愿在第一轮录取中全部录满，考生 B 被退档。

下面再来看一下有专业级差原则下的录取情况。如果每个专业之间级差是1分，那么考生 A 被法学录取，法学专业录满；考生 B 法学专业进不去，将被减去1分重新排队，考生 B 变成613分看第二专业，此时考生 B 与考生 C 都是613分，好在两者的专业不冲突，考生 B 实际是以613分进入第二专业社会学，考生 C 以613分进入第一专业金融，此时法学、社会学、金融学均已经录取满；考生 D 第一专业社会学进不去，减一分看第二专业工商管理，也就是按照611分重新排队，考生 E 第一专业就是工商管理，两人都是相当于611分看工商管理，此时就遇到一个同分争专业的问题，那么工商管理录取谁呢？这个时候就要再去看这所高校的招生章程，像咱们前面举例的2020年西南大学招生章程规定，在专业录取时，对高考投档成绩等效分相同的考生（江苏除外），文史类考生参考文综、语文、外语、数学成绩，理工类考生参考理综、数学、外语、语文成绩，综合改革类考生参考数学、语文、外语成绩后择优录取。那么可能就要通过比较考生 D 和考生 E 的单科成绩才能决定退档谁。

当然上述练习中，我们是让大家更好地理解这三种投档方法而做出的一种假设，实际情况大多数高校很可能会增加1个招生计划将5人都录取，同时我们应该看到不同的专业分配办法，最后退档的考生或分配的专业也不尽相同。总的来说，分数优先的原则下，我们报考专业可以按照自己的喜好来对专业进行排序，最后能够按照以往的报考大学的各专业录取分数线把大学的专业分成高、中、低三段，再按照高分段里面选取几个、中分段选取几个、低分段选取几个的方法进行填报，尽量保证自己不进入调剂行列，因为调剂专业毕竟不确定性很大。但是如果遇到有专业级差或志愿清原则的高校，可能就要考虑到自己进校的相对排名情况和报考专业以往分数线情况来考虑，专业安排次序不同很可能造成不同的录取结果。

2018年我接触到两位重庆考生，他们两位的报考志愿如下。

考生A：672分，报考某大学，专业安排：1. 口腔医学（八年制）；2. 口腔医学（五年制）；3. 临床医学（八年制）；4. 临床医学（五年制）；5. 医学检验；6. 预防医学，服从调剂。

考生B：671分，报考某大学，专业安排：1. 口腔医学（五年制）；2. 临床医学（五年制）；3. 临床医学（八年制）；4. 口腔医学（八年制）；5. 医学检验；6. 预防医学，服从调剂。

最后的录取结果是考生A被录取到医学检验专业，而考生B被录取到口腔医学（五年制）。为什么会出现这个状况？因为该校当年招生章程规定，对进档考生的专业安排，实行有专业级差的办法，第一、第二专业之间级差为3分，其余专业志愿之间级差为1分，当年的录取情况是口腔医学（八年制）录取最低分数高于672分，那么在录取考生A的专业时，因第一专业未被录取，在总分672分基础上减去3分重新排队看第二专业，分数变为669分，而第二专业口腔医学（五年制）录取最低分数670分，该生1分之差错失机会，依次往下减，668分看临床医学（八年制），该专业分数高于670分，没有进去，减去1分级差分按照667分看临床医学（五年制），临床医学（五年制）最低录取分为668分，该生依然未能被录取，再减1分变为666分，最后以666分进入了医学检验专业。而实际高考成绩比他低1分的考生B因考虑到口腔医学（八年制）的分数很可能自己是够不到的，而该校又有3分的专业级差，就保守一点把口腔医学（五年制）填写在第一专业志愿，结果直接被第一专业志愿口腔医学（五年制）录取。

要说明的一点是随着新高考的进程，越来越多的高校在选择专业录取规则时选择了分数优先这一规则，实行有专业级差和志愿清的高校相比于以前来说有所减少，但是毕竟还有不少高校实行这样的专业分配政策。作为高考考生和家长来说，要学习报考规则，把规则用好。

第六章

熟练掌握分析往年数据的方法

第一节
分析往年录取数据的两大常见误区

报考高考志愿,家长必须掌握的一个核心技能是解决我的孩子在2021年考了600分,我可以考虑报考的大学范围是什么?某某大学今年的可能录取分数是多少?即锁定报考院校的范围。

关于这个问题,大家首先要明确一点,前面已经给大家讲过,某一所高校,包括这些高校的某个专业,它的录取分数线或投档分数线是这所高校或这个专业在当年录取到的所有考生中最低分的考生的高考成绩,只有在录取或投档完成才能真正确定。这个分数线并不是人为控制的,也不是哪个高校自己定的,而是自然形成的,它受到高校或专业热度、宏观环境、招生政策、招生计划变化、招生专业结构等多方面因素的影响,所以任何人在理论上对高校录取结果的判断都是一种预测。但是很多人,包括高校招生老师、志愿填报专家等,往往能够八九不离十地预测出高校录取结果,大家的依据都是往年的录取分数,也就是2021年的录取结果根据2020年、2019年等最近年份各高校、各专业录取情况对考生在高校或专业热衷程度上的一种预测判断。既然是预测判断就会存在一定的偏差,在这一点上家长和考生们最致命的错误往往体现在以下两个误区上。

第一大误区就是把高校咨询当成是救命稻草，完全把咨询结果当作报考依据。每年都有通过招生咨询会考生得到招生老师的一些口头许诺或肯定，考生就此将其作为报考目标的事件。比如招生咨询老师说：认为"报考我们学校很有希望"，考生就如获至宝，进而报考这所学校。

2015年有一件事情在网上引起了热议。重庆市江津区文科高考状元阳阳与复旦大学签订了确认书，但最终却没有被投档到复旦大学。据《重庆晚报》报道，《重庆晚报》记者在某小区见到了阳阳和她的母亲杨女士。母女俩的心情看上去并不太好。杨女士告诉《重庆晚报》记者，女儿从小读书就特别好，小学毕业后保送到江津中学，后来一直保送到高中，成绩名列班上乃至全年级前茅。6月23日高考分数公布，671分的江津区文科第一名，让寒窗苦读十余年的阳阳开心不已。

阳阳说，分数出来后，包括复旦大学、中国人民大学、浙江大学、中山大学等国内知名高校纷纷打来电话，向她抛出橄榄枝，希望她可以和这些学校在重庆的招生组进行面谈。"第一次发现名校离我这么近，以前是努力考名校，现在是名校打电话让我去面谈。"阳阳说，接到电话后心情相当好。

签下复旦的确认书

6月23日这天，阳阳的手机收到复旦大学发来的一条短信："亲爱的重庆考生，你好！复旦大学重庆招生组已经抵达山城，欢迎你随时与我们联系，咨询报考事宜。"

阳阳说，6月26日这天，一家人坐车前往沙坪坝区丽苑大酒店复旦大学招生组，一位叫孙某的女老师接待了她。双方沟通交流后，孙老师称"你这个分数上复旦大学有点危险"。杨女士觉得既然女儿分数还不错，填志愿时没必要做冒险的事情。回到家后，女儿在网上填报的志愿分别为中国人民大学、上海财经大学和浙江大学。

6月27日晚9时左右，阳阳又接到复旦大学孙老师的电话，这一次孙老师告诉阳阳，她的分数上复旦大学应该没有问题，让她和家长第二天再到沙坪坝区丽苑大酒店面谈。

第二天见面后，复旦大学招生组和阳阳签了一份"复旦大学2015年专家组咨询确认书"，这份确认书上写着："经招生组专家审核，确定你为复旦大学2015年'优秀推荐生'，推荐专业：社会科学试验班和中国语言文学类。优秀推荐生，凡第一志愿报考我校并且高考成绩达到我校在当地调档线者，将择优录取到上述专业（类）之一。"

竟被其他高校录取

离开丽苑大酒店前，孙老师特别告诉阳阳，想被复旦大学录取要做到三点：①不要填提前批；②把复旦大学作为第一批第一志愿填写；③除了复旦大学之外，建议任何学校都不要再填报。

当天回到家里已是下午2时许，阳阳很快按照孙老师的要求修改好了志愿。坐在一旁的杨女士始终觉得心里不踏实："妹儿，6个平行志愿只填一个实在太可惜了，要不再填一个别的？"

在妈妈的强烈建议下，阳阳又填了另一所上海的高校（上海财经大学）。在填好志愿上传之前，她还专门拍照传给孙老师。在孙老师确认可以后，阳阳提交了志愿填报表。随后，阳阳和爸爸前往广州玩了几天，一家人都在静静地等待着那份来自复旦大学的录取通知书。

7月18日，阳阳提交自己的准考证号查询录取结果，结果让她感到震惊——自己竟然被平行志愿的第二所大学录走了。

再一查询，阳阳更惊讶了。原来，复旦大学今年在渝文科计划招生9人，实际招录10人，最低分为671.262116150。

"那个小数点后还有那么多位数字呢？不可能最后一名分数比我多0.262分嘛。"看着手中的复旦大学确认书，带着无比的遗憾，阳阳开始调查自己被弃录的原因。

文综比别人低几分

通过确认书上的电话，阳阳联系上复旦大学招生组，对方调查后告诉阳阳，录取时由于系统里没能调到阳阳的档案，导致未能录取她。

为何录取系统没有投自己的档案呢？阳阳又拨打教育考试院咨询电话，查询到复旦大学在渝录取最后一位考生的分数为671分。

"同样是671分，为啥录了别人而不录我？还有，小数点后面的262116150又代表什么？"对于阳阳的疑问，对方解释，根据重庆市高校招生录取工作办法，相同分数的情况下，若是文科，要比文综分数，投档时会先投文综分数高的那一个考生的档案。

因此，671.262116150代表被录取考生的总分为671分，文综成绩为262分，语文116分，数学150分。"对方这样一说，我就完全明白了，我的文综考了258分，对方考了262分，在这一点上，我差了几分，最终录取系统投了总分相同的另一个考生的档案，而没有投我的。"阳阳说。

成为遗憾

看着手上复旦大学的确认书,阳阳母女俩一直觉得很难过。"妹儿本来想读中国人民大学的,如果不是当初签了这个确认书,可能第一志愿就会填人大,这样被录取的可能性就要高一些。"杨女士之所以这么说,是因为阳阳班上一位比她低3分的同学,已经被人大录取了。

在许多人看来,能够与国内一流高校面谈,是非常荣幸的事。但经历了这般跌宕起伏过程的阳阳却说,就算是大学亲手发给自己的专家组咨询确认书,也是信不得的,"算是出社会前吃了一个大大的亏,长了大大的智。"

在阳阳看来,教育考试院的做法是没有任何问题的,唯一让她感到不满的是,复旦大学没有正确评估自己的成绩就与自己签下协议,不但让自己与心仪的中国人民大学失之交臂,还让自己差一点名落孙山。

后来,《重庆晚报》记者联系上复旦大学招生组一位姓张的老师。面对这样的结果,张老师说他也很遗憾:"因为她的档案调不出来,始终录取不了她,我们也做了很多努力,这个孩子我们是非常喜欢的。"

阳阳班主任——确认书规避了大学责任

稍后,《重庆晚报》记者联系上阳阳的班主任刘老师。刘老师说,当时阳阳和妈妈拿着确认书回江津时,自己还专门提醒了她们,问:"这种事情稳妥不哟?"

在刘老师看来,这样的确认书是不具备任何法律效力的,而且从确认书上的文字来看,也是规避了学校所有责任的,"要是学生被录掉了,岂不可惜了?"

刘老师说,她教书这么多年,也曾听过类似情况,幸亏这次没有造成阳阳落榜,否则后果不堪设想。

重庆教育考试院——总分相同再比单科成绩

《重庆晚报》记者稍后就此咨询了市教育考试院。

根据《重庆市2015年普通高等学校招生实施办法》规定,顺序志愿的投档原则为:在志愿优先的前提下,按照分数从高到低进行投档,总分(统考成绩+附加分)相同考生全部投档;平行志愿的投档原则为:在分数优先的前提下,按照志愿顺序进行投档,本科批次总分(统考成绩+附加分)相同情况下,依次比较综合、语文、数学、外语单科成绩,从高到低投档。

律师——确认书不具备法律效力

《重庆晚报》律师团成员、某律师事务所陈律师认为,这样的确认书的确不具备任何法律效力。

在陈律师看来，正常情况下，必须按照重庆教育考试院出台的规定，首先是出分数，然后根据分数线学生填报学校，最终学校通过填报分数线的高低来择优录取。这样既能保护高分考生，也能还大家一个公平。

类似案例被报道的还有不少，比如安徽招生鸽子门事件等，我们来分析一下这个案例给我们的几个启示。

第一，在填报志愿前，高校与考生或家长的咨询或签订的任何确认协议，哪怕是预录取协议，往往都不具有法律效力。高考录取必须按照高考录取的流程走，一般考生需要进行高考报名考试和志愿填报，省级教育考试院（或省级招生办公室）向高校投档，高校对投档考生进行录取。个别享受优惠政策或保送等特殊渠道招生的必须经过一定公示程序和录取程序方可有效。

第二，阳阳江津区文科状元的身份对志愿填报无参考意义。阳阳同学虽然是江津区文科状元，但招生录取是分省进行的，所以全省的排名情况才最具有参考意义。按照重庆市教育考试院公布的 2015 年一分一段表，671 分的同学文科排序在 58~63 名。因为同分不公布小分位次，所以阳阳不知道自己到底是 58 还是 63，抑或是 58~63 的哪一个位次。而按照 2013—2014 年复旦大学的录取最低位次来看，复旦大学录取最低位次基本就在 60 名左右，也就是不考虑招生计划和复旦大学报考热度的情况下，单纯看位次，复旦大学最多是阳阳稳一稳甚至都可以算作冲一冲的高校。如果投进，按照往年情况分析，也基本是"擦边"进。复旦大学咨询组当年在这种情况下与阳阳签订确认书，对阳阳很可能是一种误导。因为在笔者看来，录取存在很多不确定性，特别在平行志愿规则下，也许会有位次更高的考生在平行志愿 A 志愿报了北大，B 志愿填报了复旦，对于这个高分考生来说，从以往位次看，复旦大学录取概率很高，家长和孩子也就没有去咨询复旦招生咨询组，也可能孩子家里比较偏远，没有机会与复旦招生咨询组进行咨询，复旦招生咨询组可能就不掌握这个孩子的报考情况。那么这个孩子一旦北大没有投档，而是投入复旦，自然就会占到复旦的一个招生计划。复旦招生咨询组严格意义上在报考前是很难掌握所有报考复旦学生的情况的，特别是平行志愿规则下，报考的 6 个志愿中只要有复旦，理论上都存在投档进入复旦的可能。阳阳在信息不充足的情况下跟复旦签订协议确实风险较大。

第三，确认书本身具有误导性。我们看复旦大学与阳阳签订的确认书的内容，"经招生组专家审核，确定你为复旦大学 2015 年'优秀推荐生'，推荐专业：社会科学试验班和中国语言文学类。优秀推荐生，凡第一志愿报考我校并且高考成绩达到我校在当地调档线者，将择优录取到上述专业（类）之一。"如果从内容理解上来说，招生组并没有承诺录取，而是说你第一志愿报考，并且达到调档线者，我们择优录取到上述专业类之一，在一定程度上只是对阳阳承诺了可以在一定范围内有专业录取保障。

如果阳阳说的是真的，文中提到复旦大学重庆招生组的孙老师特别告诉阳阳，想被复旦大学录取要做到三点：①不要填提前批；②把复旦大学作为第一批第一志愿填写；③除了复旦大学之外，建议任何学校都不要再填报。这样说我觉得可能误导考生了，因为你既然没有对阳阳提供录取的保障，何况即使签订了预录取协议也是无效的，那么你这样要求考生填报就有失公允。事实证明，如果阳阳真的按照这位老师的劝告，那么阳阳的结局将是滑档，进入征集志愿。但是从签订的确认书来看，学校完全可以说阳阳并没有达到调档线，所以学校没有见档，那么确认书也就失效了。而实际上，阳阳即使没有咨询过复旦大学招生咨询组，阳阳第一个志愿并未填报复旦大学，而报考北大，第二志愿报考复旦，重庆教育考试院当年在投档时，依然是按照分数优先、遵循志愿、一次投档的原则进行投档，也就是如果投档到阳阳的时候，如果北大投满，复旦有剩余名额，阳阳依然可以投档复旦，与是否签订协议、做过咨询无关。

第四，高校为什么会有这样的做法存在？争取高分生源是每个学校招生宣传组的重要职责之一。虽然教育主管部门三令五申，招生有一定的程序，严禁录取之前签订任何协议，但这种现象至今仍时有发生，本质上是高校生源大战的结果。比如复旦老师之所以告诉阳阳，不要报考提前批高校，第一志愿填写复旦，是因为按照当年重庆招生政策，阳阳如果提前批填报了某大学，或第一志愿填了中国人民大学等高校，那么以阳阳的分数很可能被提前批高校或第一志愿高校录取，那么复旦就录取不到阳阳。这种做法其实在顺序志愿时期更为普遍，因为顺序志愿情况下，考生按照第一志愿排序，比如说复旦大学，假如招生 10 人，那么在一批次线上报考复旦大学的人数可能有 20 人，复旦大学按照

120%比例投档，省级教育考试院（或省级招生办公室）第一轮把20人中的前12名投档给复旦，剩余8人则暂时不被投档，那么复旦大学可以通过增加招生计划的形式增加录取名额，把之前签订确认书或有过相关承诺分数之上的考生全部录取。举例来说，复旦大学在上述省份的咨询组在招生宣传时承诺660分以上会录取，那么复旦就会看一下一志愿报考的20人中有多少人在660分以上，假设有14人，那么复旦不仅仅可以增加2个招生计划把投档的12人全部录取，还可能再增加2个招生计划申请把下面的学生顺延2人投档，通过招生计划调节来兑现招生宣传的承诺。但是在平行志愿规则下，招生组很难做到报考信息的100%覆盖掌握。以阳阳的例子为例，即使复旦大学增加1个招生计划，投档的也未必是阳阳，因为还有可能有位次处于阳阳之前的考生，在平行志愿规则下一旦正式投档，低分考生也将投档进入平行的其他志愿。所以在平行规则下，高校很难通过调节招生计划来控制具体的投档分数，也就很难兑现一些承诺。这里面就提醒考生和家长，特别是在平行志愿批次，要正确对待招生咨询的结果，正确使用招生咨询渠道，志愿无小事，还是要自己把控。

第五，志愿填报须谨慎。我们目光回到阳阳身上，好在考生妈妈及时提醒考生补填了上海财经大学，事实证明这是非常正确的决定。如果不这样做，考生就要去征集志愿。征集志愿中有没有理想的大学和专业很难说，考生落入下一批次的风险很大。笔者查询了一下当年各高校在重庆市的录取最低分数线情况，阳阳在将其录取的上海财经大学当年在重庆录取的文科生中是高考成绩最高的，那么塞翁失马焉知非福，阳阳的录取专业一定是她喜欢的。而如果阳阳真的按照自己意愿报考了中国人民大学或者顺利投档进入复旦大学，专业可能也未必是自己喜欢且满意的。

通过阳阳的案例，我们可以再把志愿填报的知识复习一遍，也给很多完全以招生咨询情况为报考依据的考生家长敲响了一个警钟。

第二大误区则是直接参考绝对分值报志愿。

2015年重庆一位理科考生考了560分，位于一本线下、二本线上。家长看了一下2014年西华大学的最低录取分数线是494分，家长觉得孩子的高考成绩比上一年的这个学校最低录取分数线高了66分，那么肯定是可以了，于是填报了西华大学。为了稳妥又报了两所500分左右的学校。结果录取结果一出来全家人都傻眼了，三所学校的录取分数线全部高于560分，孩子竟然滑档了。

我们来简单分析一下这个案例，2015年重庆市理科二本线527分，该生的高考成绩是560分，从重庆市2015年理科一分一段表当中可以查询到，560分对应最低位次为39939名；而2014年重庆市理科二本线只有455分，西华大学理科的最低录取分数线为494分，从重庆市2014年理科一分一段表中可以查询到，494分对应最低位次为34116名。通俗地讲，2015年理科的560分看似比2014年的494分高出66分，但是对应位次2015年理科的560分却比2014年的494分低5823名。那么大家可以回想一下平行志愿的投档规则，按照高考成绩从高到低排位，每一个人遵循他报考的志愿顺序依次检索投档，严格意义上来说，分数在录取过程中更重要的作用是排位次，而非录取线参考。2015年投档次序在39939位次的考生报考了上一年需要34116位次投档的高校，滑档也就很正常了。所以在参考高校往年录取情况来预测今年录取情况的时候，位次成了最为核心的关键词。高考分数对录取的最大作用是它决定你在全省的排名。如果你高考分数最高，你就是第1个投档的人，如果你高考分数排在100名，你就是第100个投档的人。

分数这个绝对值会受到高考题目难易程度的影响。如果题目过于简单，你的分数比较高，这个时候也不要沾沾自喜，因为大家的分数都比较高，还是要看看自己的排名情况；如果题目过于难，大家分数可能都低，这个时候也不必过于悲观，毕竟位次才是反映自己在全省考生中水平高低的重要指标。

第二节
分析往年数据时的核心方法：位次法

通过上面的分析大家也可以看到位次是预测高校投档分数的核心要素，那么位次从哪里获得？

一是通过查分系统获得。很多省份现在在考生查分的时候会直接给出考生的准确位次，比如查到高考成绩560分，位次40000位。

二是通过省级教育考试院（或省级招生办公室）公布的一分一段表来查询获得。一分一段表指的是高考分数和人数的统计表。我们以 2020 年北京市一分一段表为例（见表 6-1）。

表 6-1 2020 年北京市一分一段表（部分）

2020 年北京市高考考生分数分布		
分数	本段人数	累计人数
700 以上	80	80
699	14	94
698	10	104
697	12	116
696	14	130
695	18	148
694	18	166
693	21	187

表 6-1 包含三列：分数、本段人数、累计人数。以表中最后一栏的 693 分为例，这一栏说明北京考生有 21 人考了 693 分，这个分及以上的所有考生人数为 187 人，那么再看 694 分及以上的累计人数是 166 人，也就是说考了 693 分的北京考生，全市排名在 167~187 名，至于具体排名，有的省份会在查分系统中给出，有的则不给。

这个排名就是你在平行志愿投档时的次序，它也决定了高校选择的范围。因为每所高校都有自己的招生计划数，比如清华大学在北京计划招生 179 人，简单来说，不考虑选科等因素，如果北京考生排名在 179 名之前，你选择清华大学就一定会被投档。

目前来看，我国高校还存在社会认可度、高校层次、地理位置、高校的行业属性的差异，在一定程度上，决定着毕业学生的去向问题，特别是曾经的"985 工程""211 工程"高校，在学生保研、就业等方面都存在一定的优势，所以此类高校自然在考生和家长心目中有着不同的"热度"。高考状元更多地选择清华、北大，次高分学生会选择复旦、上交等华五高校及人大就成为一种必然。自然高分考生选择的高校的录取线、投档线也就比较高，也就存在各高校录取位次的说法。某高校的最低录取位次与录取线类似，就是当年在这个省这个科类中录取的所有学生中，高考成绩最低的那个考生的位次。

在政策不变、招生计划不变的前提下，通过高校的录取最低位次反映出来的热度，整体来说往往也比较稳定，但是个别还会有很大波动。下面我们以福建2018—2020年的高校录取最低位次为例来看看这个问题（见表6-2）。

表6-2 2018—2020年部分高校在福建投档线及对应位次统计表

序号	大学名称	2020投档线	2019投档线	2018投档线	2020位次	2019位次	2018位次
1	北京大学	690	675	686	71	67	69
2	清华大学	690	673	684	71	80	84
3	上海交通大学	687	670	682	105	104	98
4	复旦大学	686	665	680	121	170	112
5	上海交通大学医学院	680	654	667	221	404	326
6	北京大学医学部	675	656	664	344	347	399
7	浙江大学	673	650	663	413	499	429
8	复旦大学医学院	673	645	654	413	671	706
9	中国科学技术大学	671	651	662	478	480	457
10	中国人民大学	671	648	661	478	548	484
11	南京大学	670	648	658	510	548	573
12	北京航空航天大学	668	645	656	584	671	628
13	浙江大学医学院	663	640	643	859	884	1202
14	同济大学	662	640	653	918	884	748
15	哈尔滨工业大学深圳校区	660	636	640	1039	1078	1365
16	华中科技大学	654	629	636	1403	1506	1627

从表6-2中不难看出，绝对分数每年差异较大，但位次基本稳定，比如表中第六行，北大医学部，2020年的绝对分值，675分高出2019年的656分19分，但位次是基本相当的。这也能看出位次的重要性。

但是同样应该看到的是，在参考上一年或前几年数据的时候，也没有绝对准确的。很少有上一年是800名，今年就毫厘不差地也录到800名的情况。在一定范围内波动才是正常的现象，而完全一致是一种偶然现象。

同时我们必须要清楚的一点就是，高校的这个最低录取位次会与高考政策、招生计划数和高校热度紧密相关。

首先，政策变化对于高考录取位次产生影响。假设某省有一个很小的政策微调，一本平行志愿报考志愿数量从可以报考 2 所高校变成了可以报考 20 所高校，那么高校的录取位次在其他条件都不变的情况下是否会变化？答案是肯定的。我们以上面各大高校在福建的录取分数和位次为例，2021 年一名排名 600 名的同学，依据上表来进行志愿填报，如果仅可以报考两所高校，不考虑专业的情况下，那么他选择高校时如果属于比较激进的同学，单纯从分数位次角度来看，他可能选择一所北航之上的高校，一所北航之下的高校，因为保好底必然是大多数人的选择；如果比较保守的，可能两所都会选择北航之下的高校。但是如果政策突然变成了可以填报 20 所高校，那么同样第 600 名的同学，在不考虑专业的前提下，他甚至可以大胆地选择清华北大，那么这样的两种不同选择，对于高校的录取位次的影响就是第一志愿高校的录取位次会普遍提升。因为从 2 个投档机会到 20 个投档机会，更多的学生有了更多的冲击的可能性，高分低就的现象减少。同时高分滑档的现象必然也有所减少。从 2 个到 20 个会保证更多高分的考生进入"热度"相当的高校。第二志愿高校的录取最高分和最低分的差值会缩小。当然，我们仅仅是举了一个小例子，仅仅是报考志愿数量这样一个小变化，都会对高校的录取最低位次产生影响，更何况一些根本性的改革，像我们之前提到的 646 分进了三本的浙江考生，也是因为家长对高考政策变化对录取带来的影响没有充分估计，用老思维面对新高考才造成了遗憾。值得一提的是，近些年大部分省份正处于新老高考交替的时期，很多高考录取政策都在发生变化，家长和考生一定要在充分了解政策变化可能带来的影响的前提下合理使用位次法进行数据分析。

其次，招生计划会对高考录取最低位次产生影响。我们做个极端假设，假设重大近几年在重庆的最低录取位次均在 6000 位左右，考生今年考到 6000 位能否成功投档？其他条件不变，招生计划是个很大的硬条件。一方面是假如以前重大在重庆的招生计划都是 100 人，最低录取位次是 6000 位，那么今年重大自己的招生计划在重庆增加了 10000 人，那就不是第 6000 名考生能否上重大了，而是至少 10000 名以内的都可以上重大了。另一个方面，假设重大招生计划没变，6000 位可以考入重大，其他高校都没变，清华增加了 10000 个招生计划，那么 6000 位的同学也不考重大了，应该就去清华了。从这两个极端的假设，我们可以看出招生计划对于高校的招生录取位次有绝对影响。一般来说，高校自身的招生计划情况和以往比该高校录取位次高或相当的高校的招生计划增减都会对该高校最低录取位次产生影响。当然由于每年招生计划变化情况均不可能像假设这样大，所以很多考生和家长直接用位次去做对比，报考也不会出大问题，但是从方法角度来说，家长应该掌握招生计划的变化情况，再结合位次法才是目前相对科学的方法。

再次，高校的热度也会对高校最低录取位次产生影响。比如说前些年财经类高校比较热门，而这几年师范类、信息类、医学类院校热度明显增加，除了高校本身的行业特性以外，宏观的一些社会情况也会对高校热度产生影响。比如2020年的疫情，加上中美贸易战的发生，对出国留学产生了一些影响，直接反馈在高考招生上就是对中外合作办学高校以及项目的录取带来影响。比如以宁波诺丁汉大学在福建的录取情况来看，该校2019年理科最低录取位次是第23206名，而到了2020年，在疫情以及多种对中外合作办学都不是很有利的情况下，该校在福建理科最低录取位次下滑至了第87427名。高校的热度会受到很多因素的影响，跟宏观的各种条件、经济行业的发展等都有直接关系，需要家长对总体形势和情况有个把握，而且影响的幅度不好量化。

最后，专业计划结构也会对高校录取位次产生影响。专业计划结构是指高校在某省投放的专业构成。比如2018年西南大学在重庆理科一本招生有一个代码包含四个中外合作办学专业，这四个专业分别是心理学、计算机科学与技术、自动化和软件工程，这四个专业均是与澳大利亚合作办学的。该代码下的西南大学理科在2018年重庆投档位次在19552位次。到了2019年，在原有四个专业的基础上，该代码下又增加了一个植物学中外合作办学专业，导致该代码下的西南大学理科在2019年重庆投档位次降到了39008位次。总的来说当年重庆理科总招生计划比较稳定，那为什么专业结构的变化会让西南大学此代码招生位次下降这么多呢？大家可以回想一下平行志愿的报考原则，要慎重填写是否服从专业调剂选项。那么在2018年，报考西南大学这个代码的考生如果填写服从专业调剂，他会在心理学、计算机科学与技术、自动化、软件工程四个专业中调剂，由于这四个专业中的心理学为西南大学强势学科，其他三个专业均为目前较为热门专业,是大多数考生都可以接受的专业,那么就会有更多的考生敢于冲一冲填报这个代码。但是增加了植物学之后,带来的一个直接影响就是很多考生怕被调剂进入这个专业,而在平行志愿规则下又不得不服从专业调剂,那就会有很多考生选择不去报考这个代码,那么就可能会造成一定分数段的断档出现,所以专业计划结构也是影响高校录取最低位次的一个重要因素。

目前位次法是分析以往录取数据时的最优方法。参考位次法时,要结合当年招生计划情况、招生政策变化、高校报考热度以及专业计划结构等多个因素进行系统分析。位次分析能力也是家长填出好志愿的一个非常重要的能力。

在利用好位次法方面,还有以下三点建议。

第一,参考以往位次的时候,建议家长尽量参考近三年位次进行分析。当然一般来说,离我们越近的年份的数据,参考意义越大,因为招生计划、招生政策和报考热度等都可能更为接近。但是如果仅参考一年的数据,部分高校可能有大小年现象的出现,因此参考时要多选取几年的数据。高校录取大小年是指高校在某省某一年录取分数比较高,下一年录取分数下降,录取分数时高时低交替重复出现的现象。这一现象的主要原因是考生在分析上一年各高校录取分数线时,因不敢报高分院校而涌向低分院校,使得上一年高分院校录取分数线下降,而低分院校因填报人数多而录取分数线飙升。大小年现象在顺序志愿批次往往更容易出现。

第二,参考以往位次的时候不仅仅参考最低位次。如果可能,还应该看看平均分位次和最高分位次以及各专业的具体位次。有些高校不同专业之间位次差距很大,要结合考生欲填报专业的情况结合位次参考。

第三,要清楚高校最低位次是进入高校的最低门槛,如果有专业要求,还要看看专业的最低、最高位次情况等。

第三节
常听人说分差法,什么是分差法,还能用吗

除了位次法,在分析以往录取分数的时候家长们可能还会常听到一

种方法叫作分差法。分差法就是利用各批次录取控制分数线与高校或专业录取分数线之间的差值来进行学校和专业选择的一种方法。线差就是录取分数或考生分数与相应批次控制分数线的差值，体现了学生或院校的相对分数，但分差有很多种，可以灵活运用。比如说你可以说某某高校比一本线高多少分，还可以说某某高校比一本线低多少分或比二本线高多少分。

一般来讲，使用比较多的线差分为两类：院校录取最低线差、平均线差和考生分数线差。

院校录取平均线差＝院校某年录取平均分－批次控制分数线；

院校录取最低线差＝院校某年录取最低分－批次控制分数线；

考生分数线差＝考生高考分数－批次控制分数线。

以重庆大学2017—2019年文科在重庆的最低分差为例（见表6-3）。

表6-3 重庆大学2017—2019年文科在重庆的最低分差和对应位次情况统计表

高校录取最低分			一本线			分差			对应位次		
2019	2018	2017	2019	2018	2017	2019	2018	2017	2019	2018	2017
604	583	593	545	524	525	59	59	68	1253	1218	1088

从表6-3可以看到，重庆大学近三年在重庆文科的最低录取分数线比一本线分别高出59分、59分、68分，这就是重庆大学在这三年的最低线差。如果一个考生在2020年考了600分，一本线是530分，那么他的分数就比一本线高出70分，按照重庆大学的最低线差来看，在不考虑其他变化因素的前提下，他考取重庆大学的可能性是比较大的。

那么这里面涉及一个很重要的概念——各批次控制分数线。各批次控制分数线是如何划定的呢？其实这个分数线跟高校录取分数线、投档分数线一样，也不是拍脑门确定的，是由招生计划总数、当年考生考试成绩和省级教育考试院一般划线的扩大比例系数决定的。举个例子来说明一下，某省一本以上招生计划总数是10000人，原则上当年这个省一本以上会录取10000人，那么也就是有10000人会有资格填报一本志愿。但是实际过程中，有可能有个学生考了9000名，但是他只想学医，而在一本中这个名次可能已经选不到医学专业了，那么他有可能放弃一本志愿，而去二本填报志愿，等待二本的医学院校录取。如果考试院只划定10000人在一本线上，必然就存在一个学校可能最后在线上会录不满学生，加之一般高校的投档比例都大于100%，如果按照100%的比例划线，会导致投档人数不足线上人数，那么考试院会有一个扩大系数。因为顺序志愿时期高校投档比例大多为120%左右，很多省份的扩大系数也在120%左右，当然也有很多省掌握得不一样。我们以划线系数为120%为例，10000个招生计划，会有12000人有报考一本的资格，这样也可以保证高校有足够的生源，省里面也可以把这些招生计划用足，那么高考完了以后，一分一段表出来了，省招办就会按照高考成绩排名12000名的这个同学的高考成绩划定一本线。如果这个人高考成绩是500分，今年的一本线就是500分，如果这个同学的成绩是450分，那么一本线就是450分，所以划线已经考虑到高考题目难易带来的影响，但是它会受到招生计划总数、划线系数的影响。各录取批次分数线不是人为"划定"，而是自然形成的。

说起来，分差法还跟我有很大的关系。我当时在一线做招生工作。在2002年以前，全国统一命题，高考的难易程度统一掌握，保证每年的难易程度差不多，招生计划和考生人数基本也都呈上升趋势，因此那时大学做招生咨询和宣传，会以绝对分值为参考，比如会说："你考600分，考入我校希望较大。"但是从2002年开始，北京、上海开始自主命题了，陆续各省纷纷开始自主命题，有一部分省又开始实行900分满分的标准分。命题这块和分数设置百花齐放，难易程度也就跟以前都不相同，也不好控制和掌握，单纯用这个绝对分值就不行了。恰巧在2003年，全国遇上非典，当时做招生宣传也出不去了，都在网络上做招生宣传，在网络上做宣传就存在一个宣传的分数口径问题，你还说600分可以报就不太可行。因为很可能自主命题的省份题目简单，640分都进不来，那我们就失信了。于是，我就用南开的分数做实验，结果发现分差相对还挺稳定，又仔细一想这个有一定道理，因为省招办划定各批次录取分数线的时候就考虑到高考考生成绩的分布情况，规避了题目难易程度的问题。因为题目难了，批次控制分数线就会下降，简单了，批次控制分数线就会上升。那么用这个差值可能有一定道理。加之在那个时候，信息远不如现在发达，你想查排名，当时也查不到，还基本实行考前或估分报志愿，所以分差法在当时是最为可行而且比绝对分值靠谱的方法。2005年，我就在《高考金刊》发表了一篇文章《志愿填报核心要素全分析》。我在里面提到用分数不能使用绝对分值了，不科学，还介绍了样本法。简单来说就是去年你这个学校跟你学习差不多的孩子都考到哪儿去了，你填报志愿的时候就可以参考这些孩子就读的学校。然后我还用南开的例子介绍了分差法。我不知道有没有人用得比我们早。但那时对分差法的考虑肯定没有今天这么细致。那个时候也没有相关的一对一的公司，或者专门以志愿填报为主的企业。我们纯属是看到学生按分参照不行，逼着想出来的一些稍好，但并不一定完全科学的办法。当然直到现在，我感觉很多高校在咨询或者判定学校在当地生源如何的情况下，还在使用这种办法。

但是近些年，随着信息公开的程度越来越高，我认为大家在使用分差法的过程中要慎重。因为近些年有些省份把一部分原在二本招生本地高校大量挪到一本招生，本地高校一般来说招生人数比较多，大家可以想象一下，一本总计划如果是10000人，划线划到12000名，对应分数是500分。如果从二本挪上来2000人，那么一本计划变成12000人，仍然按照120%的比例划线的话，划线划到14400名，分数很可能就变成了480分，而这个一本线的降低，不是一本高校每所高校平均计划的增长，而是把原二本高校挪至一本的结果。相当于是人为将一本线下移20分，那么有一个当年考了550分的考生，如果在与上一年相当的招生计划的情况下，他实际比一本线高50分，现在由于二本高校的上移，他会认为比一本线高了70分，而挪上去的高校往往是处于一本末端的录取位置的，他对排名靠前的高校并没有实际的影响，这样很可能导致这位考生报高了而滑档。

这里我还是要强调一点，考生和家长要注意，用往年的录取分数预测今年，只是一种参考，毕竟没有任何一种方法是绝对准确的。这些方法都各有利弊。比如分差法简单易行，好收集基础数据，当年的录取控制分数线是公开的，各高校往年的对应的录取分数也是公开的，一减就可以进行初步的判断。如果你所在的省本身也是出分出线填报志愿，两者一对比即可，简单易行。虽然方法简单，你在填报的时候，如果想要使用这种方法，可不能过于简单。比如说划线的时候考虑的是整体的招生计划，但具体到每一所高校的招生人数会对当年录取结果产生较大影响,还会受到考生整体考分布不一致导致的结果不一致等问题的影响。位次法相对更为准确,但也存在分数线左右考生不太好使用位次做参考的问题,比如某考生高考成绩高于一本线1分,排名10000名,但是按照上一年位次情况,10000名可能还没有到一本线,一本线上的高校没有低于10000名的情况的问题。

总体来说,位次法的准确性更高。随着信息公开越来越多,考生查询位次比较容易,按照位次法结合招生政策、招生计划和高校热度分析还是最为推荐的一种方法。

第四节
七步让你解决你最关心的:我家孩子考了600分,能报考哪些大学

学习了位次法和分差法以后,我想给大家一种相对简便的方法来进行志愿的大体指导。我们以2021年河南理科600分考生为例。

第一步,准备报考工具。一般来说,家长在分析以往录取数据的时候,一定要利用好报考的工具,包括如下工具。

① 2018—2020年河南省考生一分一段表(理);

② 河南省2018—2020年各高校在河南各批次投档线(理);

③ 如果方便,找2020年考生家长借一本报考时省级教育考试院(或省级招生办公室)发的大本。

第二步,明确自己的位次。某河南理科考生2021年考分为600分,假设河南省2020年一分一段表或查分系统给出的明确位次为全省20000名。

第三步,找出2018—2020年20000名的等位分。什么叫等位分?比如2021年600分的位次是20000名,那么2020年排名20000名孩子的分数,就是2021年600分的等位分。这个可以通过2020年河南省高考理科一分一段表查出(见表6-4)。

表 6-4　河南省 2020 年高考理科一分一段表（部分）

分数	考生人数
634	17857
633	18475
632	19083
631	19649
630	20308
629	20922
628	21581
627	22276
626	22973
625	23684
624	24312
623	25056
622	25751

通过表 6-4 我们可以看到，在 2020 年，排名 20000 名的理科考生的分数是 630 分，那么 2021 年 600 分的 2020 年等位分就是 630 分。

同样的办法我们找到 2019 年排名 20000 名的同学的理科考生考分是 592 分，2018 年也是 592 分，2017 年是 565 分。

通过这个等位分，我们就可以看到 2020 年河南理科的题目是比较简单的，而 2017 年是很难的。

第四步，我们找出 2020 年河南省理科各高校投档线的材料，按照 630 分上下各 20 分（也就是 610~650 分）筛选出我们的目标院校（见表 6-5）。

表 6-5　用等位分筛选出的高校名称及录取分数线列表

序号	学校名称	最低录取分数线
1	西安电子科技大学	653
2	北京交通大学	644
3	南京理工大学	646
4	中国传媒大学	637
5	北京科技大学	646

续表

序号	学校名称	最低录取分数线
6	北京外国语大学	650
7	湖南大学	650
8	北京工业大学	643
9	上海大学	643
10	华东理工大学	643
11	江南大学	626
12	郑州大学	624
13	中国石油大学(华东)	623
14	西北农林科技大学	622
15	中国矿业大学	621
16	中国地质大学(北京)	621
17	上海理工大学	620
18	东北师范大学	618
19	吉林大学(农林矿)	617
20	天津工业大学	616
21	宁波大学	615
22	南京工业大学	614
23	东北财经大学	614
24	北京语言大学	613
25	东北林业大学	612
26	上海电力大学	612
27	浙江工业大学	612
28	杭州师范大学	611
29	浙江财经大学	611
30	天津财经大学	610

如表 6-5 所示就是我筛出的高校，实际上 2020 年在河南省理科招生分数在 610~650 分的院校远比我表中列的要多。

第五步，找出筛选的本省的或招生计划数比较多的高校，其余的可以按照地域、大学层次等因素进行排除。比如说高校所处地理位置与自己理想不符的可以排除，大学层次不符合要求的可以排除。

第六步，查询剩余高校在 2019 年、2018 年等位分录取情况，逐一分析，把仅在 2020 年范围内的高校做重点标注，分析原因，按照分数进行排除。仔细查询这些高校在本省的招生专业情况，把大多数专业都为不接受的高校排除。

第七步，剩余高校为你重点要考虑的高校。在这些高校中，最好有按照等位分三年都够且专业也能够相对理想高校，并进一步深入了解、查看大学的专业实力、所报专业是否是学校的优势专业、专业课程设置等。其他还可查看该大学的主辅修政策、硬件、食宿条件等。把深入了解后不符合要求的排除。

经过一系列排除，剩余的高校应该就不多了，再通过对招生政策是否有变化、总体招生计划情况、报考热度和招生专业结构问题进行综合考量后排序报考。

这个方法是在考虑招生计划、报考热度均变化不大的情况下的一种方法，招生计划和报考热度如有较大变化，要综合考虑两者对位次的影响，从而做出一些调整。对于工具，需要使用本省的相关工具。

第七章

如何深入了解一所高校

第一节
我国高校情况概览

截至 2020 年 6 月 30 日,全国高等学校共计 3005 所,其中普通高等学校 2740 所,含本科院校 1258 所、高职(专科)院校 1482 所;成人高等学校 265 所,未包含港澳台地区高等学校。

高校数量很多,作为家长要重点了解哪些高校?第一,了解本省和周边省份高校。据不完全统计,当然各省情况也会有所差异,但普遍来说,本省高校的招生计划占比,在一本中要占到 50% 左右,二本及以下要占到 70% 左右。第二,要重点了解往年录取位次与孩子相当的高校。前面我们已经介绍了位次法,这里再教大家一种方法,叫作样本法。在样本法中,家长要掌握孩子所在高中的当年高考情况,大家可以大致按照表 7-1 来做一个表格。

表 7-1 高中排名与省排名对位表

高中名次	省名次
1	1000
50	6000
100	13000

续表

高中名次	省名次
150	20000
...	...

大家掌握了这个表格，那么孩子每次在学校考完试，您可以大体参考以上表格来做省名次的预判，比如说孩子在学校模拟考试第 60 名，那么孩子省排名也很可能在 8000 名左右，当然这种方法只是一个大概的估算，但这种方法可以帮助孩子清晰目标，对调整亲子沟通和帮助孩子树立目标都有好处。

我在与很多考生接触的过程中，发现很多考生都存在学习缺乏内在动力的问题，这样的孩子往往与目标感缺失有关系，你问他们为什么努力学习，有的孩子看着你一脸茫然，有的孩子可能会说考一个好大学、好专业，但是你再问他什么是好大学、好专业，绝大多数都说不出来。2020 年我遇到一个北京的学生，这个考生很有主见，刚上高三那一年的首次见面就跟我讲自己只对生物感兴趣，未来就要学习生物。他母亲在家里好像有点强势，觉得学生物不好找工作，孩子并不同意妈妈的观点，认为学生物才有前途，像一些生物学家，他们做出了很大的成绩，于是两个人只要谈到大学目标就吵架。当时了解了情况以后，我对孩子说："你想学生物可以，但是你妈妈考虑的问题也有道理，你说学生物有前途，老师很认可，但你提到生物学家，你知道他们的教育背景吗？"我一问他，他愣住了。他显然只看到了生物学家们的研究成绩，而根本不清楚他们的名校背景和付出的刻苦努力与坚持。然后我马上帮他分析，想学生物可以，但是要尽量进入名校，这样才能保证有更多深造的机会，有更多接触前沿知识的机会，有接触到这个领域最出色的老师的机会。我的理解，这个专业是需要高学历、高技能、高知识的，顶尖的人才非常稀缺而且发展前景很好。我个人觉得生物未知领域很多，所以做研究是很好的选择，但是本科毕业生很难从事研发一类的工作，特别是如果高校水平本身有限，更难求职到满意工作，一定比例的毕业生只能转行，就业对口率不高，而就这类工作本身而言，生物学专业并不能带给你什么核心竞争力，而与专业本身对口的行业或对应的就业岗位并不多，就业质量也一般，但是如果真正是从名校或具有行业背景的院校毕业，比如博士毕业，有一定科研能力，从事研发工作，那么还是有非常好的前景。有些专业就是属于金字塔顶类型的专业，但是有些专业对应就业范围广，行业广或行业前景好，可能就会更加热门一些，比如计算机、会计之类。所以从这几个维度去考虑，生物专业可能有些冷门了，但是并不代表所有人都不能学。孩子表示很赞同，家长也赞同我这个观点，那么接下来，再分析孩子目前的学习状况，以孩子进入高三时候的学校排名，在全北京市排名是 13000～15000 名。我跟孩子说："这个位次，你考入'双一流'高校的生物专业存在一定困难，更别说'985 工程'大学的生物学专业。"孩子当时眼睛就瞪得大大的，他说："我以为我至少可以进入中国农业大学的生物学专业。"我反过来告诉他，中国农业大学生物学专业最低位次至少在排名 4000 名左右，孩子眼睛瞪得更大了。我接着说："你和妈妈达成一个协议吧，如果你能考入'985 工程'大学的生物专业，至少也是'双一流'建设学科的高校的生物相关专业，那么就选，否则也要参考妈妈的意见。"孩子主动问我："老师，我如果考到 4000 名，现在需要提高多少分？"我说："从以前情况来看，可能要在 60 分左右，你有信心吗？"孩子自己说："唉，看来我从现在确实需要把音乐的爱好放一放了，先实现自己的梦想吧。"我点点头，有了目标还要在行动上有变化，目标需要通过每一天、每一堂课、每一分钟实现。后来又见过几次这个孩子，高考中，孩子最终取得 673 分的好成绩，考取北大医学部学习药学（六年制）专业。

高中这三年，很多家长苦于跟孩子没有共同话题，很多家长到最后都不敢跟孩子多说话，家长一说话孩子就嫌烦，其实还是没有找准沟通的切入点，以我的经验来看，高考升学的话题是一个很好的话题，如果家长能够掌握一些高考升学的知识，孩子也觉得你确实很懂，自然也就有很多话可以说，同时不断地通过目标调整来规划学习的计划、行动，也可以在一定程度上促进孩子的学习，比说教有用得多。

我们按照省为单位，把高校的名称、主管单位、所在地和办学层次以及备注列出来，大家可以扫描右侧二维码全面地查看我国目前普通高等学校的情况。

扫一扫，了解我国目前普通高等学校的情况

第二节 深入了解一所高校的七个维度

这么多所高校,如何才能深入地了解一所高校,这就需要家长有一定的拆解能力,那么拆解的方向是什么,下面给大家一个思路,就是从高校层次、高校的行业属性、高校历史、高校所在地、高校是否具备保研资格、高校历史录取分数、高校优势学科和优势专业,这七个方面去立体了解一所高校。

第一个方面,高校层次。目前来说,从社会认可度、毕业生就业质量等情况综合来看我国的高校层次,高校可以按照以下基本层次划分,如图 7-1 所示。

1. 一流大学建设高校A类36所
2. 一流大学建设高校B类6所
3. 一流学科建设高校95所
4. 省属重点、省部共建、部委直属高校
5. 省属一般本科公办本科高校
6. 独立学院、民办本科高校
7. 国家示范性高职院校
8. 普通高职院校

图 7-1　高校层级示意图

这里要特别说明一点,严格意义上讲高校无好坏之分,因为官方从未对大学进行过排名,官方的排名仅有学科评估排名,但是从现实来看,从资金投入到社会认可程度,特别是毕业生的就业质量、初始收入和就业率,不同高校至少是目前还存在较大差异的。从各省的录取数据来看，高分考生从高校层面也更倾向于选择更高层次的高校。那么我们经常说，努力学习就是为了考一所更好的大学、更好的专业，这句话如果狭义的理解就是考一所层次更高的大学。考一所层次更高的大学可能意味着什么？我觉得主要有以下几点。

第一，层次更高的大学代表着有更多的机会。从经费投入的角度来看，"双一流"高校数量占所有普通高校数量不足10%，经费投入比例却远高于10%。有报告显示，虽然国家对高等教育投入总量持续增加，但从检查情况来看，不同类型高校之间投入不平衡问题十分突出。中央部属高校以及"双一流"建设高校在获取经费和资源投入上占明显优势，与地方普通院校差距普遍拉大。经费投入得多，从大概率来看，就意味着会有更好的硬件设施、师资力量，就可以有机会享受更好的教学和科研机会，就会吸引来更优秀的生源，就可能有更好的学风，那么未来可能就会有更多继续深造的机会以及更高的就业平台。

第二，层次更高的大学可能代表着有更高的社会认可度。教育部多次强调反对就业歧视，招聘不得限定"985工程""211工程"学校等举措，但从实际情况来，层次更高的大学生往往在就业质量、工资薪酬等方面会更好一些。据中国薪酬网公布的2020年高校毕业生薪酬排行榜发布的数据来看，毕业生平均薪酬高的，基本为"双一流"高校范畴。如表7-2所示，清华大学毕业生的平均月薪排名第一，达到了10818元；其次是北京大学，毕业生平均薪酬为10698元；上海交通大学排名第三，毕业生平均薪酬为10673元。除了以上3所大学之外，以平均月薪过万作为一个分水岭，还有21所高校的毕业生薪酬过万，分别是对外经济贸易大学、北京外国语大学、外交学院、浙江大学、中央财经大学、上海外国语大学、中国人民大学、复旦大学、同济大学、上海财经大学、北京航空航天大学、华南理工大学、东华大学、上海对外经贸大学、北京电影学院、广东外语外贸大学、南京大学、北京邮电大学、中央美术学院、北京交通大学、东南大学。当然，类似的排行榜还有很多，虽然从大多数排行榜来看，高层次高校毕业生具有能获得较高的薪酬的特点，但是我们还要注意到，学校层次只是决定了你薪酬水平的平台高低，具体到个人能拿到多少薪酬还与其能力、机遇、专业等相关，但是我想这个平台也能说明一些问题。

表 7-2　2020 年中国薪酬网高校毕业生薪酬排行榜前十名

2020 年高校毕业生薪酬排行榜前十名			
学校名称	薪酬指数排名	薪酬指数	毕业生平均薪酬
清华大学	1	86.9	10818
北京大学	2	86.7	10698
上海交通大学	3	86.5	10673
对外经济贸易大学	4	86.4	11028
北京外国语大学	5	86.3	10922
外交学院	6	86.3	10688
浙江大学	7	86	10461
中央财经大学	8	85.8	10065
上海外国语大学	9	86.8	10394
中国人民大学	10	85.5	10467

第三，更高层次的高校可能意味着更高层次的资源和发展。网上曾经流传过一张照片，网友们给它起了一个好听的名字"东兴饭局"，这是 2017 年互联网世界大会乌镇峰会后，京东刘强东和美团王兴组织的乌镇饭局。这张照片之所以火了，就是因为参加这个饭局的人几乎全部毕业于"双一流"高校，网友说的读书无用论被这张照片打败了。

无独有偶，2016 年《国际金融报》的记者对中国 A 股 500 名上市公司高管的教育程度做了个分析和调查，首先发现其中 84% 拥有高学历，48% 毕业于"985 工程"高校。在 476 位已经披露学历的年薪超百万的董事长中，有 379 位第一学历为本科。其次，分析数据后还发现，薪酬前 10 名的董事长中，有 8 个第一学历是国内重点本科。

中国 A 股上市公司年薪百万级董事长毕业院校分布如图 7-2 所示。

另外，按院校分布来看，清华北大毕业的高管最多。A 股上市公司年薪百万级董事长毕业院校前 10 位，如图 7-3 所示。

按照这份报告的数据，北京大学培养的百万年薪的 A 股公司高管共计 18 位，富豪数量为全国高校之首，清华大学和浙江大学则以 12 位的高管数量紧随其后，而从平均薪酬来看，中南大学以 305.9 万元的黑马之势在众高校中遥遥领先。

那么我们依次来说说我们分类的这几个高校层次。

第一个层次，一流大学建设高校 A 类院校。我们先来了解一下

第七章 如何深入了解一所高校 | 123

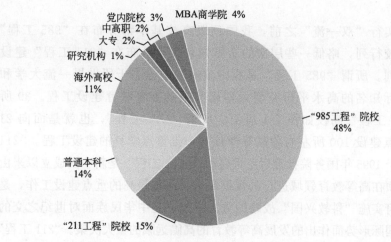

图 7-2 《国际金融报》统计中国 A 股上市公司年薪百万级董事长毕业院校分布

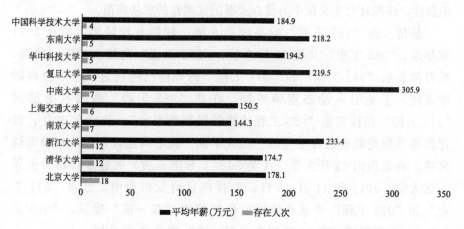

图 7-3 《国际金融报》统计 A 股上市公司年薪百万级董事长校源前十位
注：此图有效数据为 347 位，剔除了海外生源及未显示具体高校生源。

"双一流"，所谓"双一流"是指世界一流大学和世界一流学科建设高校及建设学科。首批"双一流"建设高校共计 137 所，其中世界一流大学建设高校 42 所（A 类 36 所，B 类 6 所），世界一流学科建设高校 95 所；"双一流"建设学科共计 465 个。这是中共中央、国务院作出的重大战略决策，也是中国高等教育领域继"211 工程""985 工程"之后的又一国家战略，有利于提升中国高等教育综合实力和国际竞争力，为实现"两个一百年"奋斗目标和实现中华民族伟大复兴的中国梦提供有力支柱。

在实行"双一流"之前,我国顶级高校基本都分布在"985工程"建设高校行列,略低一些层次的全国知名大学分布在"211工程"建设高校行列。所谓"985工程"是我国政府为建设若干所世界一流大学和一批国际知名的高水平研究型大学而实施的高等教育建设工程。39所原"985工程"高校如图7-4所示。所谓"211工程",也就是面向21世纪重点建设100所左右的高等学校和一批重点学科的建设工程。"211工程"于1995年国务院批准后正式启动。"211工程"是新中国成立以来由国家立项在高等教育领域进行的规模最大、层次最高的重点建设工作,是中国政府实施"科教兴国"战略的重大举措,是中华民族面对世纪之交的国内、国际形势而作出的发展高等教育的高瞻远瞩的重大决策。"211工程"建设当时是国家发展和改革委员会、教育部、财政部通力协作,调动各方积极性,体现社会主义集中力量办大事的优越性的成功典范。

最初入选"985工程"的高校有9所,被称九校联盟,截至2011年年末,"985工程"共有39所高校,"211工程"高校112所。此后,教育部表示"985工程"和"211工程"的规模已经稳定,将不会再新增高校,于是引入动态竞争机制,在非"985工程"高校且是部属"211工程"高校实施"985工程优势学科创新平台"。2017年9月,教育部等三部委联合公布了世界一流大学和一流学科建设高校及建设学科名单,确定国内42所大学(A类36所,B类6所)的建设目标为世界一流大学。2019年11月28日,教育部官网发布声明,已将"211工程"和"985工程"等重点建设项目统筹为"双一流"建设。"985工程"的39所高校,有36所成为"双一流"建设A类高校。

第二个层次,一流大学建设高校B类。3所原"985工程"高校也就是湖南大学、东北大学、西北农林科技大学进入"双一流"B类高校行列,同时有3所原"211工程"高校也就是郑州大学、云南大学和新疆大学进入"双一流"B类建设高校行列。如图7-5所示。

第三个层次,一流学科建设高校。主要由原"211工程"大学的强势专业构成。一流建设学科高校共有95所,"双一流"建设学科共有465个,其中自定学科44个。值得注意的是有一些原非"985工程""211工程"大学进入一流学科建设高校行列。

图 7-4　39 所原 "985 工程" 高校

图 7-5　6 所 B 类一流学科建设高校

一流学科建设高校 95 所名单如下。

北京：北京交通大学、北京工业大学、北京科技大学、北京化工大学、北京邮电大学、北京林业大学、北京协和医学院、北京中医药大学、首都师范大学、北京外国语大学、中国传媒大学、中央财经大学、对外经济贸易大学、外交学院、中国人民公安大学、北京体育大学、中央音乐学院、中国音乐学院、中央美术学院、中央戏剧学院、中国政法大学、华北电力大学、中国科学院大学

天津：天津工业大学、天津医科大学、天津中医药大学

河北：河北工业大学

山西：太原理工大学

内蒙古：内蒙古大学

辽宁：辽宁大学、大连海事大学

吉林：延边大学、东北师范大学

哈尔滨：哈尔滨工程大学、东北农业大学、东北林业大学

上海：东华大学、上海海洋大学、上海中医药大学、上海外国语大学、上海财经大学、上海体育学院、上海音乐学院、上海大学、第二军医大学、华东理工大学

江苏：苏州大学、中国矿业大学（徐州）、江南大学、南京航空航天大学、南京理工大学、南京邮电大学、河海大学、南京林业大学、南京信息工程大学、南京农业大学、南京中医药大学、中国药科大学、南京师范大学

浙江：中国美术学院、宁波大学

安徽：安徽大学、合肥工业大学

福建：福州大学

江西：南昌大学

河南：河南大学

湖北：中国地质大学（武汉）、武汉理工大学、华中农业大学、华中师范大学、中南财经政法大学

湖南：湖南师范大学

广东：暨南大学、广州中医药大学、华南师范大学

海南：海南大学

广西：广西大学、西南交通大学

四川：西南石油大学、成都理工大学、四川农业大学、成都中医药大学、西南大学、西南财经大学
贵州：贵州大学
西藏：西藏大学
陕西：西北大学、西安电子科技大学、长安大学、陕西师范大学、第四军医大学
宁夏：宁夏大学
新疆：石河子大学
青海：青海大学
山东：中国石油大学（华东）

这里面非原"985 工程"/"211 工程"的高校是以下几所，如表 7-3 所示。

表 7-3 "双一流"高校中的非"211 工程"/"985 工程"高校

省份	数量	高校名单
北京	8	中央美术学院、中国科学院大学、首都师范大学、外交学院、中国人民公安大学、中国音乐学院、中央戏剧学院、北京协和医学院
上海	4	上海中医药大学、上海海洋大学、上海体育学院、上海音乐学院
江苏	4	南京邮电大学、南京林业大学、南京信息工程大学、南京中医药大学
四川	3	西南石油大学、成都理工大学、成都中医药大学
天津	2	天津工业大学、天津中医药大学
浙江	2	宁波大学、中国美术学院
广东	1	广州中医药大学
河南	1	河南大学

从表 7-3 中可以看出，文化体育类和中医药类高校成为此次"双一流"建设高校的大户，也足见国家发展文化体育和中医药的信心和趋势。

"985 工程""211 工程"大学在一定程度上促进了我国高等教育的发展，在一定时期内，起到了非常正向的积极作用，一度也作为整个社会对"好大学"的基本认知，甚至很多知名企业在第一轮筛选简历的门槛就是"985 工程""211 工程"毕业的大学生才予以考虑，也有很多体制内单位的基本报名要求就是"985 工程"或"211 工程"平台高校的毕业生，但是随着我国教育的发展和社会对于大学生的需求的变化以及

教育公平的推行，"985工程""211工程"已经不能完全满足社会的需求。此次从"985工程""211工程"发展为"双一流"建设，可以理解为：第一，要加入大学竞争机制，减少高校的标签感，与"985工程""211工程"评上就不出局不同，"双一流"大学名单并不是一成不变的，而是会定期评估实行淘汰制，即一个周期后会重新评估，评估达到标准则可以继续参加建设，达不到就只能退出。同时其他未进入高校只要把学科建设得有特色，也有进入的可能，这就调动了大学发展的内驱力。第二，相比于"985工程""211工程"更强调高校，"双一流"建设更强调学科的发展。通俗地讲，即使是北大、清华，也有可能有相对薄弱的学科，以前你这所高校是"985工程"建设高校，那么所有学科毕业的学生都是"985工程"毕业的学生，但是现在除了你是这所高校毕业的学生，还要看你是不是在"双一流"学科范围内的。虽然你可能进入"双一流"学科建设A类院校，但是你在学科评估中表现不佳，仍然有可能只有很少的学科在"双一流"学科行列。第三，"双一流"建设高校和"双一流"学科建设高校是并行关系，而原"985工程"和"211工程"是包含关系。如果说"211工程"是重点班，"985工程"就是重点班里的重点班。"双一流"则是两个平行的评价体系。

第四个层次，省属重点、省部共建、部委直属本科高校。这部分高校比较复杂。包括原来是全国重点大学现在不是"211工程"大学的学校，如坐落在大庆的东北石油大学等。还包括省部共建大学，如山西大学、河北大学等。以及一些部委直属高校，比如隶属于中华全国总工会的中国劳动关系学院。还有被称为"小211院校"的中西部高校基础能力建设工程院校，如燕山大学、中北大学等。

第五个层次，省属一般本科院校。这部分高校就是没有进入前四种情况的公办省属大学，比如天津农学院、北京服装学院等。

第六个层次，独立学院和民办高校。这部分学校就是在实行一本、二本、三本录取批次时的三本院校。独立学院如南开大学滨海学院、厦门大学嘉庚学院等；民办高校如河北外国语学院等。特别要注意，在大部分省份二本、三本已经合并的情况下，注意区分民办与公办高校，民办公办很难从名字上直接区分，要注意查询高校招生章程或通过扫描本章第一节二维码在所列所有高校名单中查询。

这里值得特别关注的是，2020年5月，教育部办公厅印发了《关于加快推进独立学院转设工作的实施方案》，方案中提到，到 2020 年末，各独立学院全部制定转设工作方案，同时推动一批独立学院实现转设。原则上，中央部门所属高校、部省合建高校举办的独立学院要率先完成转设，其他独立学院要尽早完成转设。

当前主要的转设路径有三种：转为民办、转为公办和终止办学。

（1）转为民办：办学协议完善，办学主体间权利义务划分清晰，办学条件达到本科高校设置标准的独立学院，可转设为独立设置的民办普通本科高校。

（2）转为公办：无社会举办方（指由公办高校单独举办，公办高校与学校基金会、校办企业、学校附属医院、校友会或学校工会等下属机构合作举办，以及公办高校与地方政府合作举办，下同）或社会举办方拟退出举办、地方政府有条件承接举办的，鼓励转设为独立设置的公办普通本科高校。

（3）终止办学：已停止招生，或由于各种原因无法完成转设，或举办者主动提出且条件具备的，终止办学，撤销建制。

也就是说独立学院可能很快会成为历史，最近确实也有很多独立学院正在转制，如浙江大学城市学院已经更名为浙江城市学院，性质从独立学院转变成公办。安徽工程大学机电学院更名为安徽信息工程学院，性质从独立学院转变成民办。在这样的背景下，考生和家长更要对高校有深入了解，并不是说民办高校不能上，但至少是我们知道这所高校的时候选择了这个学校才是可以接受的，而不能是报错了上了一所民办高校。

第七个层次，国家示范性高职院校。2006 年，教育部和财政部联合启动了"国家示范性高等职业院校建设计划"，确立了 108 所院校为国家示范性高等职业院校立项建设院校。根据签约时间先后将这 108 所学校分为四个小层次。第五小层次为 108 所院校之外的学校。

第一小层次：国家首批示范性高职院校。包括长春汽车工业高等专科学校等 28 所学校。

第二小层次：国家第二批示范性高职院校。包括安徽水利水电职业技术学院等 42 所学校。

第三小层次：国家第三批示范性高职院校。包括包头职业技术学院等 30 所学校。

第四小层次：国家拟培育示范性高职院校。包括安徽机电职业技术学院等 8 所学校。

第八个层次，其他高职院校。即其他公办高职和民办高职院校。

要注意的是，第一，虽然我们把学校分层介绍，但是这个分层并不是绝对的，也没有官方的分层，这个分层是根据社会认知度等划分的，方便我们家长考生选择高校时作参考。第二，我们理解这个分层里面，每个层级的差距并不一样，比如说有的考生考分处于地理位置优越的省属重点高校，或地理位置较为偏远的"双一流"高校之间选择，也有的考生考分处于地理位置优越的省属一般本科院校，或地理位置较为偏远的省属重点本科院校。我觉得从高校层次的差距来看，两者在舍弃高校层次的角度来说程度是不一样的，总体来说还是要综合考生的情况、未来的规划来取舍。

第二个方面，高校的行业属性。这一点要从我国高校的历史说起，行业院校的发展与时代背景密不可分。新中国成立之前的 205 所院校，主要效仿美国大学模式，走综合性大学路线。当时，高等教育与国民经济并没有直接联系，人才培养无法满足社会需求。20 世纪 50 年代，我国全面学习苏联，在计划经济的条件下开展行业办学，把综合性大学变为单科性大学，服务于特定行业，从而建立起与计划经济体制相适应的高等教育体系，高等教育也从社会边缘走向了社会中心，"穷石油、富钢铁、了不起的大矿业"。1952 年无疑是个对中国高等教育发展格局意义深远的年份。正是这一年，经当时的政务院批准，全国工学院调整方案的公布拉开了"高校院系大调整"的序幕。中央有关部门选定在北京西北郊建设"学院区"，统一集中建立一批按行业培养专才的高等学府，以航空、地质、矿业、石油、钢铁等为主的"八大学院"应运而生，并声名远播。比如北京大学、清华大学、唐山铁道学院、天津大学的地质系并入北京地质学院，也就是现在的中国地质大学。

据统计，自 1949 年以来，我国中央和各部委先后共成立了 570 多所行业类高校。如果算上地方成立的行业类高校，其总数占我国高校总数的一半左右。尤其是在改革开放之后，这些高校为我国经济社会的快速发展提供了大量人才和科技支撑。行业院校在我国存在了很长的时间，直到 1998 年，国家在多年改革试点的基础上，按照"共建、调整、合作、合并"等多种方式，将原国家部委管理的400余所高等院校多数改为中央和地方共建、以地方管理为主的管理方式，原行业高校纷纷告别部门办学，划转到所在省办学。同时重点改革和大规模调整了行业部门办学体制，其间夹杂着以地、矿、油为代表的能源行业自身格局的巨大变化，行业特色型高校被卷入一场或出走、或转型的热潮中。

当时，近400所院校中，少数保留在行业，依旧为行业院校；少数划转为教育部直属，成为高水平行业特色高校；绝大部分划转地方管理，成为地方行业划转院校，其中，地方行业划转院校最多的当数北京、辽宁、陕西、湖北、江苏等地。行业部门举办高等教育的历史至此基本终结。

我国的行业院校种类繁多，大致可分为财经、语言、政法、师范、电子信息、石油、交通、地矿、农林、水利、航空、艺体、军事院校等。高等教育管理体制改革后，行业高校不断拓展学科专业覆盖面和服务领域，原有学科结构发生了较大变化。这种变化主要体现在以下两点。

第一点，更改校名，原来反映行业特色的校名大部分已成为历史。

第二点，学科专业覆盖面扩大，行业专业所占比重下降。

从更改校名的情况看，财经类、政法类、语言类、农林类、艺体类院校基本上没有更名（更名者只是由于规模扩大而由"学院"改为"大学"），而工业产业类、资源类院校更名比例比较高，其中以工业产业类院校的更名比例最高，大部分更名院校从校名已看不出原行业的影子。有统计显示，在高等教育大众化的背景下，除农林类、财经政法类高校外，许多行业特色型大学特别是产业类、资源类大学纷纷更改校名，其中86.8%的产业类大学从校名已经看不出原行业的影子。

了解行业院校有利于了解高校的发展特色，"婆家"虽然换了，但是长期以来形成的鲜明的办学特色并没有变，院校与行业（尤其是垄断性行业）之间多年来的"人脉"关系藕断丝连。行业单位招聘时，仍然愿意到原来的行业院校招兵买马。如果考生本科毕业时不想考研想就业，那么，这些行业院校会是你不错的选择。

从行业招聘的角度来看，行业内高校的相关专业学生毕业就业去向会有一定影响，以国家电网的各省公司校园招聘为例，像华北电力大学、上海电力大学、三峡大学、东北电力大学等均为行业内单位必到高校。

下面我就给大家列举一些原中央部委属本科层次高校。

(1) 原航空航天工业部高校

①哈尔滨工业大学；②北京航空航天大学；③西北工业大学；④南京航空航天大学；⑤原南昌航空学院（现南昌航空大学）；⑥原沈阳航空学院（现沈阳航空航天大学）；⑦郑州航空工业管理学院。

(2) 原兵器工业部高校

①原北京工学院（现北京理工大学）；②原华东工学院（现南京理工大学）；③原长春光学精密机械学院（现长春理工大学）；④原华北工学院（现中北大学）；⑤原西安工业学院（现西安工业大学）；⑥原沈阳工业学院（现沈阳理工大学）；⑦原重庆工学院（现重庆理工大学）。

(3) 原电子工业部高校

①电子科技大学；②西安电子科技大学；③原杭州电子工业学院（现杭州电子科技大学）；④原桂林电子工业学院（现桂林电子科技大学）；⑤原北京信息工程学院（现合并入北京信息科技大学）。

(4) 原地质部高校

①中国地质大学；②原长春地质学院（现合并入吉林大学）；③原成都地质学院（现成都理工大学）；④原西安地质学院（后更名为西安工程学院，现合并入长安大学）；⑤原河北地质学院（现河北地质大学）。

(5) 原纺织工业部高校

①原中国纺织大学（现东华大学）；②原天津纺织工学院（现天津工业大学）；③原苏州丝绸工学院（现合并入苏州大学）；④原西北纺织工学院（现西安工程大学）；⑤原浙江丝绸工学院（现浙江理工大学）；⑥北京服装学院；⑦原郑州纺织工学院（现中原工学院）；⑧原武汉纺织工学院（现武汉纺织大学）；⑨原南通工学院（现合并入南通大学）。

(6) 原邮电部高校

①北京邮电大学；②南京邮电大学；③原长春邮电学院（现合并入吉林大学）；④原重庆邮电学院（现重庆邮电大学）；⑤原西安邮电学院（现西安邮电大学）。

(7) 原水利电力部高校

①河海大学；②原武汉水利电力大学（现合并入武汉大学）；③华

北电力大学）；④原东北电力学院（现东北电力大学）；⑤原华北水利水电学院（现华北水利水电大学）；⑥原葛洲坝水利电力学院（现合并入三峡大学）；⑦原长沙电力学院（现合并入长沙理工大学）；⑧原上海电力学院（现上海电力大学）。

（8）原石油工业部高校

①原石油大学（现中国石油大学）；②原西南石油学院（现西南石油大学）；③原大庆石油学院（现东北石油大学）；④原西安石油学院（现西安石油大学）；⑤原江汉石油学院（现合并入长江大学）；⑥原抚顺石油学院（现辽宁石油化工大学）；⑦原江苏石油化工学院（现常州大学）；⑧北京石油化工学院；⑨原新疆石油学院［现中国石油新疆培训中心（新疆石油学院）］。

（9）原化学工业部高校

①原北京化工学院（现北京化工大学）；②原南京化工大学（现合并入南京工业大学）；③原郑州工学院（现合并入郑州大学）；④原青岛化工学院（现青岛科技大学）；⑤原沈阳化工学院（现沈阳化工大学）；⑥原武汉化工学院（现武汉工程大学）。

（10）原煤炭工业部高校

①原北京矿业学院（现中国矿业大学）；②原阜新矿业学院（现辽宁工程技术大学）；③原山东矿业学院（现山东科技大学）；④原西安矿业学院（现西安科技大学）；⑤原焦作矿业学院（现河南理工大学）；⑥原山西矿业学院（现合并入太原理工大学）；⑦原淮南矿业学院（现安徽理工大学）；⑧原华北煤炭医学院（现合并入华北理工大学）；⑨原河北煤炭建筑工程学院（现合并入河北工程大学）；⑩原中国煤炭经济学院（现山东工商学院）；⑪原湘潭矿业学院（现合并入湖南科技大学）；⑫原黑龙江矿业学院（现黑龙江科技大学）；⑬原淮北煤炭师范学院（现合并入淮北师范大学）。

（11）原冶金工业部（含中国有色金属工业总公司）高校

①原北京钢铁学院（现北京科技大学）；②原东北工学院（现东北大学）；③原中南矿冶学院（后更名为中南工业大学，现合并入中南大学）；④原西安冶金建筑学院（现西安建筑科技大学）；⑤原昆明工学院（现昆明理工大学）；⑥原武汉钢铁学院（现武汉科技大学）；⑦原鞍山钢铁学院（现辽宁科技大学）；⑧原江西矿冶学院（后更名南方冶金学

院,现江西理工大学);⑨原马鞍山钢铁学院(后更名华东冶金学院,现安徽工业大学);⑩原包头钢铁学院(现合并入内蒙古科技大学);⑪原青岛建筑工程学院(现青岛理工大学);⑫原北京冶金机电学院(现北方工业大学);⑬原桂林冶金地质学院(现桂林理工大学);⑭原长春师范学院(现长春师范大学);⑮原沈阳黄金学院(现合并入东北大学);⑯原河北矿冶学院(后更名唐山工学院,现华北理工大学);⑰原广东矿冶学院(后更名广东工学院,现合并入广东工业大学)。

(12) 原20世纪80年代末的机械工业部高校

①原吉林工业大学(现合并入吉林大学);②湖南大学;③合肥工业大学;④原江苏理工学院(现江苏大学);⑤原东北重型机械学院(现燕山大学);⑥原陕西机械学院(现西安理工大学);⑦原上海机械学院(现上海理工大学);⑧沈阳工业大学;⑨原武汉汽车工业大学(现合并入武汉理工大学);⑩原哈尔滨电工学院(现合并入哈尔滨理工大学);⑪原甘肃工业大学(现兰州理工大学);⑫原洛阳农机学院(后更名洛阳工学院,现合并入河南科技大学);⑬原太原重型机械学院(现太原科技大学);⑭原北京机械学院(现合并入北京信息科技大学);⑮湖北汽车工业学院。

(13) 原交通部高校

①原西安公路交通大学(现合并入长安大学);②原大连海运学院(现大连海事大学);③原武汉交通科技大学(现合并入武汉理工大学);④原上海海运学院(现上海海事大学);⑤原长沙交通学院(现合并入长沙理工大学);⑥原南通医学院(现合并入南通大学);⑦原重庆交通学院(现重庆交通大学)。

(14) 原轻工业部高校

①原无锡轻工业学院(现江南大学);②原中央工艺美术学院(现合并入清华大学);③原天津轻工学院(现天津科技大学);④原西北轻工业学院(现陕西科技大学);⑤原北京轻工业学院(现合并入北京工商大学);⑥原景德镇陶瓷学院(现景德镇陶瓷大学);⑦原郑州轻工业学院(现郑州轻工业大学);⑧原大连轻工业学院(现大连工业大学)。

(15) 原铁道部高校

①原唐山铁道学院(现西南交通大学);②原北方交通大学(现北

京交通大学）；③原长沙铁道学院（现合并入中南大学）；④原上海铁道大学（现合并入同济大学）；⑤原大连铁道学院（现大连交通大学）；⑥原兰州铁道学院（现兰州交通大学）；⑦原南京铁道医学院（现合并入东南大学）；⑧华东交通大学；⑨原石家庄铁道学院（现石家庄铁道大学）；⑩原苏州铁道师范学院（现合并入苏州科技大学）。

(16) 原建设部高校

①原哈尔滨建筑大学（现合并入哈尔滨工业大学）；②原重庆建筑大学（现合并入重庆大学）；③原沈阳建筑工程学院（现沈阳建筑大学）；④原西北建筑工程学院（现合并入长安大学）；⑤原武汉城市建设学院（现合并入华中科技大学）；⑥原南京建筑工程学院（现合并入南京工业大学）；⑦原苏州城市建设环境保护学院（现合并入苏州科技大学）。

(17) 原国家建筑材料工业局高校

①原武汉工业大学（现合并入武汉理工大学）；②原西南工学院（现合并入西南科技大学）；③原山东建筑材料工业学院（现合并入济南大学）；④原上海建筑材料工业学院（现合并入同济大学）。

(18) 原农业部高校

①中国农业大学；②南京农业大学；③西北农林科技大学；④华中农业大学；⑤沈阳农业大学；⑥华南农业大学；⑦东北农业大学；⑧原西南农业大学（现合并入西南大学）；⑨原华南热带作物农业大学（现合并入海南大学）；⑩原上海水产大学（现上海海洋大学）；⑪石河子大学；⑫原大连水产学院（现大连海洋大学）；⑬原塔里木农垦大学（现塔里木大学）。

(19) 原林业部高校

①北京林业大学；②东北林业大学；③南京林业大学；④原中南林学院（现中南林业科技大学）；⑤原西南林学院（现西南林业大学）；⑥原西北林学院（现合并入西北农林科技大学）。

(20) 原卫生部高校

①原中国协和医科大学（现北京协和医学院）；②原北京医科大学（现合并入北京大学）；③原上海医科大学（现合并入复旦大学）；④原中山医科大学（现合并入中山大学）；⑤原华西医科大学（现合并入四川大学）；⑥原同济医科大学（现合并入华中科技大学）；⑦原湖南医科

大学（现合并于中南大学）；⑧中国医科大学；⑨原白求恩医科大学（现合并入吉林大学）；⑩原山东医科大学（现合并入山东大学）；⑪中国药科大学；⑫西安医科大学（现合并入西安交通大学）；⑬沈阳药科大学。

（21）原对外经济贸易部高校

①对外经济贸易大学；②原上海对外贸易学院（现上海对外经贸大学）；③原广州对外贸易学院（现合并入广东外语外贸大学）；④原天津对外贸易学院（现合并入南开大学）。

（22）原财政部（含中国人民银行）高校

①上海财经大学；②西南财经大学；③原中南财经大学（现合并入中南财经政法大学）；④东北财经大学；⑤中央财经大学；⑥原陕西财经学院（现合并入西安交通大学）；⑦江西财经大学；⑧原湖南财经学院（现合并入湖南大学）；⑨原山东财政学院（现山东财经大学）；⑩原中国金融学院（现合并入对外经济贸易大学）。

（23）原文化部（含国家广播电影电视总局）高校

①中央音乐学院；②中央美术学院；③中国美术学院；④中央戏剧学院；⑤原北京广播学院（现中国传媒大学）；⑥上海音乐学院；⑦上海戏剧学院；⑧北京电影学院；⑨中国音乐学院；⑩中国戏曲学院；⑪北京舞蹈学院。

（24）原商业部（含中华全国供销合作总社）高校排名

①原杭州商学院（现浙江工商大学）；②原安徽财贸学院（现安徽财经大学）；③山西财经大学；④原黑龙江商学院（现哈尔滨商业大学）；⑤原北京商学院（现合并入北京工商大学）；⑥原天津商学院（现天津商业大学）；⑦原郑州粮食学院（现河南工业大学）；⑧原武汉食品工业学院（现武汉轻工大学）；⑨北京物资学院；⑩原南京经济学院（现南京财经大学）；⑪原重庆商学院（现合并入重庆工商大学）；⑫原兰州商学院（现兰州财经大学）。

（25）原国家体育运动委员会高校

①北京体育大学；②上海体育学院；③成都体育学院；④武汉体育学院；⑤广州体育学院；⑥沈阳体育学院；⑦西安体育学院。

（26）原司法部高校

①原西南政法学院（现西南政法大学）；②原北京政法学院（现中国政

法大学);③原华东政法学院(现华东政法大学);④原中南政法学院(现合并入中南财经政法大学);⑤原西北政法学院(现西北政法大学)。

(27)原中国民用航空总局高校

①原中国民用航空学院(现中国民航大学);②中国民用航空飞行学院。

第三个方面,通过学校发展历史了解高校。这个方面与高校的行业背景有一些交叉之处,比如说现在一提到江南大学,家长往往不清楚这个学校在哪里,哪些学科是这个学校的优势学科,但是如果你了解了江南大学历史沿革,它源于 1902 年创建的三江师范学堂,历经民国时期国立中央大学、南京大学等发展时期;1952 年由原南京大学、复旦大学、武汉大学、浙江大学、私立江南大学的有关系科组建南京工学院(现东南大学)食品工业系;1958 年该系整建制东迁无锡,建立无锡轻工业学院;1962 年无锡纺织工学院并入无锡轻工业学院;1995 年更名为无锡轻工大学。2001 年无锡轻工大学、江南学院、无锡教育学院合并组建江南大学;2003 年东华大学无锡校区并入江南大学。通过以上信息,我们至少可以了解到这是一所历史悠久的高校,地理位置在无锡,轻工业特别是食品相关学科必然是这所高校的特色。

因此,通过高校历史来了解高校的发展情况,也是一个比较简单易行的方法。

第四个方面,了解高校的所在城市。高校的地理位置对于考生来说也是个非常重要的指标,因为读大学的年龄正好处于人生三观形成的年纪,读大学的几年是人一生中非常黄金的几年,也是开始向社会学习社会经验的起步阶段,高校地理位置所在城市的文化、经济等大环境会带给人潜移默化的影响,不同地理位置会给人带来不同的眼界,包括就业、实习机会也不同。在了解高校所在城市这个问题上,家长们往往容易存在以名取校的误区,比如河北工业大学,乍一看会认为肯定在河北省,细心查询后才发现它其实坐落在天津。高校所在地是考生和家长在选择高校时要参考的重要依据,切不可马虎大意,因为目前来看,改过名字的高校很多,仅仅看名字来判断高校地理位置容易出问题,像江苏大学在镇江而不是很多人认为的南京,河南大学在开封而不是很多人认为的郑州,浙江师范大学的本部在金华而不是杭州等。要准确了解高校所在城市,一可以通过招生章程,二就是通过学校官网。

第五个方面，高校是否具备保研资格。这个指标，对考生的影响也是很直接的，因为随着教育改革的进一步深入，随着社会经济的进一步发展，本科毕业后想进一步深造的学生越来越多，从每年报考研究生人数也可以看出这一趋势，那么保研就成为很多人，特别是想就读硕士的人的一条重要路径，所以你报考的高校是否有保研资格也应该成为广大考生和家长选择高校的一项重要指标。按照教育部公开发布信息来看，目前具备保研资格的高校全国共366所，占目前本科高校总数的三成不到，这些高校的名单见表7-4。

关于保研问题，还要提醒各位家长的是，教育部规定有研究生院的高等学校，保送研究生名额一般按该校应届本科毕业生数的15%左右确定。对未设立研究生院的"211工程"高校，要求一般要按应届本科毕业生数的5%左右确定。经教育部确定的人文、理科等人才培养基地的高等学校，按教育部批准的基地班招生人数的50%左右，单独增加推免生名额，由学校统筹安排；对国家发展急需的专业适当增加推免生名额。设有研究生院的高等学校接收该校推免生的人数，不得超过该校推免生总数的65%，其中地处西部省份或军工、矿业、石油、地质、农林等特殊类型的高等学校，上述比例可适当放宽，但不得超过75%。

通常情况下，首先"双一流"大学保研率较高。高考中能够有机会进入"双一流"学校的，在保研这场竞争中，也在一定程度上赢在了起跑线上。其次，一般高校优势学科保研率高。在高校中，优势学科代表了一所高校最高的学术水平及办学水平，同时也基本上集结了高校所有最为有利的办学资源，比如生源、师资、教学设施、实验室等。因此保研的资源也就会向其倾斜。再次，基础学科保研率高。基础学科大多为长线专业，多偏向理论研究，如文科的文学、历史、哲学，理工科的数学、物理、化学等，这些专业一般都需要深入做研究，因此读研成了一种趋势，也是国家社会所需，所以保研比例一般也会高一些。

截至2017年8月1日，我国共有366所高校获得面试推荐研究生资格。下面是2017年经过教育部备案后的具有保研资格高校名单，如表7-4所示，2017年以后是否有新增，官方并未公布，家长可以在报考高校时再具体咨询。

表 7-4 具有保研资格高校名单

单位名称	所在省市区	单位名称	所在省市区
北京大学	北京	中国政法大学	北京
中国人民大学	北京	华北电力大学	北京
清华大学	北京	北京信息科技大学	北京
北京交通大学	北京	中国矿业大学(北京)	北京
北京工业大学	北京	中国石油大学(北京)	北京
北京航空航天大学	北京	中国地质大学(北京)	北京
北京理工大学	北京	中国科学院大学	北京
北京科技大学	北京	北京建筑大学	北京
北方工业大学	北京	北京服装学院	北京
北京化工大学	北京	中国社会科学院大学	北京
北京工商大学	北京	南开大学	天津
北京邮电大学	北京	天津大学	天津
中国农业大学	北京	天津科技大学	天津
北京林业大学	北京	天津工业大学	天津
北京协和医学院	北京	天津医科大学	天津
首都医科大学	北京	天津中医药大学	天津
北京中医药大学	北京	天津师范大学	天津
北京师范大学	北京	天津外国语大学	天津
首都师范大学	北京	天津财经大学	天津
北京外国语大学	北京	天津体育学院	天津
北京语言大学	北京	中国民航大学	天津
中国传媒大学	北京	天津理工大学	天津
中央财经大学	北京	天津商业大学	天津
对外经济贸易大学	北京	河北大学	河北
首都经济贸易大学	北京	河北工程大学	河北
外交学院	北京	华北电力大学(保定)	河北
中国人民公安大学	北京	河北工业大学	河北
国际关系学院	北京	华北理工大学	河北
北京体育大学	北京	河北农业大学	河北
中央音乐学院	北京	河北医科大学	河北
中国音乐学院	北京	河北师范大学	河北
中央美术学院	北京	燕山大学	河北
中央戏剧学院	北京	石家庄铁道大学	河北
北京电影学院	北京	河北经贸大学	河北
中央民族大学	北京	山西大学	山西

续表

单位名称	所在省市区	单位名称	所在省市区
太原科技大学	山西	渤海大学	辽宁
中北大学	山西	沈阳航空航天大学	辽宁
太原理工大学	山西	吉林大学	吉林
山西农业大学	山西	延边大学	吉林
山西医科大学	山西	长春理工大学	吉林
山西师范大学	山西	东北电力大学	吉林
山西财经大学	山西	吉林农业大学	吉林
山西中医药大学	山西	长春中医药大学	吉林
内蒙古大学	内蒙古	东北师范大学	吉林
内蒙古工业大学	内蒙古	长春工业大学	吉林
内蒙古农业大学	内蒙古	吉林师范大学	吉林
内蒙古师范大学	内蒙古	吉林财经大学	吉林
内蒙古科技大学	内蒙古	黑龙江大学	黑龙江
辽宁大学	辽宁	哈尔滨工业大学	黑龙江
大连理工大学	辽宁	哈尔滨理工大学	黑龙江
沈阳工业大学	辽宁	哈尔滨工程大学	黑龙江
东北大学	辽宁	东北石油大学	黑龙江
辽宁科技大学	辽宁	黑龙江八一农垦大学	黑龙江
辽宁工程技术大学	辽宁	东北农业大学	黑龙江
大连交通大学	辽宁	东北林业大学	黑龙江
大连海事大学	辽宁	哈尔滨医科大学	黑龙江
大连工业大学	辽宁	黑龙江中医药大学	黑龙江
沈阳建筑大学	辽宁	哈尔滨师范大学	黑龙江
沈阳农业大学	辽宁	哈尔滨商业大学	黑龙江
中国医科大学	辽宁	佳木斯大学	黑龙江
大连医科大学	辽宁	黑龙江科技大学	黑龙江
辽宁中医药大学	辽宁	复旦大学	上海
沈阳药科大学	辽宁	同济大学	上海
辽宁师范大学	辽宁	上海交通大学	上海
沈阳师范大学	辽宁	华东理工大学	上海
大连外国语大学	辽宁	上海理工大学	上海
东北财经大学	辽宁	上海海事大学	上海
鲁迅美术学院	辽宁	东华大学	上海
大连海洋大学	辽宁	上海海洋大学	上海
沈阳化工大学	辽宁	上海中医药大学	上海

续表

单位名称	所在省市区	单位名称	所在省市区
华东师范大学	上海	浙江大学	浙江
上海师范大学	上海	浙江工业大学	浙江
上海外国语大学	上海	浙江理工大学	浙江
上海财经大学	上海	温州医科大学	浙江
上海对外经贸大学	上海	浙江中医药大学	浙江
华东政法大学	上海	浙江师范大学	浙江
上海体育学院	上海	浙江工商大学	浙江
上海音乐学院	上海	中国美术学院	浙江
上海大学	上海	杭州电子科技大学	浙江
上海科技大学	上海	杭州师范大学	浙江
南京大学	江苏	宁波大学	浙江
苏州大学	江苏	安徽大学	安徽
扬州大学	江苏	中国科学技术大学	安徽
东南大学	江苏	合肥工业大学	安徽
南京航空航天大学	江苏	安徽工业大学	安徽
南京理工大学	江苏	安徽理工大学	安徽
江苏科技大学	江苏	安徽农业大学	安徽
中国矿业大学	江苏	安徽医科大学	安徽
南京工业大学	江苏	安徽中医药大学	安徽
南京邮电大学	江苏	安徽师范大学	安徽
河海大学	江苏	安徽财经大学	安徽
江南大学	江苏	蚌埠医学院	安徽
南京林业大学	江苏	厦门大学	福建
江苏大学	江苏	华侨大学	福建
南京信息工程大学	江苏	福州大学	福建
南通大学	江苏	福建农林大学	福建
南京农业大学	江苏	福建医科大学	福建
南京医科大学	江苏	福建中医药大学	福建
徐州医科大学	江苏	福建师范大学	福建
南京中医药大学	江苏	集美大学	福建
中国药科大学	江苏	南昌大学	江西
南京师范大学	江苏	华东交通大学	江西
江苏师范大学	江苏	南昌航空大学	江西
南京艺术学院	江苏	江西理工大学	江西
南京体育学院	江苏	江西农业大学	江西

续表

单位名称	所在省市区	单位名称	所在省市区
江西师范大学	江西	武汉理工大学	湖北
江西财经大学	江西	华中农业大学	湖北
江西中医药大学	江西	湖北中医药大学	湖北
山东大学	山东	华中师范大学	湖北
中国海洋大学	山东	湖北大学	湖北
山东科技大学	山东	中南财经政法大学	湖北
中国石油大学(华东)	山东	武汉体育学院	湖北
青岛科技大学	山东	中南民族大学	湖北
济南大学	山东	武汉工程大学	湖北
青岛理工大学	山东	湖北工业大学	湖北
山东农业大学	山东	三峡大学	湖北
山东中医药大学	山东	湘潭大学	湖南
山东师范大学	山东	湖南大学	湖南
青岛大学	山东	中南大学	湖南
曲阜师范大学	山东	长沙理工大学	湖南
山东艺术学院	山东	湖南农业大学	湖南
山东财经大学	山东	中南林业科技大学	湖南
山东建筑大学	山东	湖南中医药大学	湖南
山东理工大学	山东	湖南师范大学	湖南
聊城大学	山东	南华大学	湖南
郑州大学	河南	湖南科技大学	湖南
河南理工大学	河南	吉首大学	湖南
河南科技大学	河南	中山大学	广东
河南农业大学	河南	暨南大学	广东
河南大学	河南	汕头大学	广东
河南师范大学	河南	华南理工大学	广东
河南中医药大学	河南	华南农业大学	广东
河南工业大学	河南	广州医科大学	广东
河南财经政法大学	河南	广州中医药大学	广东
华北水利水电大学	河南	华南师范大学	广东
武汉大学	湖北	深圳大学	广东
华中科技大学	湖北	广东工业大学	广东
武汉科技大学	湖北	广东外语外贸大学	广东
长江大学	湖北	南方医科大学	广东
中国地质大学(武汉)	湖北	南方科技大学	广东

续表

单位名称	所在省市区	单位名称	所在省市区
广东海洋大学	广东	贵州大学	贵州
五邑大学	广东	贵阳医科大学	贵州
广州大学	广东	遵义医科大学	贵州
海南大学	海南	贵州师范大学	贵州
海南师范大学	海南	贵阳中医药大学	贵州
广西大学	广西	云南大学	云南
桂林理工大学	广西	昆明理工大学	云南
广西医科大学	广西	云南农业大学	云南
广西师范大学	广西	昆明医科大学	云南
广西艺术学院	广西	云南师范大学	云南
桂林电子科技大学	广西	云南民族大学	云南
广西中医药大学	广西	云南财经大学	云南
四川大学	四川	西南林业大学	云南
西南交通大学	四川	西藏民族大学	西藏
电子科技大学	四川	西藏大学	西藏
西南石油大学	四川	西北大学	陕西
成都理工大学	四川	西安交通大学	陕西
西南医科大学	四川	西北工业大学	陕西
西南科技大学	四川	西安理工大学	陕西
西华大学	四川	西安电子科技大学	陕西
四川农业大学	四川	西安建筑科技大学	陕西
四川师范大学	四川	西安科技大学	陕西
成都中医药大学	四川	西安石油大学	陕西
西华师范大学	四川	陕西科技大学	陕西
西南财经大学	四川	西安工程大学	陕西
成都体育学院	四川	长安大学	陕西
西南民族大学	四川	西北农林科技大学	陕西
重庆邮电大学	重庆	陕西师范大学	陕西
重庆交通大学	重庆	西安外国语大学	陕西
重庆大学	重庆	西北政法大学	陕西
重庆师范大学	重庆	西安美术学院	陕西
西南大学	重庆	西安工业大学	陕西
重庆医科大学	重庆	延安大学	陕西
四川外国语大学	重庆	兰州大学	甘肃
西南政法大学	重庆	兰州理工大学	甘肃

续表

单位名称	所在省市区	单位名称	所在省市区
兰州交通大学	甘肃	宁夏大学	宁夏
甘肃农业大学	甘肃	宁夏医科大学	宁夏
甘肃中医药大学	甘肃	新疆大学	新疆
西北师范大学	甘肃	新疆农业大学	新疆
西北民族大学	甘肃	石河子大学	新疆
青海大学	青海	新疆医科大学	新疆
青海师范大学	青海	新疆师范大学	新疆
青海民族大学	青海	新疆财经大学	新疆

第六个方面，通过高校往年录取分数认识大学。前面讲过，高校往年录取情况是考生用分来选定的，在一定程度上体现了不同大学在本省考生心目中的热度，往年的录取情况也是高校在本省往届考生心目中地位的一个体现，也是我们要参考的重要指标。

第七个方面，通过了解高校的优势学科和优势专业认知大学。这部分内容也是很重要的。我曾接触过一名文科考生，该考生通过冲一冲冲进一所原985工科高校，学习西班牙语专业，到大二时决定返回家乡重读。我很好奇，专门去拜访他询问为什么要退学，这个学生跟我说到大学其他基本都还满意，但是对专业的学习安排不是很满意，因为西班牙语虽然是所在学院的一个系，但建立时间很短，系里目前只有两位西班牙语专业的老师，都是刚刚毕业不久的硕士研究生，从教学经验到专业水平自己认为都不是很好，而这位考生却偏偏很喜欢西班牙语这个专业，未来希望读硕、读博，从事西班牙语相关的一些研究工作，他觉得这个学校总体虽然不错，但是这个专业的学习在一定程度上对于自己这样想法的学生来说是在浪费时间，所以毅然决定复读重考。我虽然不赞同这样的做法，但是很钦佩这个学生的勇气，也为他没有在报志愿之前明白这样的道理感到遗憾——高层次大学并不代表所有的学科都是高层次的，所以了解高校的优势学科和优势专业也是很有必要的。

这里给家长推荐几种来判断高校优势专业的方法。

第一，通过国家"双万计划"来判断。教育部办公厅2019年发布了《关于实施一流本科专业建设"双万计划"的通知》。旨在推动新工科、新医科、新农科、新文科建设，做强一流本科、建设一流专业、培养一流人才、全面振兴本科教育，提高高校人才培养能力，实现高等教育内涵式发展。"双万"指的是1万个左右国家级一流本科专业点和1万个左右省级一流本科专业点将于2019—2021年期间进行建设。比如南开大学在这一轮双万计划中，入选国家级一流本科专业的是哲学、经济学、金融学、保险学、国际经济与贸易、法学、政治学与行政学、思想政治教育、汉语言文学、英语、历史学、世界史、数学与应用数学、物理学、化学、生物科学、统计学、智能科学与技术、环境科学、工商管理、旅游管理21个专业，材料化学、计算机科学与技术等专业为省级一流本科专业建设点。

  第二，通过教育部学科评估排名了解大学优势学科，进而了解大学优势专业。首先说明一下，学科和专业是不相同但又很相关的两个概念，学科的水平可以反映这个单位在师资力量、人才培养质量、科学研究水平以及社会服务影响力等方面的能力。一般来说，我们家长可以大致理解为学科水平越高，其在这一方面相关专业的实力也会比较强。学科评估是教育部学位与研究生教育发展中心（简称学位中心）按照国务院学位委员会和教育部颁布的《学位授予和人才培养学科目录》，对具有博士硕士学位授予权的一级学科进行整体水平的评估。学科评估是学位中心以第三方方式开展的非行政性、服务性评估项目，2002年首次开展，至今已完成四轮。我们以人文社科类下面的哲学这个学科评估结果为例，见表7-5。

表7-5 哲学学科第四轮评估等级

评估结果	学校代码及名称	
A+	10001	北京大学
	10246	复旦大学
A	10002	中国人民大学
	10284	南京大学
A-	10027	北京师范大学
	10183	吉林大学
	10486	武汉大学
	10558	中山大学
B+	10003	清华大学
	10055	南开大学
	10212	黑龙江大学
	10269	华东师范大学
	10286	东南大学
	10335	浙江大学
	10422	山东大学
	10487	华中科技大学

续表

评估结果	学校代码及名称	
B	10052	中央民族大学
	10108	山西大学
	10145	东北大学
	10247	同济大学
	10319	南京师范大学
	10384	厦门大学
	10542	湖南师范大学
	10610	四川大学
	10718	陕西师范大学
B−	10140	辽宁大学
	10141	大连理工大学
	10270	上海师范大学
	10285	苏州大学
	10533	中南大学
	10574	华南师范大学
	10635	西南大学
	10698	西安交通大学
C+	10053	中国政法大学
	10075	河北大学
	10357	安徽大学
	10385	华侨大学
	10403	南昌大学
	10475	河南大学
	10512	湖北大学
	10520	中南财经政法大学
	10730	兰州大学
C	10203	吉林师范大学
	10280	上海大学
	10531	吉首大学
	10590	深圳大学
	10656	西南民族大学

续表

评估结果	学校代码及名称	
C	10673	云南大学
	10674	昆明理工大学
	10726	西北政法大学
C−	10094	河北师范大学
	10166	沈阳师范大学
	10370	安徽师范大学
	10476	河南师范大学
	10593	广西大学
	10636	四川师范大学
	10652	西南政法大学
	10681	云南师范大学

从这个评估结果，我们可以比较直观地看到不同高校在哲学这个学科的水平，反映了这所高校在哲学相关专业上的情况。学科评估因为是自愿参加的，未必是覆盖了某一学科的所有开办学校。

其他学科的第四轮评估结果，建议大家登录中国学位与研究生教育信息网（http://www.cdgdc.edu.cn/xwyyjsjyxx/xkpgjg/）查找。截止到本书截稿，第五轮教学评估已经启动，结果近期也会公布，考生和家长也可以关注。

第三，通过国家级重点学科来判断优势学科和专业。国家重点学科是国家根据发展战略与重大需求，择优确定并重点建设的培养创新人才、开展科学研究的重要基地，在高等教育学科体系中居于骨干和引领地位。到 2020 年年底，我国共组织了三次重点学科的评选工作。我国共有 286 个一级学科国家重点学科，677 个二级学科国家重点学科，217 个国家重点（培育）学科。2014 年 2 月 15 日，根据《国务院关于取消和下放一批行政审批项目的决定》（国发〔2014〕5 号），教育部取消国家重点学科审批。但国家级重点学科在一定程度上仍然可以反映高校的学科办学实力、培养质量和社会认可度。

我们先以工商管理学科为例，表 7-6 所示为工商管理学科国家重点学科情况。

表 7-6　工商管理学科国家重点学科情况

(1)国家重点学科名单		
类别	学科代码及名称	学校名称
一级学科	1202 工商管理	中国人民大学
		清华大学,北京协和医学院——清华大学医学部
		厦门大学
		中山大学
		西安交通大学
二级学科	120201 会计学	中央财经大学
		东北财经大学
		上海财经大学
		中南财经政法大学
		西南财经大学
	120202 企业管理	北京大学
		南开大学
		南京大学
	120204 技术经济及管理	重庆大学

(2)国家重点(培育)学科名单		
类别	学科代码及名称	学校名称
二级学科	120202 企业管理	上海交通大学
	120204 技术经济及管理	天津大学
		大连理工大学
		吉林大学
		河海大学

其他学科的情况，建议登录中国学位与研究生教育信息网相关栏目查询（网址：http://www.cdgdc.edu.cn/xwyyjsjyxx/xwbl/zdjs/zdxk/zdxkmd/lsx/266612.shtml）。

我们还可以通过高校网站查询该校一级学科情况，了解不同学校的优势学科和专业。

以南开大学为例，通过国家重点学科列表，基本上可以了解到南开大学的优势学科和专业，如表 7-7 所示。

表 7-7 南开大学国家重点学科（2007 年审批）分布情况

一级学科 6 个	
1	理论经济学
2	应用经济学
3	历史学
4	数学
5	化学
6	光学工程
二级学科 9 个	
1	马克思主义哲学
2	政治学理论
3	中国古代文学
4	光学
5	动物学
6	微生物学
7	环境科学
8	农药学
9	企业管理
重点培育二级学科 2 个	
1	语言学与应用语言学
2	植物学

当然，判断高校的优势学科还可以从是否有硕士点、博士点、博士后科研流动站，国家、省级重点实验室的分布，甚至招生人数分布等来判断，此处不再一一赘述。

通过以上七个方面，就可以对大学的大体情况有个立体化、系统化了解。

第三节
了解高校的信息查询方式及一些其他注意事项

关于信息查询方式，我们简单总结成以下五点。

第一，通过招生章程查询。

第二，通过官方网站或比较权威网站查询相关信息。如教育部官网、中国学位与研究生教育信息网、学信网，各大学官方网站，各大学本科招生信息网等。

第三，通过师兄师姐返校讲座或介绍了解。

第四，通过各类论坛、自媒体平台、问答平台了解生活、细节问题。比如知乎、悟空问答等都有很多在校大学生回答你关心的问题，当然因为这些答案并非官方，有可能带有主观意见，所以有选择性地参考是一个比较好的方法。

第五，如果能有机会走进高校，亲身体验感受高校，也是非常好的一个方式。

此外，在认知高校的过程中，还有以下几点提醒广大考生和家长。

其一，很多学校的名称容易混淆，但差别很大，注意不要弄错，比如华东理工大学（上海）VS 东华大学（上海）VS 东华理工大学（江西）；对外经济贸易大学（"211工程"）VS 首都经济贸易大学（市属）；哈尔滨工业大学（"985工程"）VS 哈尔滨工程大学（"211工程"）VS 哈尔滨理工大学；北京工业大学（"211工程"）VS 北方工业大学（市属）；合肥工业大学（"211工程"）VS 安徽工业大学（省属）；中国医科大学（沈阳，省部共建）VS 中国药科大学（"211工程"，南京）；电子科技大学（成都，"985工程"）VS 西安电子科技大学（西安，"211工程"）等。

其二，现在有很多高校开设分校区，但是一般是单独代码进行招生，有的学校在毕业时各校区颁发毕业证书没有区别，但也有的可能会注明分校字样，要注意甄别。比如山东大学—山东大学威海分校；哈尔滨工业大学—哈尔滨工业大学威海校区、哈尔滨工业大学深圳校区；中国人民大学—中国人民大学苏州校区；大连理工大学—大连理工大学盘锦校区；东北大学—东北大学秦皇岛分校；合肥工业大学—合肥工业大学宣城校区；西南大学—西南大学荣昌校区；北京交通大学—北京交通大学威海校区；西南交通大学—西南交通大学峨眉校区；电子科技大学—电子科技大学沙河校区；北京邮电大学—北京邮电大学宏福校区等，同时还要注意分校区和高校在其他省份以地名命名的独立学院的区别。像同济大学浙江学院、电子科技大学成都学院等，要知道独立学院理论上是另外一所学校，而校区是同一所大学的另外一个校区，这两者是存在本质区别的，毕业证、学位证以及毕业后的社会认可度都是不同的。

其三，在高考报考的时候，有的高校，特别是本省的高校，会把不同的专业类型或校区拆分成不同的代码进行招生，比如西南大学在重庆，就把这一所高校拆成了五个代码，分别是 5004、5006、5028、5052 和 5068，分别代表西南大学农学专业、西南大学非农学专业、西南大学合作办学、西南大学西塔学院、西南大学荣昌校区。五个代码可以分别报考，但是毕业后颁发的毕业证、学位证按照目前情况来看都是西南大学颁发，没有区别。但其他学校是否会注明相关字样，还是要具体查看或咨询。

第八章

如何了解专业，选出适合自己的专业

第一节

中国本科专业概览

2020年2月21日，教育部发布《普通高等学校本科专业目录（2020年版）》，该专业目录是在《普通高等学校本科专业目录（2012年）》基础上，增补了近年来批准增设的目录外新专业，形成了最新的《普通高等学校本科专业目录（2020年版）》。截至目前，中国本科专业分为12大学科门类，92大专业类，703个具体的专业。

12个大的学科门类是文学、历史学、哲学、教育学、法学、经济学、管理学、理学、工学、农学、医学、艺术学。

每个学科门类下面包含若干专业大类，比如经济学门类下包含经济学类、财政学类、金融学类、经济与贸易类四个专业大类。

每个专业大类下包含若干个专业，如金融学大类下包含金融学、金融工程、保险学、投资学、金融数学、信用管理、经济与金融、精算学、互联网金融、金融科技这10个专业。

从包含专业数量来说，工学门类下包含232个专业，是所有门类中专业最多的，其次是文学包含123个专业，接下来依次是管理学包含59个专业、医学包含58个专业、艺术学包含48个专业、法学包含44

个专业、理学包含42个专业、农学包含38个专业、教育学包含25个专业、经济学包含23个专业、历史学包含7个专业、哲学包含4个专业。这里面要特别说明的是文学，它之所以包含这么多专业，主要是由于语言类专业在文学当中，每一个小语种都自成一个专业。

如表8-1所示，就是12大学科门类92大专业类和703个具体专业的名称列表。

表8-1　12大学科门类92大专业类和703个具体专业列表

序号	学科门类	专业类	专业代码	专业名称	学位授予门类	修业年限	增设年份
1	哲学	哲学类	010101	哲学	哲学	四年	
2	哲学	哲学类	010102	逻辑学	哲学	四年	
3	哲学	哲学类	010103K	宗教学	哲学	四年	
4	哲学	哲学类	010104T	伦理学	哲学	四年	
5	经济学	经济学类	020101	经济学	经济学	四年	
6	经济学	经济学类	020102	经济统计学	经济学	四年	
7	经济学	经济学类	020103T	国民经济管理	经济学	四年	
8	经济学	经济学类	020104T	资源与环境经济学	经济学	四年	
9	经济学	经济学类	020105T	商务经济学	经济学	四年	
10	经济学	经济学类	020106T	能源经济	经济学	四年	
11	经济学	经济学类	020107T	劳动经济学	经济学	四年	2016
12	经济学	经济学类	020108T	经济工程	经济学	四年	2017
13	经济学	经济学类	020109T	数字经济	经济学	四年	2018
14	经济学	财政学类	020201K	财政学	经济学	四年	
15	经济学	财政学类	020202	税收学	经济学	四年	
16	经济学	金融学类	020301K	金融学	经济学	四年	
17	经济学	金融学类	020302	金融工程	经济学	四年	
18	经济学	金融学类	020303	保险学	经济学	四年	
19	经济学	金融学类	020304	投资学	经济学	四年	
20	经济学	金融学类	020305T	金融数学	经济学	四年	
21	经济学	金融学类	020306T	信用管理	管理学,经济学	四年	
22	经济学	金融学类	020307T	经济与金融	经济学	四年	

续表

序号	学科门类	专业类	专业代码	专业名称	学位授予门类	修业年限	增设年份
23	经济学	金融学类	020308T	精算学	理学,经济学	四年	2015
24	经济学	金融学类	020309T	互联网金融	经济学	四年	2016
25	经济学	金融学类	020310T	金融科技	经济学	四年	2017
26	经济学	经济与贸易类	020401	国际经济与贸易	经济学	四年	
27	经济学	经济与贸易类	020402	贸易经济	经济学	四年	
28	法学	法学类	030101K	法学	法学	四年	
29	法学	法学类	030102T	知识产权	法学	四年	
30	法学	法学类	030103T	监狱学	法学	四年	
31	法学	法学类	030104T	信用风险管理与法律防控	法学	四年	2017
32	法学	法学类	030105T	国际经贸规则	法学	四年	2017
33	法学	法学类	030106TK	司法警察学	法学	四年	2018
34	法学	法学类	030107TK	社区矫正	法学	四年	2018
35	法学	政治学类	030201	政治学与行政学	法学	四年	
36	法学	政治学类	030202	国际政治	法学	四年	
37	法学	政治学类	030203	外交学	法学	四年	
38	法学	政治学类	030204T	国际事务与国际关系	法学	四年	
39	法学	政治学类	030205T	政治学、经济学与哲学	法学	四年	
40	法学	政治学类	030206TK	国际组织与全球治理	法学	四年	2018
41	法学	社会学类	030301	社会学	法学	四年	
42	法学	社会学类	030302	社会工作	法学	四年	
43	法学	社会学类	030303T	人类学	法学	四年	
44	法学	社会学类	030304T	女性学	法学	四年	
45	法学	社会学类	030305T	家政学	法学	四年	
46	法学	社会学类	030306T	老年学	法学	四年	2019
47	法学	民族学类	030401	民族学	法学	四年	
48	法学	马克思主义理论类	030501	科学社会主义	法学	四年	
49	法学	马克思主义理论类	030502	中国共产党历史	法学	四年	
50	法学	马克思主义理论类	030503	思想政治教育	法学	四年	

续表

序号	学科门类	专业类	专业代码	专业名称	学位授予门类	修业年限	增设年份
51	法学	马克思主义理论类	030504T	马克思主义理论	法学	四年	2017
52	法学	公安学类	030601K	治安学	法学	四年	
53	法学	公安学类	030602K	侦查学	法学	四年	
54	法学	公安学类	030603K	边防管理	法学	四年	
55	法学	公安学类	030604TK	禁毒学	法学	四年	
56	法学	公安学类	030605TK	警犬技术	法学	四年	
57	法学	公安学类	030606TK	经济犯罪侦查	法学	四年	
58	法学	公安学类	030607TK	边防指挥	法学	四年	
59	法学	公安学类	030608TK	消防指挥	法学	四年	
60	法学	公安学类	030609TK	警卫学	法学	四年	
61	法学	公安学类	030610TK	公安情报学	法学	四年	
62	法学	公安学类	030611TK	犯罪学	法学	四年	
63	法学	公安学类	030612TK	公安管理学	法学	四年	
64	法学	公安学类	030613TK	涉外警务	法学	四年	
65	法学	公安学类	030614TK	国内安全保卫	法学	四年	
66	法学	公安学类	030615TK	警务指挥与战术	法学	四年	
67	法学	公安学类	030616TK	技术侦查学	法学	四年	2016
68	法学	公安学类	030617TK	海警执法	法学	四年	2016
69	法学	公安学类	030618TK	公安政治工作	法学	四年	2018
70	法学	公安学类	030619TK	移民管理	法学	四年	2018
71	法学	公安学类	030620TK	出入境管理	法学	四年	2018
72	教育学	教育学类	040101	教育学	教育学	四年	
73	教育学	教育学类	040102	科学教育	教育学	四年	
74	教育学	教育学类	040103	人文教育	教育学	四年	
75	教育学	教育学类	040104	教育技术学	工学,理学,教育学	四年	
76	教育学	教育学类	040105	艺术教育	艺术学,教育学	四年	
77	教育学	教育学类	040106	学前教育	教育学	四年	
78	教育学	教育学类	040107	小学教育	教育学	四年	

续表

序号	学科门类	专业类	专业代码	专业名称	学位授予门类	修业年限	增设年份
79	教育学	教育学类	040108	特殊教育	教育学	四年	
80	教育学	教育学类	040109T	华文教育	教育学	四年	
81	教育学	教育学类	040110TK	教育康复学	教育学	四年	
82	教育学	教育学类	040111T	卫生教育	教育学	四年	2016
83	教育学	教育学类	040112T	认知科学与技术	教育学	四年	2018
84	教育学	体育学类	040201	体育教育	教育学	四年	
85	教育学	体育学类	040202K	运动训练	教育学	四年	
86	教育学	体育学类	040203	社会体育指导与管理	教育学	四年	
87	教育学	体育学类	040204K	武术与民族传统体育	教育学	四年	
88	教育学	体育学类	040205	运动人体科学	教育学	四年	
89	教育学	体育学类	040206T	运动康复	理学，教育学	四年	
90	教育学	体育学类	040207T	休闲体育	教育学	四年	
91	教育学	体育学类	040208T	体能训练	教育学	四年	2017
92	教育学	体育学类	040209T	冰雪运动	教育学	四年	2017
93	教育学	体育学类	040210TK	电子竞技运动与管理	教育学	四年	2018
94	教育学	体育学类	040211TK	智能体育工程	教育学，工学	四年	2018
95	教育学	体育学类	040212TK	体育旅游	教育学	四年	2018
96	教育学	体育学类	040213T	运动能力开发	教育学，理学	四年	2019
97	文学	中国语言文学类	050101	汉语言文学	文学	四年	
98	文学	中国语言文学类	050102	汉语言	文学	四年	
99	文学	中国语言文学类	050103	汉语国际教育	文学	四年	
100	文学	中国语言文学类	050104	中国少数民族语言文学	文学	四年	
101	文学	中国语言文学类	050105	古典文献学	文学	四年	
102	文学	中国语言文学类	050106T	应用语言学	文学	四年	
103	文学	中国语言文学类	050107T	秘书学	文学	四年	
104	文学	中国语言文学类	050108T	中国语言与文化	文学	四年	2016
105	文学	中国语言文学类	050109T	手语翻译	文学	四年	2016

续表

序号	学科门类	专业类	专业代码	专业名称	学位授予门类	修业年限	增设年份
106	文学	外国语言文学类	050200T	桑戈语	文学	四年	2017
107	文学	外国语言文学类	050201	英语	文学	四年,五年	
108	文学	外国语言文学类	050202	俄语	文学	四年	
109	文学	外国语言文学类	050203	德语	文学	四年	
110	文学	外国语言文学类	050204	法语	文学	四年	
111	文学	外国语言文学类	050205	西班牙语	文学	四年	
112	文学	外国语言文学类	050206	阿拉伯语	文学	四年	
113	文学	外国语言文学类	050207	日语	文学	四年	
114	文学	外国语言文学类	050208	波斯语	文学	四年	
115	文学	外国语言文学类	050209	朝鲜语	文学	四年	
116	文学	外国语言文学类	050210	菲律宾语	文学	四年	
117	文学	外国语言文学类	050211	梵语巴利语	文学	四年	
118	文学	外国语言文学类	050212	印度尼西亚语	文学	四年	
119	文学	外国语言文学类	050213	印地语	文学	四年	
120	文学	外国语言文学类	050214	柬埔寨语	文学	四年	
121	文学	外国语言文学类	050215	老挝语	文学	四年	
122	文学	外国语言文学类	050216	缅甸语	文学	四年	
123	文学	外国语言文学类	050217	马来语	文学	四年	
124	文学	外国语言文学类	050218	蒙古语	文学	四年	
125	文学	外国语言文学类	050219	僧伽罗语	文学	四年	
126	文学	外国语言文学类	050220	泰语	文学	四年	
127	文学	外国语言文学类	050221	乌尔都语	文学	四年	
128	文学	外国语言文学类	050222	希伯来语	文学	四年	
129	文学	外国语言文学类	050223	越南语	文学	四年	
130	文学	外国语言文学类	050224	豪萨语	文学	四年	
131	文学	外国语言文学类	050225	斯瓦希里语	文学	四年	
132	文学	外国语言文学类	050226	阿尔巴尼亚语	文学	四年	
133	文学	外国语言文学类	050227	保加利亚语	文学	四年	

续表

序号	学科门类	专业类	专业代码	专业名称	学位授予门类	修业年限	增设年份
134	文学	外国语言文学类	050228	波兰语	文学	四年	
135	文学	外国语言文学类	050229	捷克语	文学	四年	
136	文学	外国语言文学类	050230	斯洛伐克语	文学	四年	
137	文学	外国语言文学类	050231	罗马尼亚语	文学	四年	
138	文学	外国语言文学类	050232	葡萄牙语	文学	四年	
139	文学	外国语言文学类	050233	瑞典语	文学	四年	
140	文学	外国语言文学类	050234	塞尔维亚语	文学	四年	
141	文学	外国语言文学类	050235	土耳其语	文学	四年	
142	文学	外国语言文学类	050236	希腊语	文学	四年	
143	文学	外国语言文学类	050237	匈牙利语	文学	四年	
144	文学	外国语言文学类	050238	意大利语	文学	四年	
145	文学	外国语言文学类	050239	泰米尔语	文学	四年	
146	文学	外国语言文学类	050240	普什图语	文学	四年	
147	文学	外国语言文学类	050241	世界语	文学	四年	
148	文学	外国语言文学类	050242	孟加拉语	文学	四年	
149	文学	外国语言文学类	050243	尼泊尔语	文学	四年	
150	文学	外国语言文学类	050244	克罗地亚语	文学	四年	
151	文学	外国语言文学类	050245	荷兰语	文学	四年	
152	文学	外国语言文学类	050246	芬兰语	文学	四年	
153	文学	外国语言文学类	050247	乌克兰语	文学	四年	
154	文学	外国语言文学类	050248	挪威语	文学	四年	
155	文学	外国语言文学类	050249	丹麦语	文学	四年	
156	文学	外国语言文学类	050250	冰岛语	文学	四年	
157	文学	外国语言文学类	050251	爱尔兰语	文学	四年	
158	文学	外国语言文学类	050252	拉脱维亚语	文学	四年	
159	文学	外国语言文学类	050253	立陶宛语	文学	四年	
160	文学	外国语言文学类	050254	斯洛文尼亚语	文学	四年	
161	文学	外国语言文学类	050255	爱沙尼亚语	文学	四年	
162	文学	外国语言文学类	050256	马耳他语	文学	四年	

续表

序号	学科门类	专业类	专业代码	专业名称	学位授予门类	修业年限	增设年份
163	文学	外国语言文学类	050257	哈萨克语	文学	四年	
164	文学	外国语言文学类	050258	乌兹别克语	文学	四年	
165	文学	外国语言文学类	050259	祖鲁语	文学	四年	
166	文学	外国语言文学类	050260	拉丁语	文学	四年	
167	文学	外国语言文学类	050261	翻译	文学	四年	
168	文学	外国语言文学类	050262	商务英语	文学	四年	
169	文学	外国语言文学类	050263T	阿姆哈拉语	文学	四年	
170	文学	外国语言文学类	050264T	吉尔吉斯语	文学	四年	
171	文学	外国语言文学类	050265T	索马里语	文学	四年	2014
172	文学	外国语言文学类	050266T	土库曼语	文学	四年	2014
173	文学	外国语言文学类	050267T	加泰罗尼亚语	文学	四年	2014
174	文学	外国语言文学类	050268T	约鲁巴语	文学	四年	2014
175	文学	外国语言文学类	050269T	亚美尼亚语	文学	四年	2015
176	文学	外国语言文学类	050270T	马达加斯加语	文学	四年	2015
177	文学	外国语言文学类	050271T	格鲁吉亚语	文学	四年	2015
178	文学	外国语言文学类	050272T	阿塞拜疆语	文学	四年	2015
179	文学	外国语言文学类	050273T	阿非利卡语	文学	四年	2015
180	文学	外国语言文学类	050274T	马其顿语	文学	四年	2015
181	文学	外国语言文学类	050275T	塔吉克语	文学	四年	2015
182	文学	外国语言文学类	050276T	茨瓦纳语	文学	四年	2016
183	文学	外国语言文学类	050277T	恩德贝莱语	文学	四年	2016
184	文学	外国语言文学类	050278T	科摩罗语	文学	四年	2016
185	文学	外国语言文学类	050279T	克里奥尔语	文学	四年	2016
186	文学	外国语言文学类	050280T	绍纳语	文学	四年	2016
187	文学	外国语言文学类	050281T	提格雷尼亚语	文学	四年	2016
188	文学	外国语言文学类	050282T	白俄罗斯语	文学	四年	2016
189	文学	外国语言文学类	050283T	毛利语	文学	四年	2016
190	文学	外国语言文学类	050284T	汤加语	文学	四年	2016
191	文学	外国语言文学类	050285T	萨摩亚语	文学	四年	2016

续表

序号	学科门类	专业类	专业代码	专业名称	学位授予门类	修业年限	增设年份
192	文学	外国语言文学类	050286T	库尔德语	文学	四年	2016
193	文学	外国语言文学类	050287T	比斯拉马语	文学	四年	2017
194	文学	外国语言文学类	050288T	达里语	文学	四年	2017
195	文学	外国语言文学类	050289T	德顿语	文学	四年	2017
196	文学	外国语言文学类	050290T	迪维希语	文学	四年	2017
197	文学	外国语言文学类	050291T	斐济语	文学	四年	2017
198	文学	外国语言文学类	050292T	库克群岛毛利语	文学	四年	2017
199	文学	外国语言文学类	050293T	隆迪语	文学	四年	2017
200	文学	外国语言文学类	050294T	卢森堡语	文学	四年	2017
201	文学	外国语言文学类	050295T	卢旺达语	文学	四年	2017
202	文学	外国语言文学类	050296T	纽埃语	文学	四年	2017
203	文学	外国语言文学类	050297T	皮金语	文学	四年	2017
204	文学	外国语言文学类	050298T	切瓦语	文学	四年	2017
205	文学	外国语言文学类	050299T	塞苏陀语	文学	四年	2017
206	文学	外国语言文学类	0502100T	语言学	文学	四年	2018
207	文学	外国语言文学类	0502101T	塔玛齐格特语	文学	四年	2018
208	文学	外国语言文学类	0502102T	爪哇语	文学	四年	2018
209	文学	外国语言文学类	0502103T	旁遮普语	文学	四年	2018
210	文学	新闻传播学类	050301	新闻学	文学	四年	
211	文学	新闻传播学类	050302	广播电视学	文学	四年	
212	文学	新闻传播学类	050303	广告学	文学	四年	
213	文学	新闻传播学类	050304	传播学	文学	四年	
214	文学	新闻传播学类	050305	编辑出版学	文学	四年	
215	文学	新闻传播学类	050306T	网络与新媒体	文学	四年	
216	文学	新闻传播学类	050307T	数字出版	文学	四年	
217	文学	新闻传播学类	050308T	时尚传播	文学	四年	2017
218	文学	新闻传播学类	050309T	国际新闻与传播	文学	四年	2018
219	文学	新闻传播学类（交叉专业）	99J001T	会展	文学,管理学	四年	2019

续表

序号	学科门类	专业类	专业代码	专业名称	学位授予门类	修业年限	增设年份
220	历史学	历史学类	060101	历史学	历史学	四年	
221	历史学	历史学类	060102	世界史	历史学	四年	
222	历史学	历史学类	060103	考古学	历史学	四年	
223	历史学	历史学类	060104	文物与博物馆学	历史学	四年	
224	历史学	历史学类	060105T	文物保护技术	历史学	四年	
225	历史学	历史学类	060106T	外国语言与外国历史	文学,历史学	四年	
226	历史学	历史学类	060107T	文化遗产	历史学	四年	2015
227	理学	数学类	070101	数学与应用数学	理学	四年	
228	理学	数学类	070102	信息与计算科学	理学	四年	
229	理学	数学类	070103T	数理基础科学	理学	四年	
230	理学	数学类	070104T	数据计算及应用	理学	四年	2018
231	理学	物理学类	070201	物理学	理学	四年	
232	理学	物理学类	070202	应用物理学	理学	四年	
233	理学	物理学类	070203	核物理	理学	四年	
234	理学	物理学类	070204T	声学	理学	四年	
235	理学	物理学类	070205T	系统科学与工程	理学	四年	2017
236	理学	化学类	070301	化学	理学	四年	
237	理学	化学类	070302	应用化学	工学,理学	四年	
238	理学	化学类	070303T	化学生物学	理学	四年	
239	理学	化学类	070304T	分子科学与工程	理学	四年	
240	理学	化学类	070305T	能源化学	理学	四年	2015
241	理学	天文学类	070401	天文学	理学	四年	
242	理学	地理科学类	070501	地理科学	理学	四年	
243	理学	地理科学类	070502	自然地理与资源环境	管理学,理学	四年	
244	理学	地理科学类	070503	人文地理与城乡规划	管理学,理学	四年	
245	理学	地理科学类	070504	地理信息科学	理学	四年	
246	理学	大气科学类	070601	大气科学	理学	四年	

续表

序号	学科门类	专业类	专业代码	专业名称	学位授予门类	修业年限	增设年份
247	理学	大气科学类	070602	应用气象学	理学	四年	
248	理学	海洋科学类	070701	海洋科学	理学	四年	
249	理学	海洋科学类	070702	海洋技术	工学,理学	四年	
250	理学	海洋科学类	070703T	海洋资源与环境	理学	四年	
251	理学	海洋科学类	070704T	军事海洋学	理学	四年	
252	理学	地球物理学类	070801	地球物理学	理学	四年	
253	理学	地球物理学类	070802	空间科学与技术	工学,理学	四年	
254	理学	地球物理学类	070803T	防灾减灾科学与工程	工学	四年	2018
255	理学	地质学类	070901	地质学	理学	四年	
256	理学	地质学类	070902	地球化学	理学	四年	
257	理学	地质学类	070903T	地球信息科学与技术	工学,理学	四年	
258	理学	地质学类	070904T	古生物学	理学	四年	
259	理学	生物科学类	071001	生物科学	理学	四年	
260	理学	生物科学类	071002	生物技术	工学,理学	四年	
261	理学	生物科学类	071003	生物信息学	工学,理学	四年	
262	理学	生物科学类	071004	生态学	理学	四年	
263	理学	生物科学类	071005T	整合科学	理学	四年	2016
264	理学	生物科学类	071006T	神经科学	理学	四年	2016
265	理学	心理学类	071101	心理学	教育学,理学	四年	
266	理学	心理学类	071102	应用心理学	教育学,理学	四年	
267	理学	统计学类	071201	统计学	理学	四年	
268	理学	统计学类	071202	应用统计学	理学	四年	
269	工学	力学类	080101	理论与应用力学	理学,工学	四年	
270	工学	力学类	080102	工程力学	工学	四年	
271	工学	机械类	080201	机械工程	工学	四年	
272	工学	机械类	080202	机械设计制造及其自动化	工学	四年	
273	工学	机械类	080203	材料成型及控制工程	工学	四年	

续表

序号	学科门类	专业类	专业代码	专业名称	学位授予门类	修业年限	增设年份
274	工学	机械类	080204	机械电子工程	工学	四年	
275	工学	机械类	080205	工业设计	工学	四年	
276	工学	机械类	080206	过程装备与控制工程	工学	四年	
277	工学	机械类	080207	车辆工程	工学	四年	
278	工学	机械类	080208	汽车服务工程	工学	四年	
279	工学	机械类	080209T	机械工艺技术	工学	四年	
280	工学	机械类	080210T	微机电系统工程	工学	四年	
281	工学	机械类	080211T	机电技术教育	工学	四年	
282	工学	机械类	080212T	汽车维修工程教育	工学	四年	
283	工学	机械类	080213T	智能制造工程	工学	四年	2017
284	工学	机械类	080214T	智能车辆工程	工学	四年	2018
285	工学	机械类	080215T	仿生科学与工程	工学	四年	2018
286	工学	机械类	080216T	新能源汽车工程	工学	四年	2018
287	工学	仪器类	080301	测控技术与仪器	工学	四年	
288	工学	仪器类	080302T	精密仪器	工学	四年	2017
289	工学	仪器类	080303T	智能感知工程	工学	四年	2019
290	工学	材料类	080401	材料科学与工程	工学	四年	
291	工学	材料类	080402	材料物理	理学,工学	四年	
292	工学	材料类	080403	材料化学	理学,工学	四年	
293	工学	材料类	080404	冶金工程	工学	四年	
294	工学	材料类	080405	金属材料工程	工学	四年	
295	工学	材料类	080406	无机非金属材料工程	工学	四年	
296	工学	材料类	080407	高分子材料与工程	工学	四年	
297	工学	材料类	080408	复合材料与工程	工学	四年	
298	工学	材料类	080409T	粉体材料科学与工程	工学	四年	
299	工学	材料类	080410T	宝石及材料工艺学	工学	四年	
300	工学	材料类	080411T	焊接技术与工程	工学	五年,四年	
301	工学	材料类	080412T	功能材料	工学	四年	

续表

序号	学科门类	专业类	专业代码	专业名称	学位授予门类	修业年限	增设年份
302	工学	材料类	080413T	纳米材料与技术	工学	四年	
303	工学	材料类	080414T	新能源材料与器件	工学	四年	
304	工学	材料类	080415T	材料设计科学与工程	工学	四年	2015
305	工学	材料类	080416T	复合材料成型工程	工学	四年	2017
306	工学	材料类	080417T	智能材料与结构	工学	四年	2019
307	工学	能源动力类	080501	能源与动力工程	工学	四年	
308	工学	能源动力类	080502T	能源与环境系统工程	工学	四年	
309	工学	能源动力类	080503T	新能源科学与工程	工学	四年	
310	工学	能源动力类	080504T	储能科学与工程	工学	四年	2019
311	工学	电气类	080601	电气工程及其自动化	工学	四年	
312	工学	电气类	080602T	智能电网信息工程	工学	四年	
313	工学	电气类	080603T	光源与照明	工学	四年	
314	工学	电气类	080604T	电气工程与智能控制	工学	四年	
315	工学	电气类	080605T	电机电器智能化	工学	四年	2016
316	工学	电气类	080606T	电缆工程	工学	四年	2016
317	工学	电子信息类	080701	电子信息工程	理学,工学	四年	
318	工学	电子信息类	080702	电子科学与技术	理学,工学	四年	
319	工学	电子信息类	080703	通信工程	工学	四年	
320	工学	电子信息类	080704	微电子科学与工程	理学,工学	四年	
321	工学	电子信息类	080705	光电信息科学与工程	理学,工学	四年	
322	工学	电子信息类	080706	信息工程	工学	四年	
323	工学	电子信息类	080707T	广播电视工程	工学	四年	
324	工学	电子信息类	080708T	水声工程	工学	四年	
325	工学	电子信息类	080709T	电子封装技术	工学	四年	
326	工学	电子信息类	080710T	集成电路设计与集成系统	工学	四年	
327	工学	电子信息类	080711T	医学信息工程	工学	四年	
328	工学	电子信息类	080712T	电磁场与无线技术	工学	四年	
329	工学	电子信息类	080713T	电波传播与天线	工学	四年	

续表

序号	学科门类	专业类	专业代码	专业名称	学位授予门类	修业年限	增设年份
330	工学	电子信息类	080714T	电子信息科学与技术	理学,工学	四年	
331	工学	电子信息类	080715T	电信工程及管理	工学	四年	
332	工学	电子信息类	080716T	应用电子技术教育	工学	四年	
333	工学	电子信息类	080717T	人工智能	工学	四年	2018
334	工学	电子信息类	080718T	海洋信息工程	工学	四年	2019
335	工学	自动化类	080801	自动化	工学	四年	
336	工学	自动化类	080802T	轨道交通信号与控制	工学	四年	
337	工学	自动化类	080803T	机器人工程	工学	四年	2015
338	工学	自动化类	080804T	邮政工程	工学	四年	2016
339	工学	自动化类	080805T	核电技术与控制工程	工学	四年	2017
340	工学	自动化类	080806T	智能装备与系统	工学	四年	2019
341	工学	自动化类	080807T	工业智能	工学	四年	2019
342	工学	计算机类	080901	计算机科学与技术	理学,工学	四年	
343	工学	计算机类	080902	软件工程	工学	四年	
344	工学	计算机类	080903	网络工程	工学	四年	
345	工学	计算机类	080904K	信息安全	管理学,理学,工学	四年	
346	工学	计算机类	080905	物联网工程	工学	四年	
347	工学	计算机类	080906	数字媒体技术	工学	四年	
348	工学	计算机类	080907T	智能科学与技术	理学,工学	四年	
349	工学	计算机类	080908T	空间信息与数字技术	工学	四年	
350	工学	计算机类	080909T	电子与计算机工程	工学	四年	
351	工学	计算机类	080910T	数据科学与大数据技术	理学,工学	四年	2015
352	工学	计算机类	080911TK	网络空间安全	工学	四年	2015
353	工学	计算机类	080912T	新媒体技术	工学	四年	2016
354	工学	计算机类	080913T	电影制作	工学	四年	2016
355	工学	计算机类	080914TK	保密技术	工学	四年	2017
356	工学	计算机类	080915T	服务科学与工程	工学	四年	2019
357	工学	计算机类	080916T	虚拟现实技术	工学	四年	2019

续表

序号	学科门类	专业类	专业代码	专业名称	学位授予门类	修业年限	增设年份
358	工学	计算机类	080917T	区块链工程	工学	四年	2019
359	工学	土木类	081001	土木工程	工学	四年	
360	工学	土木类	081002	建筑环境与能源应用工程	工学	四年	
361	工学	土木类	081003	给排水科学与工程	工学	四年	
362	工学	土木类	081004	建筑电气与智能化	工学	四年	
363	工学	土木类	081005T	城市地下空间工程	工学	四年	
364	工学	土木类	081006T	道路桥梁与渡河工程	工学	四年	
365	工学	土木类	081007T	铁道工程	工学	四年	2014
366	工学	土木类	081008T	智能建造	工学	四年	2017
367	工学	土木类	081009T	土木、水利与海洋工程	工学	四年	2018
368	工学	土木类	081010T	土木、水利与交通工程	工学	四年	2019
369	工学	水利类	081101	水利水电工程	工学	四年	
370	工学	水利类	081102	水文与水资源工程	工学	四年	
371	工学	水利类	081103	港口航道与海岸工程	工学	四年	
372	工学	水利类	081104T	水务工程	工学	四年	
373	工学	水利类	081105T	水利科学与工程	工学	四年	2015
374	工学	测绘类	081201	测绘工程	工学	四年	
375	工学	测绘类	081202	遥感科学与技术	工学	四年	
376	工学	测绘类	081203T	导航工程	工学	四年	
377	工学	测绘类	081204T	地理国情监测	工学	四年	
378	工学	测绘类	081205T	地理空间信息工程	工学	四年	2015
379	工学	化工与制药类	081301	化学工程与工艺	工学	四年	
380	工学	化工与制药类	081302	制药工程	工学	四年	
381	工学	化工与制药类	081303T	资源循环科学与工程	工学	四年	
382	工学	化工与制药类	081304T	能源化学工程	工学	四年	
383	工学	化工与制药类	081305T	化学工程与工业生物工程	工学	四年	
384	工学	化工与制药类	081306T	化工安全工程	工学	四年	2017
385	工学	化工与制药类	081307T	涂料工程	工学	四年	2017

续表

序号	学科门类	专业类	专业代码	专业名称	学位授予门类	修业年限	增设年份
386	工学	化工与制药类	081308T	精细化工	工学	四年	2018
387	工学	地质类	081401	地质工程	工学	四年	
388	工学	地质类	081402	勘查技术与工程	工学	四年	
389	工学	地质类	081403	资源勘查工程	工学	四年	
390	工学	地质类	081404T	地下水科学与工程	工学	四年	
391	工学	地质类	081405T	旅游地学与规划工程	工学	四年	2019
392	工学	矿业类	081501	采矿工程	工学	四年	
393	工学	矿业类	081502	石油工程	工学	四年	
394	工学	矿业类	081503	矿物加工工程	工学	四年	
395	工学	矿业类	081504	油气储运工程	工学	四年	
396	工学	矿业类	081505T	矿物资源工程	工学	四年	
397	工学	矿业类	081506T	海洋油气工程	工学	四年	
398	工学	纺织类	081601	纺织工程	工学	四年	
399	工学	纺织类	081602	服装设计与工程	艺术学,工学	四年	
400	工学	纺织类	081603T	非织造材料与工程	工学	四年	
401	工学	纺织类	081604T	服装设计与工艺教育	工学	四年	
402	工学	纺织类	081605T	丝绸设计与工程	工学	四年	2016
403	工学	轻工类	081701	轻化工程	工学	四年	
404	工学	轻工类	081702	包装工程	工学	四年	
405	工学	轻工类	081703	印刷工程	工学	四年	
406	工学	轻工类	081704T	香料香精技术与工程	工学	四年	2016
407	工学	轻工类	081705T	化妆品技术与工程	工学	四年	2017
408	工学	交通运输类	081801	交通运输	工学	四年	
409	工学	交通运输类	081802	交通工程	工学	四年	
410	工学	交通运输类	081803K	航海技术	工学	四年	
411	工学	交通运输类	081804K	轮机工程	工学	四年	
412	工学	交通运输类	081805K	飞行技术	工学	四年	
413	工学	交通运输类	081806T	交通设备与控制工程	工学	四年	

续表

序号	学科门类	专业类	专业代码	专业名称	学位授予门类	修业年限	增设年份
414	工学	交通运输类	081807T	救助与打捞工程	工学	四年	
415	工学	交通运输类	081808TK	船舶电子电气工程	工学	四年	
416	工学	交通运输类	081809T	轨道交通电气与控制	工学	四年	2017
417	工学	交通运输类	081810T	邮轮工程与管理	工学	四年	2017
418	工学	海洋工程类	081901	船舶与海洋工程	工学	四年	
419	工学	海洋工程类	081902T	海洋工程与技术	工学	四年	
420	工学	海洋工程类	081903T	海洋资源开发技术	工学	四年	
421	工学	海洋工程类	081904T	海洋机器人	工学	四年	2018
422	工学	航空航天类	082001	航空航天工程	工学	四年	
423	工学	航空航天类	082002	飞行器设计与工程	工学	四年	
424	工学	航空航天类	082003	飞行器制造工程	工学	四年	
425	工学	航空航天类	082004	飞行器动力工程	工学	四年	
426	工学	航空航天类	082005	飞行器环境与生命保障工程	工学	四年	
427	工学	航空航天类	082006T	飞行器质量与可靠性	工学	四年	
428	工学	航空航天类	082007T	飞行器适航技术	工学	四年	
429	工学	航空航天类	082008T	飞行器控制与信息工程	工学	四年	2015
430	工学	航空航天类	082009T	无人驾驶航空器系统工程	工学	四年	2016
431	工学	兵器类	082101	武器系统与工程	工学	四年	
432	工学	兵器类	082102	武器发射工程	工学	四年	
433	工学	兵器类	082103	探测制导与控制技术	工学	四年	
434	工学	兵器类	082104	弹药工程与爆炸技术	工学	四年	
435	工学	兵器类	082105	特种能源技术与工程	工学	四年	
436	工学	兵器类	082106	装甲车辆工程	工学	四年	
437	工学	兵器类	082107	信息对抗技术	工学	四年	
438	工学	兵器类	082108T	智能无人系统技术	工学	四年	2019
439	工学	核工程类	082201	核工程与核技术	工学	四年	
440	工学	核工程类	082202	辐射防护与核安全	工学	四年	
441	工学	核工程类	082203	工程物理	工学	四年	

续表

序号	学科门类	专业类	专业代码	专业名称	学位授予门类	修业年限	增设年份
442	工学	核工程类	082204	核化工与核燃料工程	工学	四年	
443	工学	农业工程类	082301	农业工程	工学	四年	
444	工学	农业工程类	082302	农业机械化及其自动化	工学	四年	
445	工学	农业工程类	082303	农业电气化	工学	四年	
446	工学	农业工程类	082304	农业建筑环境与能源工程	工学	四年	
447	工学	农业工程类	082305	农业水利工程	工学	四年	
448	工学	农业工程类	082306T	土地整治工程	工学	四年	2016
449	工学	农业工程类	082307T	农业智能装备工程	工学	四年	2019
450	工学	林业工程类	082401	森林工程	工学	四年	
451	工学	林业工程类	082402	木材科学与工程	工学	四年	
452	工学	林业工程类	082403	林产化工	工学	四年	
453	工学	林业工程类	082404T	家具设计与工程	工学	四年	2018
454	工学	环境科学与工程类	082501	环境科学与工程	工学	四年	
455	工学	环境科学与工程类	082502	环境工程	工学	四年	
456	工学	环境科学与工程类	082503	环境科学	理学,工学	五年,四年	
457	工学	环境科学与工程类	082504	环境生态工程	工学	四年	
458	工学	环境科学与工程类	082505T	环保设备工程	工学	四年	
459	工学	环境科学与工程类	082506T	资源环境科学	理学,工学	四年	
460	工学	环境科学与工程类	082507T	水质科学与技术	工学	四年	
461	工学	生物医学工程类	082601	生物医学工程	理学,工学	五年,四年	
462	工学	生物医学工程类	082602T	假肢矫形工程	工学	四年	
463	工学	生物医学工程类	082603T	临床工程技术	工学	四年	2016
464	工学	生物医学工程类	082604T	康复工程	工学	四年	2019
465	工学	食品科学与工程类	082701	食品科学与工程	农学,工学	四年	
466	工学	食品科学与工程类	082702	食品质量与安全	工学	四年	
467	工学	食品科学与工程类	082703	粮食工程	工学	四年	
468	工学	食品科学与工程类	082704	乳品工程	工学	四年	
469	工学	食品科学与工程类	082705	酿酒工程	工学	四年	

续表

序号	学科门类	专业类	专业代码	专业名称	学位授予门类	修业年限	增设年份
470	工学	食品科学与工程类	082706T	葡萄与葡萄酒工程	工学	四年	
471	工学	食品科学与工程类	082707T	食品营养与检验教育	工学	四年	
472	工学	食品科学与工程类	082708T	烹饪与营养教育	工学	四年	
473	工学	食品科学与工程类	082709T	食品安全与检测	工学	四年	2016
474	工学	食品科学与工程类	082710T	食品营养与健康	工学	四年	2019
475	工学	食品科学与工程类	082711T	食用菌科学与工程	工学	四年	2019
476	工学	食品科学与工程类	082712T	白酒酿造工程	工学	四年	2019
477	工学	建筑类	082801	建筑学	工学	五年,四年	
478	工学	建筑类	082802	城乡规划	工学	五年,四年	
479	工学	建筑类	082803	风景园林	艺术学,工学	五年,四年	
480	工学	建筑类	082804T	历史建筑保护工程	工学	五年,四年	
481	工学	建筑类	082805T	人居环境科学与技术	工学	四年	2017
482	工学	建筑类	082806T	城市设计	工学	四年	2019
483	工学	建筑类	082807T	智慧建筑与建造	工学	四年	2019
484	工学	安全科学与工程类	082901	安全工程	工学	四年	
485	工学	安全科学与工程类	082902T	应急技术与管理	工学	四年	2018
486	工学	安全科学与工程类	082903T	职业卫生工程	工学	四年	2018
487	工学	生物工程类	083001	生物工程	工学	四年	
488	工学	生物工程类	083002T	生物制药	工学	四年	
489	工学	生物工程类	083003T	合成生物学	工学	四年	2019
490	工学	公安技术类	083101K	刑事科学技术	工学	四年	
491	工学	公安技术类	083102K	消防工程	工学	四年	
492	工学	公安技术类	083103TK	交通管理工程	工学	四年	
493	工学	公安技术类	083104TK	安全防范工程	工学	四年	
494	工学	公安技术类	083105TK	公安视听技术	工学	四年	
495	工学	公安技术类	083106TK	抢险救援指挥与技术	工学	四年	

续表

序号	学科门类	专业类	专业代码	专业名称	学位授予门类	修业年限	增设年份
496	工学	公安技术类	083107TK	火灾勘查	工学	四年	
497	工学	公安技术类	083108TK	网络安全与执法	工学	四年	
498	工学	公安技术类	083109TK	核生化消防	工学	四年	
499	工学	公安技术类	083110TK	海警舰艇指挥与技术	工学	四年	2015
500	工学	公安技术类	083111TK	数据警务技术	工学	四年	2018
501	农学	植物生产类	090101	农学	农学	四年	
502	农学	植物生产类	090102	园艺	农学	四年	
503	农学	植物生产类	090103	植物保护	农学	四年	
504	农学	植物生产类	090104	植物科学与技术	农学	四年	
505	农学	植物生产类	090105	种子科学与工程	农学	四年	
506	农学	植物生产类	090106	设施农业科学与工程	工学,农学	四年	
507	农学	植物生产类	090107T	茶学	农学	四年	
508	农学	植物生产类	090108T	烟草	农学	四年	
509	农学	植物生产类	090109T	应用生物科学	理学,农学	四年	
510	农学	植物生产类	090110T	农艺教育	农学	四年	
511	农学	植物生产类	090111T	园艺教育	农学	四年	
512	农学	植物生产类	090112T	智慧农业	农学	四年	2019
513	农学	植物生产类	090113T	菌物科学与工程	农学	四年	2019
514	农学	植物生产类	090114T	农药化肥	农学	四年	2019
515	农学	自然保护与环境生态类	090201	农业资源与环境	农学	四年	
516	农学	自然保护与环境生态类	090202	野生动物与自然保护区管理	农学	四年	
517	农学	自然保护与环境生态类	090203	水土保持与荒漠化防治	农学	四年	
518	农学	自然保护与环境生态类	090204T	生物质科学与工程	农学	四年	2019
519	农学	动物生产类	090301	动物科学	农学	四年	
520	农学	动物生产类	090302T	蚕学	农学	四年	
521	农学	动物生产类	090303T	蜂学	农学	四年	

续表

序号	学科门类	专业类	专业代码	专业名称	学位授予门类	修业年限	增设年份
522	农学	动物生产类	090304T	经济动物学	农学	四年	2018
523	农学	动物生产类	090305T	马业科学	农学	四年	2018
524	农学	动物医学类	090401	动物医学	农学	五年,四年	
525	农学	动物医学类	090402	动物药学	农学	五年,四年	
526	农学	动物医学类	090403T	动植物检疫	理学,农学	四年	
527	农学	动物医学类	090404T	实验动物学	农学	四年	2017
528	农学	动物医学类	090405T	中兽医学	农学	四年	2018
529	农学	林学类	090501	林学	农学	四年	
530	农学	林学类	090502	园林	农学	四年	
531	农学	林学类	090503	森林保护	农学	四年	
532	农学	林学类	090504T	经济林	农学	四年	2018
533	农学	水产类	090601	水产养殖学	农学	四年	
534	农学	水产类	090602	海洋渔业科学与技术	农学	四年	
535	农学	水产类	090603T	水族科学与技术	农学	四年	
536	农学	水产类	090604TK	水生动物医学	农学	四年	
537	农学	草学类	090701	草业科学	农学	四年	
538	农学	草学类	090702T	草坪科学与工程	农学	四年	
539	医学	基础医学类	100101K	基础医学	医学	五年	
540	医学	基础医学类	100102TK	生物医学	理学	四年	2014
541	医学	基础医学类	100103T	生物医学科学	理学	四年	2015
542	医学	临床医学类	100201K	临床医学	医学	五年	
543	医学	临床医学类	100202TK	麻醉学	医学	五年	
544	医学	临床医学类	100203TK	医学影像学	医学	五年	
545	医学	临床医学类	100204TK	眼视光医学	医学	五年	
546	医学	临床医学类	100205TK	精神医学	医学	五年	
547	医学	临床医学类	100206TK	放射医学	医学	五年	
548	医学	临床医学类	100207TK	儿科学	医学	五年	2015

续表

序号	学科门类	专业类	专业代码	专业名称	学位授予门类	修业年限	增设年份
549	医学	口腔医学类	100301K	口腔医学	医学	五年	
550	医学	公共卫生与预防医学类	100401K	预防医学	医学	五年	
551	医学	公共卫生与预防医学类	100402	食品卫生与营养学	理学	四年	
552	医学	公共卫生与预防医学类	100403TK	妇幼保健医学	医学	五年	
553	医学	公共卫生与预防医学类	100404TK	卫生监督	医学	五年	
554	医学	公共卫生与预防医学类	100405TK	全球健康学	理学	四年	
555	医学	中医学类	100501K	中医学	医学	五年	
556	医学	中医学类	100502K	针灸推拿学	医学	五年	
557	医学	中医学类	100503K	藏医学	医学	五年	
558	医学	中医学类	100504K	蒙医学	医学	五年	
559	医学	中医学类	100505K	维医学	医学	五年	
560	医学	中医学类	100506K	壮医学	医学	五年	
561	医学	中医学类	100507K	哈医学	医学	五年	
562	医学	中医学类	100508TK	傣医学	医学	五年	
563	医学	中医学类	100509TK	回医学	医学	五年	2015
564	医学	中医学类	100510TK	中医康复学	医学	五年	2016
565	医学	中医学类	100511TK	中医养生学	医学	五年	2016
566	医学	中医学类	100512TK	中医儿科学	医学	五年	2016
567	医学	中医学类	100513TK	中医骨伤科学	医学	五年	2018
568	医学	中西医结合类	100601K	中西医临床医学	医学	五年	
569	医学	药学类	100701	药学	理学	四年	
570	医学	药学类	100702	药物制剂	理学	四年	
571	医学	药学类	100703TK	临床药学	理学	五年,四年	
572	医学	药学类	100704T	药事管理	理学	四年	
573	医学	药学类	100705T	药物分析	理学	四年	

续表

序号	学科门类	专业类	专业代码	专业名称	学位授予门类	修业年限	增设年份
574	医学	药学类	100706T	药物化学	理学	四年	
575	医学	药学类	100707T	海洋药学	理学	四年	
576	医学	药学类	100708T	化妆品科学与技术	理学	四年	2018
577	医学	中药学类	100801	中药学	理学	四年	
578	医学	中药学类	100802	中药资源与开发	理学	四年	
579	医学	中药学类	100803T	藏药学	理学	五年,四年	
580	医学	中药学类	100804T	蒙药学	理学	四年	
581	医学	中药学类	100805T	中药制药	工学,理学	四年	
582	医学	中药学类	100806T	中草药栽培与鉴定	理学	四年	
583	医学	法医学类	100901K	法医学	医学	五年	
584	医学	医学技术类	101001	医学检验技术	理学	四年	
585	医学	医学技术类	101002	医学实验技术	理学	四年	
586	医学	医学技术类	101003	医学影像技术	理学	四年	
587	医学	医学技术类	101004	眼视光学	理学	四年	
588	医学	医学技术类	101005	康复治疗学	理学	四年	
589	医学	医学技术类	101006	口腔医学技术	理学	四年	
590	医学	医学技术类	101007	卫生检验与检疫	理学	四年	
591	医学	医学技术类	101008T	听力与言语康复学	理学	五年,四年	
592	医学	医学技术类	101009T	康复物理治疗	理学	四年	2016
593	医学	医学技术类	101010T	康复作业治疗	理学	四年	2016
594	医学	医学技术类	101011T	智能医学工程	工学	四年	2017
595	医学	护理学类	101101	护理学	理学	四年	
596	医学	护理学类	101102T	助产学	理学	四年	2016
597	管理学	管理科学与工程类	120101	管理科学	理学,管理学	五年,四年	
598	管理学	管理科学与工程类	120102	信息管理与信息系统	工学,管理学	四年	
599	管理学	管理科学与工程类	120103	工程管理	工学,管理学	四年	

续表

序号	学科门类	专业类	专业代码	专业名称	学位授予门类	修业年限	增设年份
600	管理学	管理科学与工程类	120104	房地产开发与管理	管理学	四年	
601	管理学	管理科学与工程类	120105	工程造价	工学,管理学	四年	
602	管理学	管理科学与工程类	120106TK	保密管理	管理学	四年	
603	管理学	管理科学与工程类	120107T	邮政管理	管理学	四年	2016
604	管理学	管理科学与工程类	120108T	大数据管理与应用	管理学	四年	2017
605	管理学	管理科学与工程类	120109T	工程审计	管理学	四年	2017
606	管理学	管理科学与工程类	120110T	计算金融	管理学	四年	2018
607	管理学	管理科学与工程类	120111T	应急管理	管理学	四年	2019
608	管理学	工商管理类	120201K	工商管理	管理学	四年	
609	管理学	工商管理类	120202	市场营销	管理学	四年	
610	管理学	工商管理类	120203K	会计学	管理学	四年	
611	管理学	工商管理类	120204	财务管理	管理学	四年	
612	管理学	工商管理类	120205	国际商务	管理学	四年	
613	管理学	工商管理类	120206	人力资源管理	管理学	四年	
614	管理学	工商管理类	120207	审计学	管理学	四年	
615	管理学	工商管理类	120208	资产评估	管理学	四年	
616	管理学	工商管理类	120209	物业管理	管理学	四年	
617	管理学	工商管理类	120210	文化产业管理	艺术学,管理学	四年	
618	管理学	工商管理类	120211T	劳动关系	管理学	四年	
619	管理学	工商管理类	120212T	体育经济与管理	管理学	四年	
620	管理学	工商管理类	120213T	财务会计教育	管理学	四年	
621	管理学	工商管理类	120214T	市场营销教育	管理学	四年	
622	管理学	工商管理类	120215T	零售业管理	管理学	四年	2016
623	管理学	农业经济管理类	120301	农林经济管理	管理学	四年	
624	管理学	农业经济管理类	120302	农村区域发展	农学,管理学	四年	
625	管理学	公共管理类	120401	公共事业管理	管理学	四年	
626	管理学	公共管理类	120402	行政管理	管理学	四年	
627	管理学	公共管理类	120403	劳动与社会保障	管理学	四年	

续表

序号	学科门类	专业类	专业代码	专业名称	学位授予门类	修业年限	增设年份
628	管理学	公共管理类	120404	土地资源管理	工学,管理学	四年	
629	管理学	公共管理类	120405	城市管理	管理学	四年	
630	管理学	公共管理类	120406TK	海关管理	管理学	四年	
631	管理学	公共管理类	120407T	交通管理	工学,管理学	四年	
632	管理学	公共管理类	120408T	海事管理	管理学	四年	
633	管理学	公共管理类	120409T	公共关系学	管理学	四年	
634	管理学	公共管理类	120410T	健康服务与管理	管理学	四年	2015
635	管理学	公共管理类	120411TK	海警后勤管理	管理学	四年	2016
636	管理学	公共管理类	120412T	医疗产品管理	管理学	四年	2017
637	管理学	公共管理类	120413T	医疗保险	管理学	四年	2019
638	管理学	公共管理类	120414T	养老服务管理	管理学	四年	2019
639	管理学	图书情报与档案管理类	120501	图书馆学	管理学	四年	
640	管理学	图书情报与档案管理类	120502	档案学	管理学	四年	
641	管理学	图书情报与档案管理类	120503	信息资源管理	管理学	四年	
642	管理学	物流管理与工程类	120601	物流管理	管理学	四年	
643	管理学	物流管理与工程类	120602	物流工程	工学,管理学	四年	
644	管理学	物流管理与工程类	120603T	采购管理	管理学	四年	
645	管理学	物流管理与工程类	120604T	供应链管理	管理学	四年	2017
646	管理学	工业工程类	120701	工业工程	工学,管理学	四年	
647	管理学	工业工程类	120702T	标准化工程	管理学	四年	
648	管理学	工业工程类	120703T	质量管理工程	管理学	四年	
649	管理学	电子商务类	120801	电子商务	工学,经济学,管理学	四年	
650	管理学	电子商务类	120802T	电子商务及法律	管理学	四年	
651	管理学	电子商务类	120803T	跨境电子商务	管理学	四年	2019

续表

序号	学科门类	专业类	专业代码	专业名称	学位授予门类	修业年限	增设年份
652	管理学	旅游管理类	120901K	旅游管理	管理学	四年	
653	管理学	旅游管理类	120902	酒店管理	管理学	四年	
654	管理学	旅游管理类	120903	会展经济与管理	管理学	四年	
655	管理学	旅游管理类	120904T	旅游管理与服务教育	管理学	四年	
656	艺术学	艺术学理论类	130101	艺术史论	艺术学	四年	
657	艺术学	艺术学理论类	130102T	艺术管理	艺术学	四年	2016
658	艺术学	音乐与舞蹈学类	130201	音乐表演	艺术学	四年	
659	艺术学	音乐与舞蹈学类	130202	音乐学	艺术学	四年,五年	
660	艺术学	音乐与舞蹈学类	130203	作曲与作曲技术理论	艺术学	四年,五年	
661	艺术学	音乐与舞蹈学类	130204	舞蹈表演	艺术学	四年	
662	艺术学	音乐与舞蹈学类	130205	舞蹈学	艺术学	四年	
663	艺术学	音乐与舞蹈学类	130206	舞蹈编导	艺术学	四年	
664	艺术学	音乐与舞蹈学类	130207T	舞蹈教育	艺术学	四年	2017
665	艺术学	音乐与舞蹈学类	130208TK	航空服务艺术与管理	艺术学	四年	2018
666	艺术学	音乐与舞蹈学类	130209T	流行音乐	艺术学	四年	2018
667	艺术学	音乐与舞蹈学类	130210T	音乐治疗	艺术学	四年	2018
668	艺术学	音乐与舞蹈学类	130211T	流行舞蹈	艺术学	四年	2018
669	艺术学	戏剧与影视学类	130301	表演	艺术学	四年	
670	艺术学	戏剧与影视学类	130302	戏剧学	艺术学	四年	
671	艺术学	戏剧与影视学类	130303	电影学	艺术学	四年	
672	艺术学	戏剧与影视学类	130304	戏剧影视文学	艺术学	四年	
673	艺术学	戏剧与影视学类	130305	广播电视编导	艺术学	四年	
674	艺术学	戏剧与影视学类	130306	戏剧影视导演	艺术学	四年	
675	艺术学	戏剧与影视学类	130307	戏剧影视美术设计	艺术学	四年	
676	艺术学	戏剧与影视学类	130308	录音艺术	艺术学	四年	
677	艺术学	戏剧与影视学类	130309	播音与主持艺术	艺术学	四年	
678	艺术学	戏剧与影视学类	130310	动画	艺术学	四年	
679	艺术学	戏剧与影视学类	130311T	影视摄影与制作	艺术学	四年	
680	艺术学	戏剧与影视学类	130312T	影视技术	艺术学	四年	2017
681	艺术学	戏剧与影视学类	130313T	戏剧教育	艺术学	四年	2018

续表

序号	学科门类	专业类	专业代码	专业名称	学位授予门类	修业年限	增设年份
682	艺术学	美术学类	130401	美术学	艺术学	四年	
683	艺术学	美术学类	130402	绘画	艺术学	四年	
684	艺术学	美术学类	130403	雕塑	艺术学	五年,四年	
685	艺术学	美术学类	130404	摄影	艺术学	四年	
686	艺术学	美术学类	130405T	书法学	艺术学	四年	
687	艺术学	美术学类	130406T	中国画	艺术学	四年	
688	艺术学	美术学类	130407TK	实验艺术	艺术学	四年	
689	艺术学	美术学类	130408TK	跨媒体艺术	艺术学	四年	2015
690	艺术学	美术学类	130409T	文物保护与修复	艺术学	四年	2016
691	艺术学	美术学类	130410T	漫画	艺术学	四年	2016
692	艺术学	设计学类	130501	艺术设计学	艺术学	四年	
693	艺术学	设计学类	130502	视觉传达设计	艺术学	四年	
694	艺术学	设计学类	130503	环境设计	艺术学	四年	
695	艺术学	设计学类	130504	产品设计	艺术学	四年	
696	艺术学	设计学类	130505	服装与服饰设计	艺术学	四年	
697	艺术学	设计学类	130506	公共艺术	艺术学	四年	
698	艺术学	设计学类	130507	工艺美术	艺术学	四年	
699	艺术学	设计学类	130508	数字媒体艺术	艺术学	四年	
700	艺术学	设计学类	130509T	艺术与科技	艺术学	五年,四年	
701	艺术学	设计学类	130510TK	陶瓷艺术设计	艺术学	四年	
702	艺术学	设计学类	130511T	新媒体艺术	艺术学	四年	2016
703	艺术学	设计学类	130512T	包装设计	艺术学	四年	2016

阅读表 8-1,要注意以下四点。

第一类专业为基本专业,是指学科基础比较成熟、社会需求相对稳定、布点数量相对较多、继承性较好的专业。

第二类专业为特设专业,也就是专业代码后标注 T 的,是指为满足经济社会发展特殊需求所设置的专业。

第三类专业是国家控制布点专业,在专业代码后加"K"表示,主要指涉及国家安全、特殊行业等专业。

第四类要注意，因为专业是随着社会需要而设定的，专业目录实行分类管理，十年修订一次；基本专业五年调整一次，特设专业每年动态调整。

第二节 如何认识一个专业

与认知高校一样，在认识一个专业方面，家长往往通过名字来做判断，比如生物医学工程专业，看似一个医学类专业，但仔细研究，生物医学工程是以解决医学中的有关问题，保障人类健康，为疾病的预防、诊断、治疗和康复服务的一门学科。通过查询这个专业的专业代码（082601）也不难发现，它是在工学学科门类下，这个专业实际上是一个工学类专业，而不是医学类专业。通过工程手段解决生物医学问题是这个专业的一个目标，比如我们耳熟能详的超声波成像技术、CT、核磁共振等，未来像包括人工器官等技术都是这个专业重点研究的领域。

要想深入认识一个专业，我认为应该从以下三个方面入手。

第一，从专业内涵出发认识专业。所谓专业内涵，就是要搞清楚这个专业的专业培养目标、专业课程、专业就业方向、专业前景等。通过了解专业的培养目标，可以判断该专业是否符合自己将来的职业规划。通过了解主干课程设置情况，可以发现该专业与其他相似专业的区别，也可以了解不同大学相同专业的一些区别，判断哪些专业更适合自己。这里要特别注意的一点是，因为院校背景不同，同一专业在培养方向和就业方向上也会有差异。这里面既反映了学校的办学特色，也与学校的办学历史沿革有关。比如同样叫工商管理，有的工科擅长的学校可能就重在工程管理方向，但综合性大学一般偏重于企业管理。通过就业和研究领域等，可以更加具体地了解就读该专业后的发展方向。比如同样是自动化专业，有些学校学生就业集中在能源行业，有些集中在汽车行业；同样是化工专业，有些集中在石油行业，有些集中在制药行业，有些则比较分散。同样查询一下2020届交通运输专业毕业生就业去向就会发现，西南交通大学的交通运输专业毕业生更多地进入轨道交通相关行业就业，而大连海事大学的交通运输专业毕业生则更多地进入航海技术相关行业就业，这与两所学校的历史发展和行业背景都息息相关。考生在选择专业时要考虑职业目标与院校特点的匹配。

第二，从学科发展角度认识专业。这一块我们在认识高校的七个维度部分已经讲得比较详细，不再赘述。

第三，从社会需求、行业发展角度认识专业。其实这是一个冷门与热门专业的问题，当然大家首先应该明确，冷门与热门是相对而言的，不是一成不变的，它与国家的经济发展有着紧密的联系。从目前来看，由于信息技术的发展，计算机、电子、信息等相关专业成为较热门的专业，前些年则出现过金融热、国际经济与贸易热、英语热，再往前看，还有过学好数理化，走遍全天下的说法。关注社会需求和行业发展，将小我融入大我的发展之中也是很有必要的。了解国家的一些经济产业变化，有利于掌握经济发展情况，进而更好地选择专业。这里我想列举三个我国目前实施的相关政策可能会对不同专业热度带来影响的例子。

一是"一带一路"倡议。随着"一带一路"倡议的实施和发展推进，与之相关的各类专业人才需求就会有所增加，比如小语种领域，在"一带一路"倡议的带动下，我国与世界各国在文化交流、商贸往来和旅游产业等领域的联系也越来越密切。国内外既懂中文又懂外语的专门人才需求旺盛，国内"小语种"热也持续升温。比如与基础设施建设类相关专业，如土木类、建筑类、工程管理、海洋工程、交通工程；经贸金融领域，如金融学、国际经济与贸易；交通、物流领域，如交通运输、交通工程、物流管理等；能源领域，包括能源动力、能源与动力工程、电气、石油工程、核工程等；电子通信领域，包含通信工程、电子信息、计算机、软件工程等；旅游领域，包括旅游管理、酒店管理等。政策带动经济的发展，经济发展带动人才需求，人才需求撬动专业热度。

二是《中国制造2025》。中国"十三五"规划建议提出，加快建设制造强国，实施《中国制造2025》。实施智能制造工程，构建新型制造体系，促进新一代信息通信技术、高档数控机床和机器人、航空航天装备、海洋工程装备及高技术船舶、先进轨道交通装备、节能与新能源汽车、电力装备、农机装备、新材料、生物医药及高性能医疗器械等产业发展壮大。与之匹配的相关专业，比如人工智能、自动化、机械、计算机、科学与技术、软件工程、通信工程、航空航天、海洋、传播、交通、新能源、材料科学与工程、医学、生物医学工程专业都有更大可能会在这一政策的推动下蓬勃发展。

三是"六卓越一拔尖"计划 2.0。2019 年 4 月，教育部等相关部门启动"六卓越一拔尖"计划 2.0，全面推进新工科、新医科、新农科、新文科建设，是全国高校掀起的一场"质量革命"。

所谓"新工科"对应的是新兴产业，首先是指针对新兴产业的专业，如人工智能、智能制造、机器人、云计算等，也包括传统工科专业的升级改造，如航空航天类、光电信息科学与工程、新能源等。

所谓"新医科"，是指为适应新一轮科技革命和产业变革的要求，提出了从治疗为主到兼具预防治疗、康养的生命健康全周期医学的新理念，开设了精准医学、转化医学、智能医学等新专业。随着"新医科"的发展，各大高校发力医学也是大势所趋。"新医科"的特点是新兴和智能，是传统医学与人工智能、大数据、机器人等技术的融合。目前已有多所高校开始探索"新医科"发展。

所谓"新农科"，就是用生物技术、信息技术、工程技术等现代科学技术改造现有涉及农业的学科。教育部从八个方面推出新农科建设举措支持新农科建设，包括专业优化攻坚行动、新型人才培养行动、课程改革创新行动、实践基地建设行动、优质师资培育行动、协同育人强化行动、质量标准提升行动、开放合作深化行动。很多涉农高校已经迈上了探索的步伐。在新农科建设方面，重点是以现代科学技术改造提升现有的涉农专业，并且要布局适应新产业、新业态发展需要的新型的涉农专业。围绕乡村振兴战略和生态文明建设，推进课程体系、实践教学、协同育人等方面的改革，为乡村振兴发展提供更强有力的人才支撑。

所谓"新文科"，是相对于传统文科进行学科重组文理交叉，即把新技术融入哲学、文学、语言等诸如此类的课程中，为学生提供综合性的跨学科学习，而传统文科是人文科学和社会科学的统称。新文科建设方面，主要是适应新时代哲学社会科学发展的新要求，推进哲学社会科学与新一轮科技革命和产业变革交叉融合。培养具有新时代中国特色、中国风格、中国气派的先进文化，培养优秀的社会科学家。通过推动新文科建设，形成有中国特色的哲学社会科学的学派。

选择专业的过程中，要注重把小我融入大我当中，关心国家经济产业政策、注重国家经济建设的发展趋势。当然，影响专业发展前景的国家政策还有很多，比如"工业制造4.0""十三五远景规划"等。

第三节 选择专业的五个维度

在介绍选择专业的五个维度之前，我想先说说考生和家长应该从哪几个角度去对专业进行分类。

第一，从专业的文理倾向来说，在老高考分文理时期，艺术学比较特殊，总体来说更偏文。文、史、哲三个学科门类主要招收文科生，很少招收理科生。理、工、农、医四个学科门类主要招收理科生。法学、教育学、管理学、经济学是文理兼收学科，但是在大学里大家基本定位还是偏文，特别是法学、教育学。

第二，从专业与就业的角度分类，一部分专业培养的是专业技能，一部分专业培养的是通用技能，还有一部分专业注重的是基础科学研究。从社会就业角度看，岗位大体也可以分为两类，第一类叫作专业技能型岗位，比如医生、软件开发人员。这类岗位往往与大学所学专业有比较"硬"的关联，如不学医就很难从事医生这个职业。第二类叫作通用技能型岗位，比如文秘，这类岗位往往与大学所学专业的关系比较"软"，这个岗位并非只有文秘专业或行政管理专业才能从事。这里面就有一个很重要的概念，就是专业与职业岗位之间关联度的"软硬"程度，我们把它叫作"专业壁垒"，不同专业的壁垒高低不同，有的专业壁垒非常高，需要具备这个专业的专业技能才能从事相应的岗位，但是有的专业壁垒就比较低，从事对口的岗位需要的是一个人的综合素质，而不是专业技能。

当然，这里面比较特殊的是高端的偏研究的职业岗位，如行政管理这个专业，如果对口一般性职位，公司文职人员、公务员就属于关联度比较"软"的，但是如果对口行政管理的大学教授这个岗位，关联度就又很"硬"。

第三，从专业的数量看，专业可以分为大众专业和小众专业，比如英语专业、会计专业、计算机专业，各种层次的高校几乎都会有这几个专业。开办院校多，学生人数也较多，属于大众专业。这类专业往往应用范围很大。但是像烟草专业、蚕学专业等只有个别院校开办，学生人数较少，属于小众专业。这类专业的应用范围就会比较小。当然，这里面应用范围大小与社会需求的冷热有一定关系，但不绝对，比如说临床医学专业，这个专业应用范围是比较少的，对口专业应用于医院或相关单位，但是这个行业的前景又是很好的，要求度是很高的。

了解了这样几个基本概念，我们再来看一下选择专业的五个维度，如图 8-1 所示，这里说明一下，这五个维度是我综合多年的经验总结出来的一种方法，并非绝对客观准确，有可能会有个例出现，但是对于广大考生和家长来说是在选择专业时候的一种系统思考方法，仅供参考。

图 8-1 选择专业的五个维度

第一个维度，专业壁垒高低。一般来说，其他条件一致，专业壁垒越高，相对越容易就业；专业壁垒越低，越不容易就业。但是，前面也说过，做高端研究性工作规划的可能要综合考虑。从学科门类的角度考虑，一般认为，理工农医的专业壁垒比较高，其次是经济学、管理学，再次是法学、教育学，最后是文、史、哲。艺术类专业比较特殊。

第二个维度，应用范围大小。举个例子来说明一下，相比较而言会计学应用范围很大，因为各类企业单位、事业单位、政府机关都需要会计人员。历史学专业对口单位范围较小。

第三个维度，对应行业前景。举个例子来说明一下，医学类专业在大家关注健康，国家"新医科"政策扶持下，对应行业前景非常看好，但是冶金工程专业在国家供给侧结构性改革背景下，目前对应行业前景不是很看好。

第四个维度，个人匹配程度，即孩子兴趣、性格、能力的适应度。这个内容在第三章生涯规划决定志愿填报的内容里进行过详细讲解。在此强调一下，有的考生个性特征非常显著，但有的可能确实存在个性特长较为平均的现象，所以不同的人在参考这个维度的时候所占比重不同。

第五个维度，家庭资源。家庭资源有的时候也是考生在选择专业时要考虑的一个因素，比如父母都是大夫，那么孩子如果学医，将来无论是在学业上还是事业发展过程中，父母的经验都可能是孩子的宝贵财富。我还曾遇到过父母在央企派驻支援边疆建设，只要孩子考取相关层次大学的相关专业，可以为孩子解决工作的情况，此类特殊情况也要予以考虑。

有了这样一个模型，家长就可以结合考生自身、专业情况和环境情况为孩子考虑专业问题。下面给大家一个表格，如表8-2所示，作为选择专业时的参考。

表8-2 选择专业的五个维度权衡表

思考维度	个人匹配程度 系数5	专业壁垒 系数4	应用范围 系数3	行业前景 系数2	家庭资源 系数1	总得分
专业1						
专业2						
专业3						

第一步，首先需要将五个维度按您认为的重要程度进行排序，最重要的系数为5分，依次减1直到1分。

第二步，把要选择的专业放到表格右侧，从内心出发，考虑一下每一项1~5分，您给这一项打多少分。

第三步，用系数成绩得分算出总得分。总得分越高，说明从这五项来看，越适合您。但是这个得分不是绝对的，只是一个参考，还要综合考虑。

第四步，计算出分数后，结合自己的生涯目标、分数情况、环境情况综合考量取舍。

第四节 了解专业的常见查询渠道

第一，通过教育部"阳光高考"平台了解大学专业。登录 http://gaokao.chsi.com.cn，如图 8-2 所示。

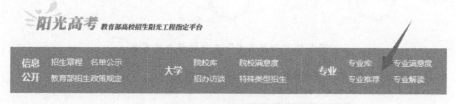

图 8-2 "阳光高考"平台

点击专业库，进入栏目，如图 8-3 所示。

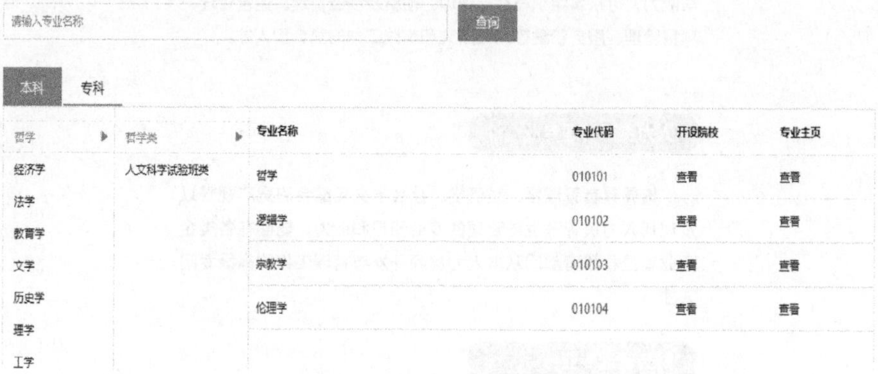

图 8-3 "阳光高考"平台专业库

点击想要查询了解的专业名称，如点击哲学，出现图 8-4。

第二，从欲报考大学本科招生信息网了解专业。

以南开大学为例，登录南开大学本科招生信息网（http://zsb.nankai.edu.cn），有"院系纵览"栏目，点击进去可以看到各学院

哲学

基本信息

专业名称：哲学　专业代码：010101　门类：哲学　学科：哲学类　学历层次：本科

近三年全国就业率区间：2017(85%-90%)　2018(未知)　2019(未知)

部分高校按以下专业方向培养：国学

全国报考硕士较集中的专业：马克思主义哲学　中国哲学　外国哲学　哲学

- 学长们毕业后都从事哪些职业　去看看 >>
- 该专业有哪些课程是你感兴趣的　去看看 >>

统计信息　（数据统计截止日期：2017年12月30日）

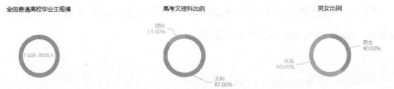

全国普通高校毕业生规模：1500-2000人

高考文理科比例：理科 13.00%　文科 87.00%

男女比例：男生 40.00%　女生 60.00%

图 8-4　"阳光高考"查询哲学专业页面

名单，里面有各个专业的介绍，如图 8-5 所示。

工商管理专业

培养具有前瞻性国际视野、动态性知识结构、综合性素质与能力，可从事组织与战略管理、创新及创业管理、运营管理、项目管理、服务管理等领域研究和实践工作的复合型人才。

人力资源管理专业

培养具有管理学、经济学、社会学交叉综合的宽广视野以及现代人力资源开发与管理的专业知识和能力，能够在各类企事业单位和政府部门从事人力资源开发与管理工作的高级专门人才。

财务管理专业

主要学习财务、金融、会计方面的理论知识，培养具有扎实的专业理论基础和熟练的基本技能，具备良好思想品质与职业道德，且具有国际视野和战略眼光的高级理财人才。

图 8-5　南开大学相关专业介绍页面

第三，通过一些知名问答平台获取信息，比如今日头条、悟空问答、知乎等。

第四，通过一些视频平台，如中国大学 MOOC 平台聆听大学教授相关课程，一些自媒体平台的师兄师姐的相关短视频或访谈。

第五，通过招生咨询的现场咨询或网络咨询进一步了解专业。

第六，亲身走进大学，参加专业冬令营、夏令营，聆听专业老师讲解。

至此，我们已经把"123 志愿填报法"的内容向大家进行了讲解，后面几章内容，我们着重让大家了解新高考后的志愿填报政策趋势，了解多元升学的相关路径问题，以案例或专题进一步深化大家的志愿填报方法和技巧。

第九章

新高考后的高考志愿填报有哪些变化

第一节

我眼中的新高考改革背景

高考改革是教育体制改革中的重点领域和关键环节，全社会极其关注。党的十八届三中全会通过了《中共中央关于全面深化改革若干重大问题的决定》，对这项改革作出了全面、系统、明确的部署。2014年9月4日，作为中央部署全面深化改革的重大举措之一，国家关于考试招生制度改革的实施意见正式发布，这也是恢复高考以来最为全面和系统的一次考试招生制度改革，必将对基础教育产生深远的影响。

浙江、上海从2014年入学新生开始，到2017年新高考政策落地，为两个第一批试点省份，第二批的北京、天津、山东、海南自2017年入学新生开始改革到2020年新高考政策落地，已经有六个省市实现了新高考改革落地。2018年广东、福建、湖南、湖北、重庆、江苏、河北、辽宁八个省市也陆续启动了新高考改革，到2021年将实现新高考落地，落地省份将达到14个，其他省市正在研究、分析、制作新高考改革的方案，今后几年将陆续加入新高考改革行列。

国家实行新高考改革，是国家全面深化改革的一个重大战略方针，改革背景也是比较复杂的。我的眼界有限，但我想从我这么多年来关注高考的角度谈一谈高考改革的背景，先来说三个例子。

第一个例子来源于我在一个知名网站高考论坛里面的帖子，当时有一位河南的理科考生，他在网上发起求助帖，说自己是理科生，但专业被调剂进入考古学，是否有类似的师兄师姐，自己在考虑是不是要复读了。在内容中他描述自己的情况，他说知道被这所大学录取是多么兴奋，实现了院校梦想，但是一看录取专业却傻了眼，考古专业，他这时候返回去查询招生大本，才发现理科招生中竟然有考古专业，说当初自己就不喜欢也不擅长学历史，要不就不会选理科了，也问问大家是否建议他复读。帖子下面有两个网友的回复很有意思，一个网友说，他从小就喜欢历史、考古，但是在报志愿的时候，父母听人说考古不赚钱，于是就报考了金融、会计一类的专业，最后被调剂进入公共管理专业，他说自己性格很内向，不喜欢跟人打交道，每天工作却又不得不这样，但是即使强迫自己改变，仍然很难做好，动不动就挨领导批评，他说这不是他想要的生活。还有一个网友说，他就是学考古的，班上有15个人，全部是被调剂到这个专业的，15个人中，有2人确定继续考古的学习，5人确定自己不做考古相关的工作，剩余的不知道自己要不要做考古相关的学习或工作，他说现在都大四了，还都很迷茫，劝帖主也不要太担忧，不然会抑郁的。

第二个例子，前些年很多报道说，八百万大学生就业难，但同时存在一种现象是企业招人也很难，引起了大家广泛讨论。有人说是因为大学生太多了，有人说大学生学习的东西与社会有脱节现象，也有人说是很多大学生在选择专业时就很迷茫，专业被调剂的学生也不占少数，按照总分录取，保证了公平性，但是却存在一部分学生数学不行偏偏学了数学与应用数学，英语不行偏偏学习了英语专业，没有过硬的专业技能，自然无法满足社会的需求。

第三个例子是前一段时间网络热议过的一个视频，一位高速收费员，从年轻时就进入这个收费站收费，由于政策调整收费站取消，收费员们面临要重新找工作的窘境，但当单位要她离开的时候，她暴跳如雷，说："我从年轻就开始收费，我只会收费，你现在让我到社会上去找工作，我除了收费什么都不会。你让我到哪里去找工作？"在很多家长眼里，收费站的工作应该算是"稳定"，符合很多家长对于好工作的描述，但是从结果来看，这种平台的稳定是假稳定，因为平台在当今社会会随时发生变化，国家进入深化改革阶段，很多以前创造大量就业岗位的传统垄断型单位也许都面临转型。拿高速公路来说，国家为了鼓励经济发展，提高效率，省际收费站可能要全部取消，看似很稳定的平台就不稳定了。科学技术手段不断深入发展，高速公路收费会随着ETC等科技手段的普及取代大量的人工。那么什么才是真正的稳定？我们该如何面对高速发展变化的社会，成为我们当今必须思考的问题。

看了上述三个案例，我想大家可能也会有所感触。我想总结一下我认为高考确实需要改革的几个理由。

第一，高等教育从精英化到大众化再到普及化的发展。据教育部的数据显示，高等教育毛入学率从1949年的0.26%提高到2019年的51.6%，而这一比例我相信还会提高，从70年前一年12万余人上大学，到现在800余万人共同迈进高校门槛。1977年恢复高考时期，高考录取率不足5%，我们处于精英教育阶段，经济上大多数家庭还在为温饱而奋斗。按照马斯洛需求层次理论来说，这个时候考生关注的更多的是解决温饱问题、生存需求，这个时候我们只需要通过高考把顶尖学生挑出来送入大学深造。在这个时期，如果你是大学生，在一定程度上就是"天之骄子"，在大学毕业生包分配的阶段，就意味着从事精英阶层的工作，加之那个时候的职场相对稳定，很多人一辈子就做一种职业，就在一个单位，那么，在一定程度上，考上一个好大学就等于有了一个好未来，进而拥有"好"人生。而到了2020年，高考录取率已经超过80%，很多省份已经超过90%，大学生的大众化，也决定了大学生不再是"天之骄子"。伴随着全面建成小康社会政策的落地，随着我们国家经济的发展，越来越多的家庭进入小康水平，按照马斯洛需求层次理论来说，孩子们会开始有自我实现的需求，于是开始出现很多人在高中阶段苦于读书，没有进行自我的探索，没有生涯规划的意识，但是到了大学突然发现自己不适合这个专业，或者专业和大学能给的东西不是自己想要的，这个时候如果选择放弃或重来的成本是很高的。这个时期，我们面临的情况是不仅仅要把学生选出来，还需要把孩子放到合适的位置上，因为他们的差别是很大的，每个人都是独特的，他们的选择是自由的，我们就是要给他们提供一个多样化的适合的入学通道，而这恰恰是新高考想要实现的。

第二，自 1977 年恢复高考以来，高考为社会输送了大量的专业、行业人才，而在科技高速发展的今天，学科的融合对人才综合素质的要求，决定了高考应该引导学生、引导中小学校克服过去应试化的价值取向，扭转不科学的教育评价导向，坚决克服唯分数、唯升学、唯文凭、唯论文、唯帽子的顽瘴痼疾，促进学生德智体美劳全面发展。同时，从原来选拔精英向人才分类转变，高等教育虽然不能过于功利化，但是我个人认为不同层次的高校应该为国家培养人才承担不同的任务，这在高考改革中也有所体现。教育部领导曾表示，引导部分地方本科高校转型发展、建设中国特色的应用技术类型高校是国务院的战略部署，是教育领域的一项重大改革。吉林省教育厅在 2020 年公布了全省普通本科高等学校发展类型选定结果，其中研究型大学 2 所，应用研究型大学 12 所，应用型大学 23 所。从以上情况来看，未来大学一部分以研究型大学为主，为国家、社会输送研究型人才，一类大学是应用研究型大学，我的理解是一部分优势专业培养研究型人才，一部分应用型较强专业为国家和地方输送应用型人才，还有一部分就是结合国家和社会需求为国家、社会输送应用型人才。我认为这是非常符合目前我国教育和社会经济发展情况的，以往可能存在有些大学定位不清楚，教学内容过于陈旧，仍然在按照培养研究型人才的课程方法设置专业、培养方案等，必然造成所学非所用，也是大学生就业难、企业招人难的因素。我想，未来从职业和人才的角度，不是从你的出身怎么样，学历怎么样来评价你，而是你是否踏实、有能力，做到了 360 行里面的"状元"，虽然这需要一定的时间，但是根据国家连续出台的相关政策，家长在给孩子选择高考志愿的时候应该有这样一个意识，比如说如果孩子有志于进入研究型大学的，未来可能成为研究型人才的，在择校选专业的时候要更加重视孩子自身的适应度，比如兴趣、能力、性格与所选专业的适应度，相比而言，专业是否在本科层面比较好找工作就应该往后放放，因为这个孩子很可能要读研、读博，未来从事一些高精尖的研究型工作。但是如果孩子进入应用型大学，可能就要先从能力匹配角度考虑孩子能不能做好这个工作，是否比较好就业来考虑。

第三，从被安排到主动选择成为新时期的一个要求，不同的孩子，兴趣、能力、特长、性格、价值观不同，不能让他们在一个模子下把成功定义得过于唯一，未来的成功者一定是百花齐放、各式各样的。那么从高考的改革来说，就是要增加孩子自主选择的能力和权利，让他们择己所喜，择己所长，择己所适，为未来做到360行里面的状元做好准备。所以高中阶段能够探索出自己喜欢什么，擅长什么，适合什么，对职业和行业有认识的前提下去规划职业乃至整个职业生涯，就成为一种必然，而这些内容恰恰是生涯规划教育能够带给学生的，这也是国家和各地教育部门全力推行生涯教育的一个重要原因。

　　孩子们未来面对的职业环境，不是我们当今可以想象的。我在北京出差经常入住同一个酒店，这家酒店提倡环保，所以一般不直接提供一次性牙刷等用品，如果你有需要，可以打前台电话再免费提供。以前入住，特别是时间比较晚的话，打完电话，前台都会派一位值守夜班的老师傅来送牙刷，老师傅睡觉被吵醒，自然不是很开心，有的时候还会有点小抱怨。前段时间，我又一次比较晚入住，我纠结要不要打电话。为了不影响老师傅睡觉，我给前台打电话说我可以到楼下去拿，前台说没关系，一会儿请注意接听电话，我还很纳闷，为什么要接电话，敲门不就行了？过了一会儿，电话响了，我接起来，一个非常好听的声音说："我是机器人，给您送的东西到门口了，请您开门，按指示操作。"我很好奇地打开门，一个圆滚滚的机器停在门口，电子屏幕上写着：请按键，在20秒内取走物品。按键后，要的一次性物品都在里面，拿出来后，你可以点击已完成取物或20秒后自动关闭，关闭后，小机器人露出了笑脸，一边往后退一边还说着："欢迎您入住，祝您晚安，祝您晚安。"我一方面觉得很新奇，另一方面也认为现在确实在人工智能、机器人发展的信息时代，未来的职业环境我们很难想象，未来唯一的不变就是变化，那么作为未来的职业人，现在的高考生，他们应该如何适应这个变化的时代？我想他们需要做的就是以自身的"不变"迎接未来的"变化"，每个人的长处不同，在综合发展的前提下，把长处发挥出来，依靠团队，每个人都用长处结合职业，那么团队就是由每位成员的长处组成的团队，就可以在工作中发挥更大的力量。

　　不管目前你所在的省实行的是老高考还是新高考，社会的发展是统一的，国家的政策导向是统一的，家长们在为孩子挑大学选专业的过程中，一定注意要用发展的眼光看问题，不能够用老思维面对新时代。很多家长现在仍然处于考上大学孩子就进了保险箱的1977年恢复高考时期的思维阶段。我非常希望提醒一下这样的家长，世事无常，时代变化非常快，你的人生经历可能已经不适用于目前需要填志愿的孩子。在什么是好工作的问题上，也有很多家长会认为只有稳定的工作才是好工作，当然我不是说稳定不好，但我认为现在的好工作不可一概而论，而应该从发展的角度、适合孩子的角度来考虑。什么才是真正的稳定？我个人认为，在当今这个充满变数的社会，真正的稳定是你自身能力的稳定，是你终身学习的能力，是保持你的人力资源价值不断保值增值的能力。一个年轻人，在最应该学习的年纪选择了稳定，而用最宝贵、最应该增长才干的时间只去做一个不断重复、没有太大差异化能力的工作，那么你这时候的看似对于平台的稳定的选择，可能就会成为你未来人生中的坑，而且这个坑一旦来了，还不小。

第二节
新高考，新在哪里

了解了新高考改革的背景后，我们就比较好理解高考改革的内容了。

第一，从原来的分文理到"6选3"或"7选3"或"3+1+2"。改革后取消文理分科，采取"3+3"的考试模式。即语文、数学、英语为必考科目，剩下的物理、化学、历史、地理、生物、政治六科限选三科进行考试，成绩计入高考。上海、北京、天津、海南、山东实行的均为"6选3"模式的选科，浙江实行的是"7选3"，在上述6科中增加1门技术科目供考生选考。第三批加入新高考的河北、辽宁、江苏、福建、湖北、湖南、广东、重庆八个省实行"3+1+2"模式。所谓"3+1+2"，就是语文、数学、英语为必考科目，在物理和历史中选择1门作为选考，在剩余4门中选择2门作为选考，选科大大增加了学生的选择权、自主权，考生可以依据个人兴趣、学习能力、未来规划进行综合考量选择。同时，你在高一时的选科很可能决定你未来能够学习哪类专业，比如说，理工类专业大多要求选择物理，如果你没有选物理，那么意味着你从高一已经与许多理工类专业无缘了；医学类里面的临床医学专业，大多限定化学和生物均需选考或者物理和化学均需选考，如果你在高一选科不符合选考要求，那么就意味着你与很多学校的临床医学专业无缘了，所以高考选科虽然给了学生自主权，但要求新高考的考生要提早进行生涯规划，一方面对自己有所认识，另一方面对职业、行业、大学、专业都要有所认知，做好职业目标、生涯目标，至少是大方向的目标，才能够把选科做好。

选科直接带来的另外一个问题就是不同的科目如何比较分数，以前你考理综，我也考理综，分数具有可比性，现在同一个省的考生选科不同的话，你考的化学，我考的地理，如何比较？显然使用原始分比较是不太科学了，在新高考改革体系中，在选科当中实行等级赋分，例如考生 A 选考地理，考生 B 选化学，两人都考了 88 分，考生 A 排在所有选考地理考生的第 100 位，考生 B 排在所有选考化学考生的第 1000 位。若简单地将他们各科成绩相加计入高考成绩，既不科学也不公平。因此，需要将不同科目的原始分按照一定规则通过转换得到等级分，转换后考生选考科目成绩排队顺序不变，以解决选考科目的原始分不具有可比性的问题。不同的省份转换规则略有不同，但是本质基本都是一致的，就是按你的排位来计算分数，这一次考试一共多少人，你排名多少，占比大概是多少，按照一定的公式进行转换，那么这里面就必然存在一个问题，就是严格意义上讲，如果能够避开学霸的选科而靠近学渣的选科，你的赋分就会高，反之赋分会低，从已经实行新高考的地区来看，学霸选择物理的比较多，因此会有一部分人在选择物理时犹豫不决，但是物理对于理工类专业的学习又很重要，从大学的选科来看，很多专业都要求物理为必选。为了鼓励、保障物理选科的人数，浙江和上海都出台过物理选择基数的保障，浙江是 6.5 万，上海是 1.5 万，意思就是在浙江选物理人数不足 6.5 万，计算比例的时候基数仍然按照 6.5 万来算。

"6 选 3"模式有 20 种组合，"7 选 3"模式有 35 种组合，"3＋1＋2"模式有 12 种组合，相比于之前的要么文，要么理，考生在选择权方面确实扩大了。据浙师大附中实行新高考文理不分科的选科模式数据统计，有 75％的学生都选择了文理兼修。同时也倒逼考生在选科时就要想到未来可能学习的大学和专业，乃至从事的职业和行业，在一定程度上，改变了以往很多高中生到填报志愿时都对大学专业一无所知的状况。但我们同时应该看到，2017 年浙江高考中有很多考生和家长仍然存在对大学认知不清楚的问题，这其实都是我们需要警醒的。

第二，新高考的招生模式叫作分类考试、综合评价、多元录取。所谓分类考试，我认为主要指高职院校与普通高校考试招生相对分开，高职院校实行"文化素质＋职业技能"的评价方式。高等职业教育分类考试招生安排在每年春季进行。综合评价，指的是普通高校招生依据统一高考和高中学业水平考试成绩，参考综合素质评价进行录取，简称"两依据，一参考"。普通高中学业水平考试分为合格性考试和选择性考试。合格性考试成绩是学生毕业、普通高中同等学力认定的主要依据；选择性考试成绩计入普通高校统一考试招生录取的考生总成绩。多元录取基本可以理解为多元升学通道。

新高考地区的分类考试已经基本开始实行，在综合评价方面，我觉得有两层含义，一方面，新高考后，学生基本都有一份综合表现的写实性报告，未来可能会在高考录取中发挥一定的作用。从目前的情况来看，主要是在强基计划、综合评价录取时，高校在学生通过初审，包括校考成绩打分时会作为打分的一部分。另一方面，综合评价录取作为新高考后的一条重要升学通道，值得家长和考生关注。目前有一批面向全国开展综合评价录取的院校，如北京外国语大学，也出现了一批面向高校所在地本省考生开展综合评价录取的高校，特别是在浙江和上海，无论是招生人数还是高校数量都比较多了。以浙江为例，2020 年有 47 所省内高校面向浙江考生开展综合评价录取，同时，复旦、上海交大、浙大等名校也投放不少名额，这种招生方式在浙江被称作三位一体招生，后续我们在多元升学章节会更详细地介绍。关于多元升学通道，据不完全统计，除通过普通高考外，目前有 20 条左右的通道可以升入大学，比如强基计划、艺术类招生、艺术特长生等，后续章节会有详细介绍。

第三，就是改变了原有的高考录取模式。在这方面，新高考后主要存在三种高考录取模式。一是上海模式，也就是按照专业志愿组为报考单位的模式。第二批省份中，北京、天津、海南均采取这种模式。二是浙江模式，也就是采取"专业＋院校"为报考单位的模式，第二批省份中山东采取这种模式。三是"3＋1＋2"模式，这种模式尚未落地，从报考单位来说，很可能有的省采取专业志愿组模式，有的采取"专业＋

院校"的报考模式,但是从之前公布的文件来看,这种模式下依据考生首选物理或历史科目的不同,分别划定最低录取控制分数线,分别投档录取。

当然,新高考还会有很多新的地方,比如推行全国一张卷,推行综合素质评价报告在录取中的使用,等等。基于本书主要讨论家长在高考升学方面的技术方法,其他内容,比如教学内容改革等我们就不再详述。

第三节 新高考下的志愿填报

相比于老高考,新高考政策下的志愿填报也会进行一定的调整,前面已经介绍过,目前存在三种志愿填报的模式:院校志愿组模式、"专业+院校"模式和"3+1+2"模式。

这里面要特别说明一点,大家之前对于"123志愿填报法"的学习在新高考背景下仍然是可用的,但是要注意对于底层逻辑的掌握,能够灵活运用。比如新高考后虽然政策有所变化,但是平行志愿投档规则没有变,底层逻辑也就仍然适用。

首先,我们来看看新高考为什么要改变志愿填报模式。

老高考志愿采取文理分科,以高校作为整体、作为报考单位,假设你是一名理科生,你想报考南开大学,南开大学在你所在的省一共招收10个专业,那么你要做的是先报南开,然后从10个专业中选择6个,再填写一个是否服从专业调剂,南开在录取你的时候就先看你报的专业是否够分,如果不够再从其他4个里面调剂。也就是说南开大学投放理科的招生计划,你都可以报,不存在科目不匹配的现象,文科也一样。但是新高考以后南开大学仍然投放这10个招生专业,这些专业当中,有的限制必须选择物理,有的限制必须选择化学,还有的没有限制。你的选考科目是生物、政治、地理,那么这10个专业中,即使你是高考状元,你也只能报考没有限制的这几个专业。如果仍然按照先院校后专业的方式录取,就必然存在你投档进去了,也服从调剂,但是出现由于你选科和剩余的可调剂的专业对选科的要求不符而被退档的情况。如果真这样实行，必然会导致很多人出现投档又退档的情况，所以这种方法已经不适应新高考的政策了，于是就出现了院校志愿组模式和"专业＋学校"模式。

先来看看院校志愿组模式。所谓院校志愿组模式，就是高校把招生专业按照科目要求分好组，提出相同科目要求的专业，可以归并设置成一个组，也可以根据专业性质分成两个甚至若干个组，而提出不同要求的专业一定不能分到不同组中。比如前面说的南开大学，一共10个专业，那么有2个是限制必须选择物理的，有3个是限制必须选择化学的，有5个是不限的，那么南开就会把2个限制必须选择物理的归到一个组里面，叫作南开一，把3个限制必须选择化学的归到一个组里，叫作南开二，把5个不限的归到一个组里，叫作南开三，考生在填报的时候可以根据自己的选考科目来填报。

对于考生来说，一个院校专业组就是一个报考单位，它是独立的，组内所含专业就是可以选择的专业志愿。同一高校的不同院校专业组之间没有关系，只要符合选科要求，考生可以只选择其中一个，也可以选择多个，志愿先后也自主决定。

这种模式下，考生仍然要填写是否服从专业调剂，比如按照北京市2020年的高考规则，每个考生可以在本科普通批填报30个院校专业志愿组，每个组可以最多选择6个专业，并填写是否服从专业调剂，比如有的高校的专业志愿组可能包含8个专业，那么你仍然像老高考时期一样要填写是否服从专业调剂。如果服从，高校给你调剂的范围从原来所有文科或理科的招生专业中调剂变成了只在这个组里面含的专业调剂，缩小了考生被调剂的范围，但这种模式仍然存在你不服从专业调剂，所报专业没有录取而被退档的这种风险。

再来看看"专业＋院校"模式。简单来说，就是一改以往先院校后专业的模式为"高校＋专业"模式，还比如前面的例子中提到的南开大学在这个省计划招生10个专业，那么每一个专业都是一个报考单位，你如果报考南开，只要符合这个专业选考科目要求，你就可以填报，每填报一个就会占用你的一个志愿数量。按照浙江2020年报考规则，浙江考生每人在普通本科批可以填报80组志愿，山东在2020年可以填报96组志愿。如果南开这10个专业你都符合选考科目要求，并且都想报，那么就会占掉你80个或96个当中的10个志愿，如果你只报5个，就占5个志愿，看似很多，实际上并不多。这种模式下，考生直接投到考生所填报的具体学校的具体专业，不涉及专业调剂问题，更加强调专业的重要性。但同时应该注意到，平行志愿的报考技巧和方法仍然适用，不符合章程要求、不符合身体要求的还是会被退档，同时考生在普通批次仍然只有一次投档机会，一旦被投档到其中一个志愿，其余志愿即失效。若投档后被退档，或所有志愿滑档，仍然进入征集志愿。

最后来看"3＋1＋2"模式。从第三批八省的文件来看，报考单位很有可能是以上两种情况之一，有的省按照"专业＋学校"为报考单位，有的省按照专业志愿组的方式报考，但与浙江、上海模式不同的是，大部分省份是在以历史或物理为首选科目的前提下，分列计划、分别投档，那么这种模式下，以往的文理分科位次仍然有很大的参考价值，只是在再选科目和报考热度方面会存在较大的变化，高校的热门专业或专业志愿组，在其他条件不变的情况下，热度会比以前更高，位次也就会有所提升，反之亦然。再选科目要求越宽松，在其他条件不变的情况下，能报考的人多，位次也会有所提升，反之亦然。

新高考的志愿填报还有一个特点，就是一改以往把高校按照层次分成批次填报为取消录取批次，把原来的一本、二本、三本合并成一个录取批次。新高考的省份，大多在录取批次设置上比老高考减少很多，大多分成提前批、本科批、专科提前批和专科批，当然不同省份会略有不同。在还没有实行新高考的省份，录取批次合并也是一个趋势，大多数省份目前已经完成二本、三本合并，保留一本、二本，有的一本、二本、三本已经全部合并成普通本科批，这样的一种变化，是基于打破高校固有身份标签，鼓励高校办出特色的一种变化，也体现出国家在逐步倡导高校不再简单以"好坏"来区分的一种趋势，打破老高考时期三本的院校办得再有特色，也招不到高分段的生源的现象。录取批次合并后只要高校或专业办得有特色，你就可以招到更加优秀的生源，对考生和家长来说，这样的一个变化是值得注意的。老高考时期的考生对高校了解不多，至少可以通过批次对高校大体的分层情况有个了解，新高考后录取批次取消，就要求家长和考生要更早地对大学和专业有了解，甚至要有目标，在了解信息的情况下根据自身的发展和规划选择合适的大学和专业。也许有一天，高分的学生并不是不可以选择原来的三本的高校，但是要在家长和考生自己知情的前提下做出选择。

我们可以看到，新高考的志愿填报规则有以下几个特点。

第一，相比于老高考强调先进校再选专业，新高考的规则更强调专业与考生的适配性。老高考时期，填报志愿时，很多家长和考生面临的最大困境，不是说能不能投进这个学校，而是能不能投进某个具体的专业，比如重庆考生在填报四川大学时，四川大学理科往年录取最低位次在3500~4500名浮动，大部分时候都低于4000名，学校在重庆的录取人数相对较多，所以也比较稳定。对于一个考了1000名左右的考生，他如果报考四川大学，投进去几乎是没有问题的，但是如果他只想学临床医学或口腔医学专业，通过查询往年位次，也是比较接近的，但是因为专业招生人数有限，医学类特别是临床医学和口腔医学这两年的热度又在上升，就不能够保证一定会录取，可是因为实行平行志愿，如果报考，还要服从专业调剂，这个抉择其实是很难的，要么冲一下看看运气，但是就要冒着进入其他专业的风险，要么只有放弃这个学校。但是新高考后，浙江模式下是完全不存在这个问题的，对于专业意向特别明确的考生，比如你只学临床医学或口腔医学，你可以从上到下，综合自己喜欢的地域、高校的层次等把80个志愿全部填报成这两个专业，当然也要注意平行志愿下避免滑档和退档的原则，但是这种规则下的冲一冲，就可以更加大胆地冲，因为带着专业冲，不涉及专业调剂问题，只要你真正懂得了平行志愿的底层逻辑，不管政策如何变，你都能得心应手。如果是上海的专业志愿组的方式，与老高考相比，虽然不像浙江模式这样直接投档进专业，但是也缩小了专业的调剂范围，也就是原来的调剂理论上是在你所在省所有有招生计划的专业内调剂，但是现在，只在组内调剂，比如你只想学习临床医学或口腔医学，你至少可以优先选择只有临床医学和口腔医学的组进行填报。一般来说，由于志愿组的组成是以选考科目要求为依据的，而选考科目要求一致的专业往往具有一定的相似性，专业差异跨度会比老高考时期小很多，这也在一定程度上保证了学生的专业选择，从而保证学生的未来职业选择。

第二，新高考之后，参考的数据从以往高校的最低录取分数线及位次变成了专业组的最低分数线及位次或专业的最低分数线及位次。从上述描述中大家就可以知道，新高考实行后，报考单位增多，比如天津市，以前本科批招生高校 750 所左右，你需要从这些高校中先选出你要报考的 30 个高校，然后每个高校选出 6 个专业，而 2020 年新高考后，767 所高校，被分成 3756 组志愿组，你需要从这些志愿组中选出 75 组进行填报，那么每个报考单位都会有一个参考的分数线或位次。相比于老高考以学校为报考单位来说，以专业志愿组或专业为报考单位，必然导致每个报考单位的招生计划数减少，那么数据的稳定性就会比以前低。

　　第三，之前学习的方法和策略依然适用，只是要灵活理解和掌握。比如从数据的角度来说，我们第六章讲解的位次法到了新高考依然适用，只是要灵活运用，比如，我们说影响院校位次的有高考政策、招生计划和高校热度，以高校热度举例来说，以前的报考单位是高校，现在是志愿组或专业，那么就是志愿组或专业的热度会影响位次。从一所高校的招生专业来说，热门且强势的专业热度会比以前在院校招生时更高了，冷门且弱势的专业由于以前有专业调剂的保护，现在直接报考，热度会更低了，直接带来的结果就是在其他条件不变的情况下，热门且强势专业的录取位次将比以前更高，冷门且弱势的专业的录取位次会比以前更低，专业志愿组也是同样的道理，必然带来的结果就是高校不同专业志愿组之间的位次差要比以前更大。再比如还从参考数据的角度来说，政策的变化也会对高校的录取位次产生影响，举个例子，对于一所高校而言，有的专业限定必须物理、化学、生物三科均需选考，有的不限，单从这一角度来说，不考虑其他因素，限制越严格，位次应该越低，限制越宽松，位次应该越高。我们假设一下，有一位考生，在全省排名 1000 名，有一所知名高校的某个专业，限制必须历史、化学、生物选考，这所高校按照以往的位次来看，最低的都是 100 名，虽然这个考生是 1000 名，但是按照历史、化学、生物这种比较偏的选科来说，选考这三科的他却是全省的第一名，那么如果他报考，这个专业就非他莫属。再比如新高考后大部分省份取消原来的一本、二本、三本，合并录取批次，为的是强调不同高校之间的地位平等性，强调研究型人才和实践型人才的平等性，但这一政策的实行，必然也会对高校的录取产生影响，比如原来的二本中地理位置优越，行业专业热度高的高校，位次会上升，但是在一本中地理位置差，行业专业热度又不高的高校，位次很可能就会下降。

第四节
对于家长来说，怎么应对新高考的变化

第一，要用新高考思维面对新高考，这一点看似简单，但实际上是很多家长和考生没有做到的。在新高考背景下，仍然两耳不闻窗外事、一心只读圣贤书，不去思考自我的特质，不去了解大学专业，不去思考未来的职业生涯规划，对政策没有一定的学习和思考，就会导致一些问题的出现，比如录取批次的取消，出现高分上了三本的现象。我也遇到过考生到了志愿填报前才确定想要学临床医学，而实际上他在高一选科的时候选择的是化学、地理、政治的组合，能报考的医学专业寥寥无几，这主要是因为家长和考生没有对高一选科给予足够的重视，还在用分文理的老高考思维面对选科。

第二，学习志愿填报知识中的底层逻辑，并灵活应用，比如阅读省内政策，重点在掌握方法，平行志愿还是那个平行志愿，滑档还是那个滑档，退档也还是那个退档，只是也许会有些不同，以前的平行志愿是投入学校，现在可能是投入某个专业志愿组或直接投入专业，以前的滑档是报考的几所学校都进不去了，现在可能是报考的几个专业志愿组或专业都投不进去了。避免滑档的方法和技巧依然适用，退档以前是从学校退出来，现在可能是从专业志愿组或者专业中退出来，之前退档主要有四大原因：第一，所报专业分数不够，专业不服从调剂；第二，不符合章程要求；第三，不符合身体要求；第四，投档比例过高。在专业志愿组的模式中，这四种原因仍然存在，但是在浙江的专业模式中，不存在第一种和第四种，但第二、三种仍然要注意，灵活掌握就可以了。

第三，孩子步入高中前就要有意识地做好孩子的学业规划、职业规划和生涯规划。家长不能抱着为孩子高考负责的思想陪伴孩子的高中三年，而是应该抱着为孩子一生负责的思想陪伴他重要的三年，所谓为他一生负责，是在他成长的很重要的这三年，帮助他找到自己的兴趣，了解自己的能力、性格和价值观，进而有一个大致的职业方向，每天除了

脚踏实地的努力外，还要抬头看看天，了解社会、国家对于人才的需求和导向，把小我融入大我之中，让孩子过上自己想要的生活，活成自己想要的样子。而这些过程都是互相关联、相辅相成的，选科选不好，可能会导致专业的选择不是自己所需的，进而影响未来的职业选择和生活。了解了这些，可以把703个专业或92个专业大类按照1～5分排个顺序，在选择志愿的时候就可以做到提前准备，有的放矢。

第四，新高考后，政策比以前复杂，报考单位增多，需要了解的信息增多。家长要做好孩子高考军师的角色，在孩子没有太多精力投入了解这些信息的情况下，主动承担起信息搜集、学习、熟悉和传递的工作。

第五，要对孩子的总体学习情况和能够考取的高校的情况有个大体定位。大体定位在新高考报考中显得比老高考更加重要，平时可以采取之前介绍的样本法，依据在高中的排名来换算全省排名，如果通过模拟考试等直接能拿到省排名更好。通过这些方法，你要清楚孩子的排名大体属于哪段高校，是能考入双一流建设高校，还是一流学科建设高校，抑或是省属重点本科层次高校，是一般公办本科或民办本科，还是专科学校。

第六，从参考往年录取数据的情况来看，第一年实行新高考的省份由于没有以前同样政策下的数据作为参考会比以前难一些，从已经实行新高考的省份来看，2017年的浙江、上海，2020年的北京、天津、山东、海南都是无直接录取数据可以参考，但值得注意的是，新高考虽然有很多政策变了，但是仍然会有一些不变，一是高校目前在大家心目中的基本地位不变，二是平行志愿不变。平行志愿的本质就是按照分数排队，排前面的先选，那么由于高校在大家心中的地位有高低，高分必然选择心目中位置较高的高校，那么大的格局仍然不会发生变化，从上述几省的情况来看，以往的文理位次直接相加，计算高校或专业最低位次在整个录取考生中的相对比例相加，或使用文理招生计划换算一个系数，再用系数乘以以往的文理科最低位次作为参考成为大家使用往年录取位次的主流方法。从结果来看，任何一种方法都不可能绝对准确，因为全省每个人的报考情况决定了高校的录取情况，而每年每个人的报考情况也都不一样，所以大家的办法都是一种预测，在新高考下，做好大体定位是很关键的，可以用大体定位先在省内高校中做一个基本判断。

以北京市为例，把地理位置在北京的部分高校依据文理相加排名得到表9-1，那么北京市的高校在大家心目中的位置，你就可以做一个基本判断，虽然很难说这个文理相加的最低位次就是大学的位次，因为它还会受到政策、招生计划和热度的影响，但是大致哪个位次的考生会考哪类学校，你就会做到心里有数。

假设你的排名是1万名，如表9-1所示，那么你的30个志愿组中，如果从所在地在北京的高校来说，北京林业大学、北京语言大学的个别专业志愿组可以冲击，中国地质大学（北京）、中国矿业大学（北京）、中国石油大学（北京）、北京工业大学等学校的有些热门专业志愿组可以冲击，有的专业志愿组上的可能性很大，像首都医科大学、首都师范大学、首都经济贸易大学、北京第二外国语学院的很多专业志愿组就基本可以保底，但是热门的专业志愿组还要具体分析，那么实际的结果呢？我们看一下2020年实际录取的结果，如表9-2所示。

表 9-1 北京市 2019 年文、理科最低投档位次及相加位次

序号	院校代号	大学名称	2019 位次（文＋理）	2019 理位次	2019 文位次
1	1023	清华大学	360	302	58
2	1021	北京大学	379	302	77
5	1019	中国科学院大学	742	523	219
7	1022	中国人民大学	906	672	234
12	1045	北京大学医学部	1187	889	298
15	1032	北京师范大学	1704	1369	335
18	1047	北京航空航天大学	1913	1285	628
19	1038	对外经济贸易大学	2183	1678	505
21	1048	北京理工大学	2503	1597	906
22	1037	中央财经大学	2879	2131	748
26	1033	北京外国语大学	3352	2672	680
31	1028	北京邮电大学	3543	2414	1129
32	1039	中国政法大学	3642	2863	779
35	1011	中国社会科学院大学	3731	2863	868
38	1025	北京交通大学	3915	2971	944
48	1036	中国传媒大学	4779	3948	831
49	1026	北京科技大学	4836	3707	1129

续表

序号	院校代号	大学名称	2019 位次（文＋理）	2019 理位次	2019 文位次
52	1029	中国农业大学	4925	3948	977
59	1020	中央民族大学	5427	4298	1129
67	1040	华北电力大学（北京）	5956	4655	1301
71	1016	北京电影学院	6486	5227	1259
73	1027	北京化工大学	6769	5339	1430
83	1030	北京林业大学	7373	6072	1301
89	1035	北京语言大学	7570	6183	1387
98	1043	中国地质大学（北京）	9187	7844	1343
102	1049	北京工业大学	9711	7618	2093
105	1031	北京中医药大学	9784	8483	1301
108	1041	中国矿业大学（北京）	9902	8233	1669
111	1042	中国石油大学（北京）	10091	8613	1478
146	1015	中国戏曲学院	12690	9813	2877
157	1051	首都医科大学	13747	10304	3443
161	1052	首都师范大学	14000	11239	2761
168	1055	首都经济贸易大学	15424	11861	3563
187	1053	北京第二外国语学院	17645	14022	3623

表 9-2　北京市 2020 年新高考第一年部分高校录取最低位次情况

序号	院校代号	院校	专业组	专业组	总分	市排名
52	1030	北京林业大学	3	物理＋化学（均须选考）	606	8263
57	1030	北京林业大学	8	化学（必须选考）	606	8263
25	1035	北京语言大学	2	物理（必须选考）	602	8885
27	1043	中国地质大学（北京）	7	化学（必须选考）	586	11484
28	1049	北京工业大学	3	物理（必须选考）	583	11978
29	1052	首都师范大学	3	物理（必须选考）	583	11978
30	1041	中国矿业大学（北京）	4	物理/化学/生物（选考一门即可）	581	12273
31	1042	中国石油大学（北京）	3	物理/化学（选考一门即可）	581	12273
32	1042	中国石油大学（北京）	4	物理/化学/生物（选考一门即可）	581	12273
33	1055	首都经济贸易大学	2	不限选考科目	554	17162
34	1046	北京协和医学院	1	物理/化学/生物（选考一门即可）	547	18429

续表

序号	院校		专业组	总分	市排名
35	1053	北京第二外国语学院	2	不限选考科目	539	19928
36	1051	首都医科大学	2	不限选考科目	536	20448

当然，我们只是列出了这所高校所有专业志愿组中那个最低的专业志愿组的录取情况，其实同一所高校的不同的专业志愿组差别还是很大的。我们以首都医科大学为例，如表9-3所示，首都医科大学2020年在北京共有8个专业志愿组进行招生，最低分分布情况如下，分数最高的志愿组的最低分是614分，分数最低的志愿组的最低分是536分，跨度是非常大的，这主要与专业组的热度有关，我们再来看一下这些专业志愿组包含的专业。

表9-3　首都医科大学2020年新高考第一年不同专业志愿组在北京的不同投档线

学校代码	学校名称	专业志愿组代码	选考科目要求	2020年投档线
1051	首都医科大学	5	物理＋化学（均须选考）	614
1051	首都医科大学	6	物理＋化学（均须选考）	586
1051	首都医科大学	7	物理/化学/生物（选考一门即可）	571
1051	首都医科大学	4	物理/化学（选考一门即可）	564
1051	首都医科大学	1	不限选考科目	562
1051	首都医科大学	8	物理/化学/生物（选考一门即可）	555
1051	首都医科大学	3	物理（必须选考）	546
1051	首都医科大学	2	不限选考科目	536

最低分是614分的专业志愿组是第5组，包含的专业均为首都医科大学热度最高的专业如表9-4所示。

表9-4　首都医科大学2020年第5专业志愿组包含专业

专业名称	（专业组）选考科目要求	录取批次	学制/年	收费标准/（元/年）	外语语种
临床医学（五年制）	{05}物理＋化学（均须选考）	本科普通批	5	6000.0	不限
儿科学（五年制）	{05}物理＋化学（均须选考）	本科普通批	5	6000.0	不限
口腔医学（五年制）	{05}物理＋化学（均须选考）	本科普通批	5	6000.0	不限

续表

专业名称	(专业组)选考科目要求	录取批次	学制/年	收费标准/(元/年)	外语语种
临床医学(5+3一体化)(五年制)	{05}物理+化学(均须选考)	本科普通批	5	6000.0	英语
儿科学(5+3一体化)(五年制)	{05}物理+化学(均须选考)	本科普通批	5	6000.0	英语
口腔医学(5+3一体化)(五年制)	{05}物理+化学(均须选考)	本科普通批	5	6000.0	英语

而最低分是536分的专业志愿组是第2专业志愿组，包含的专业为首都医科大学比较冷门的专业，如表9-5所示。

表9-5 首都医科大学2020年第2专业志愿组包含专业

专业名称	(专业组)选考科目要求	录取批次	学制/年	收费标准/(元/年)	外语语种
护理学	{02}不限选考科目	本科普通批	4	6000.0	不限
助产学	{02}不限选考科目	本科普通批	4	6000.0	不限

所以新高考实行后，由于报考政策的变化，必然会带来高校录取情况的系统性变化，要综合分析考量，以不变的政策考虑大的方向，细化到细节当中，再用我们学习过的方法综合考虑。在后续进入新高考的省份中，实行"3+1+2"的政策，由目前公布的情况来看，按照历史和物理选科分列招生计划，分别排队，分别投档，那么在一定程度上相当于选择历史的可以按照之前的文科位次，选择物理的可以参照之前的理科位次。如果政策落地果真如此的话，相比于之前进入新高考的省份，在数据参考上就会方便很多。

第七，新高考后，多元升学路径可能会有各种政策的变化，值得家长关注，将升学的路径纳入孩子生涯规划当中，让升学路径成为孩子实现人生理想的路径。后续章节我们会专门用一章内容讲解多元升学路径。

新高考会有很多新的东西，但不代表我们学习的老高考的技巧方法就没用了，"123志愿填报法"仍然是你需要了解掌握的系统方法，只有了解了这些内容的底层逻辑，不仅仅知其然还要知其所以然，在实际运用中才能灵活掌握和运用。

第十章

新高考背景下的多元升学路径

第一节
多元升学路径简要梳理

2020年,北京的考生小赵,高考成绩608分,排名7941,高考选科是政治、历史、地理的纯文选科。这个小伙子自小语言学习能力强,职业目标是从事外交工作,大学目标非常明确,想进北外学习小语种,同时双修英语,但是按照2020年的录取结果来看,北外在本科批次的所有院校专业志愿组最低分数是635,最低位次是4223位,语言类专业还要更高。但小赵最后以低于最低分27分的成绩进入北外,学习了小语种专业,实现了自己的梦想,这到底是怎么回事?他凭什么这么幸运?我们还要说说这位考生的故事,孩子一上高中,在努力学习文化课的同时,家长也在努力地学习高考升学的知识,搜集有关高考升学的信息,既然孩子想学外语,家长就帮助孩子进行学业规划。孩子学习也很努力,方法也得当,但是每次考试的成绩好像距离自己理想大学——北大、北外、上外,总有那么一点距离,家长一方面鼓励孩子调整学习方法,查找知识点不足,另一方面也在想既然裸考可能会有些差距,能不能通过自主招生、综合评价录取等升学路径实现？要想通过自主招生或综合评价录取的选拔，家长明白除了孩子对专业的热爱，还要培养孩子的视野、口语表达能力、社会实践能力以及对大学专业的了解。家长在高一便把情况跟孩子做了解释，问他是否愿意牺牲三年别的同学玩的时间来准备多元升学，也告知孩子在这条路上努力了未必成功，但是不努力一定不会成功。跟孩子取得共识后，家长帮助孩子做了一系列的学业规划，包括利用假期进行针对性的外语提高性学习、第二语言的学习，从高二暑假就开始接触英文面试的相应知识和训练，也包括利用假期为孩子寻找一些社会实践的机会，如向外交官进行职业访谈，到北大、北外参观，进行大学网络慕课的外语类课程的学习等。这些学习内容，家长和孩子约定一定要在不影响日常学习的前提下进行，用孩子的话说："我是用别的同学玩电子游戏的时间来做了多元升学的准备，但是这样的学习对我的帮助很大，让我更加了解了外交官的工作内容，掌握了一些外交知识，增强了语言能力，更加坚定了学习语言的志愿。"北外的综评一直要求高三第一学期的学业成绩排学校前10%，英语、语文成绩排前5%，所以小赵像重视高考一样重视高三第一学期的期末考试，并达到了北外综评的要求。2020年高考前，自主招生取消了，强基计划诞生，语言类专业不在招生专业范围内，小赵有点失望，"只有北外的综合评价可以考虑了"，家长鼓励小赵，要保持平常心，"综评也好，原来的自主招生也好，都是锦上添花，不是雪中送炭"，小赵继续努力着，家长帮助小赵顺利报考了北外的综评并通过初审，"北外的综评校测没有笔试，只有面试，面试占30%，面试一般有英文面试和中文面试，还有复语面试"。在高考后校测前，小赵又专门对无领导小组等面试形式进行了模拟演练，由于平时训练有加、有所准备，对社会热点问题有所思考，孩子在面试中也取得了很高的分数，最终凭借面试成绩近乎满分的成绩进入北外小语种专业学习。

看到这样的案例，很多家长羡慕孩子的"幸运"，但这样的幸运其实更多的来自对于信息的掌握和有针对性的准备。升学并不是只有高考一条路，在新高考背景下，多元升学也是新高考的一大模式。

我们再以2020年清华大学录取情况为例，清华大学2020年新生共计3800余名，其中内地学生3500余名，港澳台学生60余名，国际学生300余名。内地录取学生中，强基计划录取939名，成为除高考统招外的主流途径；国家专项录取 275 名，自强计划录取 197 名，共计录取农村贫困学生 472 名，是贫困地区符合户籍要求学生的重要升学途径；保送生 191 名，其中五大学科奥赛保送生 131 名、外语类保送生 60 名。高水平艺术团和高水平运动队共计拟录取 112 名，实际录取人数未公布；高考统招及其他录取约 1800 人。

下面，我们就来梳理一下目前有哪些多元升学路径。

1. 普通高考录取

普通高考录取，也就是高考录取，这必将是大部分同学的升学之路，不做过多说明。

2. 综合评价录取

综合评价录取，指的是不再单一以高考成绩录取，会综合考生的高考成绩、高校自主考核成绩以及高中学业水平测试成绩，综合参考综合素质评价等方面，对考生综合评价，择优录取。这种录取办法目前成为多元升学很重要的一条路径，相信随着新高考的进一步推广，还有可能进一步扩大，我们在后续单独章节详细讲解。

3. 强基计划录取

2020 年教育部停止原自主招生录取的路径，但开始在顶尖双一流建设 A 类院校试行强基计划，这种办法我们在后续单独章节详细讲解。

4. 高职单招、春季高考录取

①统一考试招生按专业类目实行平行志愿，考生根据报考的专业类目选择相应专业和学校。招生院校依据考生成绩，参考高中阶段学生综合素质评价，择优录取考生。②单独考试招生面向中等职业学校学生开展，考生需参加招生院校组织的入学考试，入学考试包括文化素质和专业技能两部分，可由招生院校单独组织，也可由相同或相近类型招生院校联合组织。招生院校依据考生入学考试成绩，参考学生综合素质评价择优录取。③综合评价招生面向普通高中学生开展，考生需参加招生院校组织的职业适应性测试。招生院校依据考生的普通高中学业水平合格考试成绩和职业适应性测试结果，参考学生综合素

质评价择优录取。

5. 保送生

2020年，根据教育部等有关部门规定，4类人员具备高校保送资格：①中学生学科奥林匹克竞赛国家集训队成员；②部分外国语中学推荐优秀学生；③公安英烈子女；④退役运动员。2020年保送生招生取消对获得"省级优秀学生"称号的保送资格条件。所以说保送资格每年可能会有调整，具体要以当年情况为准，具备保送资格的考生应向有关学校或部门提出保送申请，提交高中学业水平成绩和综合素质档案，经审核确认并通过多级公示后，参加有关高校组织的保送生综合考核。高校根据综合考核成绩和学校选拔要求，确定拟录取保送生名单并进行公示，未经公示的考生不得被录取。省级招生考试机构对拟录取保送生信息进行审核确认，办理录取手续。已确认保送录取的学生不再参加普通高校招生全国统一录取。

6. 三大专项计划

三大专项计划是面向农村和贫困地区学生招生的国家专项计划、地方专项计划和高校专项计划。

贫困地区定向招生专项计划又被称为"国家专项计划"，国家专项计划定向招收集中连片特殊困难县、国家级扶贫开发重点县及新疆南疆四地州学生，国家专项计划由中央部门和地方本科一批招生为主的学校承担。地方重点高校招收农村学生专项计划简称"地方专项计划"。地方专项计划定向招收各省（区、市）实施区域的农村学生，安排招生计划原则上不少于有关高校年度本科一批招生规模的3%。

国家专项计划和地方专项计划是针对特定户籍地区学生才有资格报考的专项计划，是随着高考志愿填报时在特殊批次进行录取的一种方式，一般不需要提前报名，通过初审参加校考等程序，只要符合户籍要求，就可以在志愿填报时进行填报，只在有户籍条件的考生中进行竞争，竞争范围一般比高考要小，值得符合户籍条件考生关注。

高校专项计划，也称"农村学生单独招生"。该专项计划主要招收边远、贫困、民族等地区县（含县级市）以下高中勤奋好学、成绩优良的农村学生，是国家为畅通农村和贫困地区学子纵向流动的渠道之一。

与国家专项计划和地方专项计划不同，高校专项计划是类似于原高校自主招生的一种招生方式，需要符合户籍报名条件考生提前报考，通过初审，有的学校还会组织测试的一种招生方式。目前有 95 所高校承担高校专项招生计划的任务，基本为原有自主招生资格的高校。具体报考流程如图 10-1 所示。

图 10-1　高校专项计划报考流程

总体来说，三大专项是国家为实现教育公平，对农村、贫困地区考生的一个优惠政策。符合户籍条件考生要充分利用三大专项升学渠道。

7. 艺术类专业招生

艺术类专业招生主要指高校艺术类专业经过省级招生机构组织的专业测试和（或）学校的专业测试，结合高考成绩择优为艺术类专业选拔人才的一种招生方式。艺术类专业招生的学生入学后进入高校的艺术类专业学习，如绘画、艺术设计、舞蹈等专业。

艺术类专业招生考试除了高考外，还有专业考试，专业考试又分为校考和省统考。一般来说，省统考包含的考试科目必须通过省统考才有资格报考其他院校，只有部分高校组织校考。高校在录取时，一般都有三个统一的要求：①省统考成绩达到省合格线；②文化课成绩达到艺术类相应分数线；③有专业校考的高校，校考要达到学校划定合格线。在这样的前提下，高校录取可能会有几种方法：第一种是按照高考成绩录取；第二种是按照专业成绩录取，有校考的可能按照校考成绩录取或省统考成绩录取，没有校考的，按照专业的省统考成绩录取；第三种是按照文化成绩和专业成绩各占一定比例录取。

8. 高水平艺术团

按照教育部文件规定，符合普通高等学校年度招生工作规定确定的报考条件，具有音乐、舞蹈、戏剧、书画等艺术特长的考生可以报考艺术特长生。

考生和家长应关注省市及各高校发布的招生办法和招生简章。艺术测试一般分为省统测和高校测试两大类。各省市规定可能有差异，考生按照省招办和高校的具体要求进行。测试合格的考生名单将集中在"阳光高考"平台上公示。试点高校制订本校艺术团录取考生高考文化课成绩最低要求方案，一般不低于本校在生源省份本科第一批次最终模拟投档线下20分。在实行高考综合改革的省份，试点高校应将"不低于本校在生源省份本科第一批次最终模拟投档线下20分"的高考文化课成绩最低要求方案，调整为在有关省份确定的相关最低录取控制参考分数线上增加一定分值，如在浙江省考试院划定的一段线上20分。高水平艺术团招生规模不得超过试点高校上一年度本科招生计划的1%。公示合格考生人数不得超过高校艺术团招生计划的2倍。

这里特别要提醒各位考生和家长的是，因各高校乐团类型不同，招收的艺术特长生的各个项目的侧重点也不同，因此，考生应根据本人特长，提前向相应高校咨询，查询该高校是否侧重自己的特长项目。因高校测试时间可能重复，建议考生和家长提前将信息搜集齐全，然后挑选相应高校并做出参加测试的完整计划。特别提醒考生的是有部分高校现在举行联合测试，也就是到一个地方参加测试可以有多个高校选择，建议这样的测试要特别重视。

需要特别注意的是，艺术类专业招生和高水平艺术团招生是两种不同的招生类型。第一，入校后进入专业不同。艺术类进入高校的艺术类专业学习，如美术、舞蹈、表演等。高水平艺术团是经过测试后享受降分录取，考生被高校录取后进入普通专业学习，如经济学、计算机、法学、工商管理、语言类等，本科毕业时会获得相应的学士学位。在校学习期间，学生用特长为学校艺术团服务，业余时间排练。第二，考核方式不同。报考高水平艺术团，考生需要参加省招办组织的统测和学校组织的校测。报考艺术类专业，考生须通过艺术专业考试，专业考试包括省统考和校考两种形式。艺术类专业考试和高水平艺术团测试的内容、形式、评分标准等都有不同。第三，录取标准不同。取得艺术类专业考试合格证的艺术类考生要参加高考，按艺术类院校的录取标准录取。取得高校的高水平艺术团资格的考生，也要参加高考，并享受相应高校降分录取的优惠政策，一般不低于本校在生源省份本科第一批次最终模拟投档线下20分。第四，目前有53所高校招收高水平艺术团，且招生计划不超过本校上一年度本科招生计划总数的1%。艺术类招生高校和招生计划相对较多。

9. 体育类专业招生

体育类专业包括体育教育、运动训练、社会体育指导与管理、武术与民族传统体育、运动人体科学5个基本专业，还有运动康复和休闲体育两个特设专业。此外，在管理学门类的工商管理类下设有体育经济与管理专业。有些高校还开设了新闻学专业（体育新闻方向）。

在这些专业中，报考体育教育、社会体育指导与管理、休闲体育等专业的考生，除了参加普通高考文化课考试外，一般还要参加所在省组织的体育类专业考试并取得合格成绩。部分省市还会组织面试。报考运动人体科学、体育经济与管理、新闻学（体育新闻方向）等专业的考生一般不必参加体育专业考试和面试，但须具备一定的体育运动基础。不同省份的政策也可能有所不同，考生要注意具体查询，各省级招生委员会划定并公布当年体育类专业最低文化控制分数线。

报考运动训练、武术与民族传统体育专业的考生，可参加单独招生考试。按往年政策，运动训练、武术与民族传统体育专业的招生实行文化考试和体育专项考试相结合的办法。文化考试科目为语文、数学、政治、英语四科，各科试卷满分为150分，总分600分。试卷由教育部考试中心组织命题印制；省级招生考试机构负责试卷接收和考试组织实施。所有考生必须参加高考报名所在地省级招生考试机构组织的文化考试。体育专项考试满分100分，考试分项目采用全国统考和分区统考方式，由国家体育总局委托院校负责组织实施，执行国家体育总局制定的《普通高等学校运动训练、武术与民族传统体育专业体育专项考试方法与评分标准》。另外，根据教育部、国家体育总局等六部委《关于进一步做好退役运动员就业安置工作的意见》（体人字〔2002〕411号）和教育部有关文件规定，优秀运动员仍然可以按照有关程序免试进入高等学校学习。

10. 高水平运动队

报考高水平运动队的考生，必须符合普通高校年度招生工作规定的报名要求，通过高考报名，并且具备以下条件之一：①高级中等教育学校毕业，获得国家二级运动员（含）以上证书且高中阶段在省级（含）以上比赛中获得集体项目前六名的主力队员或个人项目前三名者；②具有高级中等教育毕业同等学力，获得国家一级运动员（含）以上证书者，或近三年内在全国（或国际）集体项目比赛中获得前八名的主力队员。凡以同等学力报考的考生必须提供与高级中等教育相当的学习证明和成绩单，由省级教育行政部门协助招生院校对其资格进行认定。未经资格认定的同等学力考生不得报考。试点高校根据教育部要求确定本校报名条件，考生所持本人运动员技术等级证书中的运动项目应与报考高校的运动项目一致。

2020年全国有283所高校具有招收高水平运动队资格。招生高校和招生项目都须经教育部核准备案，招生规模不得超过试点高校上一年度本科招生计划总数的1%。

报考高水平运动队的考生，须参加省级教育主管部门统一测试，并在规定时间参加招生学校组织的专项测试。试点院校会根据本校高水平运动队项目建设需要，制定本校体育测试项目、标准和选拔办法。考生根据试点高校确定的报名条件，申请参加学校组织的运动队相关项目专业测试。测试项目、时间、地点、选拔人数、选拔程序、录取办法等内容将通过高水平运动队招生简章向社会公布。获得高水平运动员资格的考生，还要参加全国统一高考。获得一级运动员、运动健将、国际健将及武术武英级（或以上）称号之一的考生，可申请参加国家体育总局统一组织的运动训练、武术与民族传统体育专业单独招生文化课考试，也可选择参加全国统一招生考试。被高校认定为高水平运动员的考生在录取时将享受一定的优惠政策。专业测试合格、高考文化成绩达到相应录取要求且按规定填报相应高校志愿的考生可被择优录取。高考文化成绩一般不低于生源省份本科第二批次录取控制分数线；对于少数体育测试成绩特别突出的考生，高校可适度降低文化成绩录取要求，但不得低于生源省份本科第二批次录取控制分数线的65%（对于合并本科批次省份的情况，高校可参照艺术类专业文化课划线有关要求予以适当提高）。

11. 军校生、定向培养士官

2020年面向普通高中毕业生招生的军队院校共27所。包括：国防科技大学、陆军工程大学、陆军步兵学院、陆军装甲兵学院、陆军炮兵防空兵学院、陆军特种作战学院、陆军边海防学院、陆军防化学院、陆军军医大学、陆军军事交通学院、陆军勤务学院、海军工程大学、海军大连舰艇学院、海军潜艇学院、海军航空大学、海军军医大学、空军工程大学、空军航空大学、空军预警学院、空军军医大学、火箭军工程大学、战略支援部队航天工程大学、战略支援部队信息工程大学、武警工程大学、武警警官学院、武警特种警察学院、武警海警学院。各军队院校在各省的招生计划以各省当年公布为准。不同省份可能有不同范围的军校招生，2020年参加报考军校的条件是：①参加2020年全国普通高等学校招生统一考试的普通中学应届、往届毕业生。②年龄不低于17周岁、不超过20周岁（截至2020年8月31日）。③身体和心理健康，符合军队院校招收学员体格检查标准。每年的报考条件要以当年考生本省军校招生政策中的报名条件为准。

军校录取与普通高校录取的最大区别是：一般要经过政治考核和军检，军检主要包括面试、体格检查和心理检测。面试工作由省军区招生办公室具体组织实施，省级高校招生办公室积极配合。面试主要考查考生的报考动机、形象气质、逻辑思维和语言表达等方面的基本素质。体格检查主要检查外科、内科、耳鼻咽喉、眼科、口腔科以及辅助检查等项目。体格检查按照《军队院校招收学员体格检查标准》执行。心理检测主要进行职业基本适应性检测。有的省初检面试在政治考核结束后进行，有的和体检一起进行，具体详细流程，以本省当年公布的最新政策为准。以前与军校同样受到很多考生关注的国防生招生，已经在2017年取消招生。

值得注意的是，军校招生一般安排在提前批次，目前大部分省份提前批次实行"顺序志愿"投档，第一志愿就显得尤为重要。

12. 公安警校招生

公安部直属院校：中国人民公安大学、中国人民警察大学、中国刑事警察学院、铁道警察学院和公安边防部队高等专科学校。

省属本科院校：北京警察学院、江西警察学院、江苏警官学院、广东警官学院、福建警察学院、四川警察学院、河南警察学院、吉林警察学院、云南警官学院、湖北警官学院、湖南警察学院、公安海警学院、南京森林警察学院、重庆警察学院、浙江警察学院、铁道警察学院、辽宁警察学院、山东警察学院、上海公安学院等。

省属专科公安院校：天津公安警官职业学院、河北公安警察职业学院、黑龙江公安警官职业学院、安徽公安职业学院、内蒙古警察职业学院、西藏警官高等专科学校、甘肃警察职业学院、青海警察职业学院等。

2020年报考公安院校的条件是：①拥护四项基本原则，热爱祖国，热爱人民，遵纪守法，勤奋学习，志愿献身公安事业；②高中毕业；③身体健康，符合从事相关公安工作所要求的条件；④未婚，年龄不超过22周岁（外语专业不超过20周岁）；具体报名条件以考生当年为准。

对报考公安普通高等学校的考生要进行面试、体能测试和政审。①面试与体能测试的区域和时间由公安普通高等学校与地方招办商定并予以公布，原则上在5月中旬之前结束。②面试、体能测试工作由公安普通高等学校会同当地公安机关组织实施，由各省招办负责监督。③面试、体能测试依照本办法对考生身体条件的要求，对考生的耐力、速度等身体素质进行全面检测，并当场公布结果。④凡报考公安普通高等学校的考生要按照指定的时间和地点参加面试和体能测试。凡填报公安普通高等学校志愿而未参加面试者，做放弃志愿处理。⑤对于面试和体能测试合格的考生，由其户口所在地和居住地公安机关对考生进行政治审查。有下列情形之一的，属政审不合格：有反对四项基本原则言行的；有流氓、偷窃等不良行为，道德品质不好的；有犯罪嫌疑尚未查清的；直系血亲或对本人有较大影响的旁系血亲在境外、国外从事危害我国国家安全活动，本人与其划不清界限的；直系血亲中或对本人有较大影响的旁系血亲中有被判处死刑或者正在服刑的；其他原因不宜做人民警察的。

同时值得注意的是，报考公安普通高校的考生除执行普通高等学校招生身体健康状况标准外，考生还应符合下列条件：男性考生身高一般不低于1.70米，体重不低于50公斤；女性考生身高一般不低于1.60米，体重不低于45公斤；身体匀称；左右眼单眼裸视力，理科类专业应在 4.9（0.8）以上，文科类专业应在 4.8（0.6）以上。无色盲、色弱；两耳无重听；无口吃；五官端正，面部无明显特征和缺陷（如唇裂、对眼、斜眼、斜颈、各种疤麻等），嗅觉不迟钝、无鸡胸、无腋臭，无严重静脉曲张，无明显八字步、罗圈腿，无重度平跖足（平脚板），无文身、少白头、驼背，无各种残疾，直系血亲无精神病史。无传染病，肝功化验指标必须在正常范围内，无甲肝、乙肝、澳抗阳性。

体能测试合格标准如表 10-1 所示。

表 10-1　公安院校体测合格标准

性别	测试项目	合格标准
男子	50 米	7 秒 1 以内（含 7 秒 1）
	1000 米	3 分 55 秒以内（含 3 分 55 秒）
	俯卧撑	10 秒内完成 6 次以上（含 6 次）
	立定跳远	2.3 米以上（含 2.3 米）
女子	50 米	8 秒 6 以内（含 8 秒 6）
	800 米	3 分 50 秒以内（含 3 分 50 秒）
	仰卧起坐	10 秒内完成 5 次以上（含 5 次）
	立定跳远	1.6 米以上（含 1.6 米）

13. 航海类专业招生

航海类专业主要包括航海技术、轮机工程和船舶电子电气工程三个专业。航海类专业主要设置于海事类院校。航海类专业与普通本科专业在报考方面有一些特殊要求，主要体现在：对身体条件要求极高，不适宜女生报考，只招少量女生。

14. 空军招飞

空军招飞属于全国普通高校招生体系，是军队院校招生工作的重要组成部分，招收的飞行学员入空军航空大学或清华大学、北京大学、北京航空航天大学"双学籍"飞行员班学习。身体条件要求身高在 164～185 厘米，体重不低于标准体重的 80%、不高于标准体重的 130%，标准体重（公斤）=身高（厘米）-110。双眼裸眼视力 C 字表均在 0.8 以上，且未做过视力矫治手术，无色盲、色弱、斜视等。政治条件要求考生热爱祖国，热爱人民，热爱中国共产党，热爱人民军队。符合招飞政治考核标准条件，本人自愿，家长（监护人）支持。心理品质要求对飞行有较强的兴趣和愿望，思维敏捷、反应灵活、动作协调、学习能力强、性格开朗、情绪稳定，有敢为精神，形象气质好。文化条件要求普通中学高中毕业生报名参加招飞，高考成绩达到本省（自治区、直辖市）统招一本线。空军招飞流程一般是每年9—10月报名，10—11月初选，12月到次年5月复选，6—7月定选。

15. 海军招飞

海军飞行学员在海军航空大学接受全日制本科学历教育，入校3个月考察期满后取得学籍和军籍，前3年主要进行本科基础教育（"双学籍"飞行学员在北京大学、清华大学和北京航空航天大学学习），第4至5学年进行初、高级教练机飞行训练。本科学业期满合格，按规定晋升为副连职军官，授予中尉军衔，继续完成高级教练机训练取得任职培训合格证书的，职务等级可按规定提前晋升为正连职。其间，因身体或技术等原因不适合继续飞行的，转入其他本科专业学习。海军从每年招收录取的普通高中毕业生飞行学员中，选拔部分高考成绩优异、体验飞行合格、符合普通高等学校录取要求的学员，送入相关地方普通高等学校学习，同时注册军队院校、地方普通高等学校学籍（简称"双学籍"）。地方普通高等学校负责文化基础知识及相关专业理论教育，海军航空大学负责飞行专业理论及实践教育，时间分配由军队院校与相关普通高等学校根据教学需要确定，学历本科。教学、训练和管理等工作由军队院校与普通高等学校共同负责；学员毕业考核合格的，颁发军队院校和普通高等学校同时具印的毕业证书，并按规定授予相应学位，分配到海军部队从事飞行工作。

目前，海军与北京大学、清华大学和北京航空航天大学联合招收培养"双学籍"飞行学员。"双学籍"飞行学员录取分数线可下调一定幅度，其中北大、清华在考生所在省该校录取线基础上降60分（750分制）录取，北航按考生所在省一本线以上录取。学员在地方高校学习期间，享受军队院校飞行专业学员相关待遇。

报考海军飞行员考生须为普通高中应、往届毕业生，男性，理科生，不分文理科省份考生须选考物理；具有参加2021年普通高等学校招生全国统一考试资格,及海军开招地区学籍、户籍;年龄16～19周岁。考生必须热爱祖国,热爱中国共产党,热爱人民军队;思想进步、品德优良、遵纪守法、历史清白、现实表现好;志愿献身海军飞行事业。身高在165～185厘米,体型匀称;体重在52公斤以上,未满18周岁体重在50公斤以上,身体质量指数符合标准;无口吃,无文身,听力、嗅觉正常。立志从军、向往飞行,具备积极的飞行动机。善于学习、思维敏捷,具备良好的认知能力。性格开朗、乐观向上,具备稳定的情绪特征。高考成绩须达到一本线("特招线"或"强基线"),外语限英语;内蒙古自治区考生须参加普通(汉授)高考。

海军招飞流程一般是每年9月报名,9—11月初检预选,12月到次年4月全面检测,5—7月定选录取。

16. 民航招飞

民航招飞是指普通高校飞行技术专业(本科)通过高考招收飞行学生。报考民航飞行员的学生入学后所学专业为飞行技术专业,全国有19所院校开设了飞行技术专业(本科)。飞行技术专业基本学制四年,飞行学员完成全部课程,经过考核合格,可获得本科毕业证书、学士学位证书、符合国际标准的商用驾驶执照、仪表等级资格等相关资质证书。

飞行技术专业属提前录取专业,考生应根据各省各校要求填报志愿。如本人未被飞行专业录取,不影响考生填报的其他院校、专业的正常录取。

飞行专业的学生实行公费培养,学生在校理论学习期间只需按照国家教育部标准缴纳学杂费等相应费用,飞行培训费由民航公司承担。如学生在国外航校进行学习训练,民航公司承担在国外航校学习期间食宿等相关费用。学生毕业时取得毕业证、学位证及相应资格证书后,分配至相关航空公司从事民航飞行工作。

目前,经教育部批准的开设飞行技术专业(本科),并已在民航招飞系统开通账号的招飞院校有:中国民用航空飞行学院、北京航空航天大学、南京航空航天大学、中国民航大学、滨州学院、沈阳航空航天大学、上海工程技术大学、南昌航空大学、黑龙江八一农垦大学、安阳工学院、烟台南山学院、常州工学院、南昌理工学院、山东交通学院、郑州航空工业管理学院、北京理工大学珠海学院、南京航空航天大学金城学院、昆明理工大学、西安航空学院。请注意，各招飞院校当年招飞的地区可能不同，具体请咨询当地考试院或联系各招飞院校。

当你在招飞系统注册报名后，将按照通知要求，陆续参加预选初检、民航招飞体检鉴定、飞行职业心理学检测，确认有效招飞志愿，参加民用航空背景调查等选拔流程。你还需要参加高考，并根据你在招飞系统上的有效招飞志愿，正式填报飞行技术专业高考志愿。对高考成绩达到招飞录取分数线以上的考生，按学生志愿和高考成绩，由招飞院校根据招生计划，择优录取。当你入校报到后，还需要参加招飞体检入校复查，合格的方可注册获得学籍，并继续参加飞行技术专业的学习与训练。目前，招飞系统将记录你的个人信息，以及你参加预选初检、体检鉴定、心理学检测、背景调查的选拔情况，并最终形成你的有效招飞志愿。

民航招飞的基本流程是9—10月报名，10—11月面试，11—12月体检初检，次年2—5月背景调查，6月高考，高考后体检复检，7月录取。

17. 公费师范生

从2007年起，国务院决定依托北京师范大学、华东师范大学、东北师范大学等6所教育部直属师范大学实施师范生免费教育试点。截至2017年，已累计招收免费师范生10.1万人，在校就读3.1万人，毕业履约7万人，其中90%到中西部省份中小学任教。2018年1月，《中共中央、国务院关于全面深化新时代教师队伍建设改革的意见》明确提出："完善教育部直属师范大学师范生公费教育政策，履约任教服务期调整为6年。"做出改进和完善师范生公费教育制度的决策部署。教育部会同中央编办、财政部、人力资源社会保障部研究起草了《教育部直属师范大学师范生公费教育实施办法》，经报国务院批准，由国务院办公厅转发施行。

公费师范生享受的政策保障：①由中央财政承担其在校期间学费、住宿费并给予生活费补助的培养管理制度。②国家根据经济发展水平和财力状况，对公费师范生的生活费补助标准进行动态调整。③实行公费师范生专项招聘，组织用人学校与公费师范生双向选择，为每一位毕业的公费师范生落实任教学校并确保有编有岗。④优秀公费师范生可享受其他非义务性奖学金。

公费师范生的义务：①公费师范生、部属师范大学和生源所在省份省级教育行政部门签订《师范生公费教育协议》，明确三方权利和义务。公费师范生毕业后一般回生源所在省份中小学任教，并承诺从事中小学教育工作6年以上。到城镇学校工作的公费师范生，应到农村义务教育学校任教服务至少1年。国家鼓励公费师范生长期从教、终身从教。公费师范生由于志愿到中西部边远贫困和少数民族地区任教等特殊原因不能回生源所在省份任教的，应届毕业前可申请跨省就业，经所在学校、生源所在省份和接收省份省级教育行政部门审核同意后，按有关规定程序办理跨省就业手续。②公费师范生按协议履约任教满一学期后，可免试攻读非全日制教育硕士专业学位。公费师范生本人向本科就读的部属师范大学提出申请，经任教学校考核合格并批准，部属师范大学根据任教学校工作考核结果、本科学习成绩等进行综合考核后，录取为非全日制硕士研究生，以非全日制形式学习专业课程。任教考核合格并通过论文答辩的，授予相应的学历、学位证书。除上述情形以外，公费师范生在协议规定服务期内不得报考研究生。

同时应该注意到，除6所教育部直属高校外，现在很多地方师范类高校均有针对本省的公费师范生招生，例如：湖南有省内公费定向师范生专项计划。山东2016年启动公费师范生培养计划，2016年和2017年分别招生3000人。四川有省属院校公费师范生计划，公费师范生培养实施范围包括成都市金堂县、自贡市荣县等在内的四川省143个县（市、区），今年起至2022年，每年培养3000名公费师范生。各省市公费师范生政策不同，详见各省教育主管部门下发的相关文件。

18. 港澳高校招生

自2011年起，有关港澳高校可在全国31个省、直辖市、自治区招收自费生。内地考生必须符合有关赴港澳就读的规定；必须参加当年普通高等学校全国统一招生考试。香港高校每年费用16万～18万港币，澳门高校每年费用约7.2万元人民币。具体各校略有不同，详细情况请参照所申请院校官网。各高校为成绩优异的考生提供丰厚的奖学金。值得注意的是，能拿到全额奖学金的是很小一部分考生，绝大多数考生需要自费。自费生入读后虽然可申请各类奖助学金，但竞争非常激烈。

香港高校在内地主要有两种招生方式，一种是高考统招，在提前批次招生，目前主要有香港中文大学和香港城市大学 2 所高校，它们在各省有分省招生计划。报考这 2 所高校的内地考生与报考其他普通高校一样，在相应录取批次填报高考志愿即可。第二种是自主招生，目前比如香港大学、香港理工大学、香港科技大学、香港浸会大学、香港教育学院、香港岭南大学、香港公开大学、香港演艺学院等高校均是这种招生方式，以 2020 年香港科技大学在内地招生为例，香港科技大学以择优录取方式招生，并以国家统一高考的成绩做初步筛选。高考成绩公布后，香港科技大学将邀请部分同学参加面试，并根据同学面试表现、高考成绩、综合素质等再行择优录取。考生报考时需要通过学校网站申请，一般需要通过初步筛选，进入高校考核，再依据高考成绩、高校考核成绩等综合录取。不能被香港高校与内地普通高校同时录取。

澳门目前共有 6 所高校面向内地考生招生，分别是澳门大学、澳门科技大学、澳门理工学院、旅游学院、澳门镜湖护理学院和澳门城市大学，采用独立招生方式，招生计划不分省，全国统一招生。高中毕业或相当于高中毕业文化程度的应届高考生均可报考以上高校，考生必须参加高考。在内地招生的澳门高校中，澳门大学、澳门理工学院、旅游学院为公立学校，要求考生高考成绩达到一本线，择优录取。澳门科技大学、澳门城市大学、澳门镜湖护理学院为私立院校，一般要求高考成绩达到二本线，择优录取。澳门高校一律采取网上报名，想要报考的学生在报名时间内可到这些学校的指定网页进行报名。高考成绩出来后，考生要申报高考成绩，个别院校或专业需要考生参加学校测试，具体看各学校的招生要求。澳门高校将根据考生高考情况或综合高考、校考情况择优录取。澳门高校与内地高校录取不冲突，也就是说考生可以同时被澳门高校和一所内地高校录取，考生可自行决定在澳门还是在内地就读。此外，与香港高校相比，澳门高校的花费相对要低。

19. 民族班和民族预科班招生

民族班和民族预科班招生计划为指导性定向就业招生计划，都面向少数民族考生，录取过程中都享受一定的加分优惠。两者不同主要在于：民族班不需要多读一年的预科，学制与正常的本专科相同。而民族预科班是在正常的本科教学或者专科教学前，被录取考生要多读一年高中的文化课，就读院校一般是被录取院校委托培养的其他院校。报考民族班的考生不需要单独填报志愿，在同批次相关院校中正常录取。民族预科录取是在相应批次院校录取结束后单独进行，考生需要在相应批次后面单独填报少数民族预科志愿。符合报名条件的考生可以关注。具体需查询当年所在省的具体招生计划和政策。

20. 中外合作办学招生

中外合作办学招生也越来越受到家长和考生的关注，关于中外合作办学的主体，目前有三种形式，第一种叫具有法人资格的中外合作办学机构，如宁波诺丁汉大学、北京师范大学-香港浸会大学联合国际学院、西交利物浦大学、上海纽约大学、昆山杜克大学、温州肯恩大学、香港中文大学（深圳校区）、广东以色列理工学院、深圳北理莫斯科大学。第二种叫不具有法人资格的中外合作办学机构，如上海交通大学密西根学院等。第三种叫中外合作办学项目，如北京邮电大学与英国伦敦玛丽女王大学合作举办电信工程及管理专业本科教育项目等。中外合作办学培养模式有的是国内学习几年加国外学习几年，有的是四年全部在国内学习，还有的可以自愿选择或经过选拔才能到国外学习。关于中外合作项目的发放证书，只要是通过高考计划录取正规途径录取的学生，一般具备法人资格的中外合作办学机构拿这所高校的毕业证书和学位证书，不具备法人资格的中外合作办学机构和中外合作办学项目一般拿国内高校毕业证书和学位证书，外方学校颁发学位证书或写实性报告。

值得家长关注的是，有的学校的中方证书与非中外合作办学一致，有的则会注明"中外合作"字样，这些内容报考前一定要搞清楚。此外，非法人资格中外合作办学机构和中外合作办学项目一般由于学费较高，分数低于中方校录取分数，特别是如果有出国学习要求的中外合作办学，费用也比较高，大家报考之前要有所考虑。

21. 定向招生

定向招生是指为了帮助边远地区、少数民族地区和工作环境比较艰苦的行业培养人才，保证他们得到一定数量的毕业生而制定的一项政策。考生自愿填报有关高等学校定向就业招生志愿并按有关政策一旦被录取为定向生，须在入学注册前与高校及定向就业单位签订有关定向就业协议。定向生一般可以获得降分录取和减免学费等优惠政策，但是需要承担毕业后到指定地区或单位就业的义务，相比于从前，定向生的数量规模有所减少，但仍有存在，比如山东、重庆都有非西藏籍学生定向西藏就业的定向生招生。

除上述多元升学路径外，不同省份可能还有不同的升学路径，比如有的省有公费医学生、公费农学生、高职扩招招生等。在了解多元升学路径时，有两个要注意的事项。

第一，多元升学路径每年政策可能会有变化，要根据当年情况查看。因本书写作时间，所以政策多为2020年左右的相关政策，家长要关注这些政策的变化，以及变化可能对考生的影响，以当年政策为准。

第二，多元升学路径在不同省份可能有不同含义，或可能存在不同路径，要关注本地相关政策。

第二节
强基计划政策详解

教育部发布《关于在部分高校开展基础学科招生改革试点工作的意见》（以下简称意见），明确自2020年起36所"一流大学"建设高校开展强基计划试点招生。"强基计划"诞生，宣告运行了16年的"自主招生"结束，也标志着新高考时代分类考试、综合评价、多元录取的政策一如既往地坚持下去。

新高考强调促进学生健康发展、科学选拔各类人才、维护社会公平公正，由此我们可以看出，促进人的健康发展是新高考重视的第一要素。在高等教育进入普及化的今天，不再是精英化阶段选出来送到大学学习就行，而是要把不同类型的人才放到合适的位置上，特别对于国家发展重要领域的高精尖人才更需要人岗相适。

科学选拔各类人才和维护社会公平公正需要和谐统一，高等教育为国家输送的人才大概可以分成两类，一类是高精尖的研究型人才，目的是增强国家的自主创新能力，解决国家技术发展的诸如芯片等卡脖子技术。另一类是培养大批的拥有综合素养的应用型人才。但无论如何，高考的发展离不开公平二字，高考的公平从哪里体现？我认为是分数面前人人平等，我高考总分比你高一分，我可以优先于你选择大学和专业，无论出身、背景等，公平是公平了，但是在人才的选拔效率和促进学生的健康发展上，有的时候可能会出现一些矛盾，因为公平通过总分的高低量化实现，但是健康发展是综合因素。我就遇到过两个考生，都是文科生，考了628分的孩子在高中阶段基本上就是两耳不闻窗外事，对自我缺乏认知，对专业也没有认知，只是冲了一下学校，当年被吉林大学考古专业最后一名录取，而看他的单科成绩，历史是他最不喜欢也最差的学科。还有一名627分的考生，从小喜欢历史、考古，阅读过大量的相关书籍，对考古非常感兴趣，就要奔着考古专业努力，最后却因一分之差没有投档吉林大学考古专业，而被另外一所985大学投档，调剂到行政管理专业，但这个孩子性格确实偏内向，不喜欢跟人打交道，自然对行政管理专业也就没有了太大兴趣。吉林大学的考古专业在第四轮学科评估获得A−，A＋学科只有北大和西北大学，排名第三，这样一所高校的这样一个专业无疑是国家考古领域重要的人才基地。从上述个案来看，也不乏有一些分数略高一点，但是真的不适合学习这个专业的人被调剂进去，反而适合的人没有进入。上述个案虽然不是很普遍，但也有一定的代表意义，在公平上保障了学生的权益，但是从促进学生科学发展和为高校进而为国家选拔人才上却有失偏颇，我想强基计划正是在这样的背景下产生的。

2020年是强基计划的第一年，范围限定在全国最顶尖的36所研究型大学，我觉得是因为这些大学是为国家关键领域输送紧缺研究人才的重要基地。自主招生之所以取消，是因为从初审情况来看，很多人并非真的是自主招生定位的偏才怪才，从自主招生最开始时通过中学推荐获得初审资格，到后来的凭借各种竞赛证书、专利论文通过资格，社会上便出现一部分买专利、买论文甚至买奖项的现象，严重违背自主招生的初衷和公平性。强基计划的初审通过条件对大部分人来说是高考成绩，而高考成绩在计算录取综合成绩上占比达85％，就是通过高考成绩保障公平的基础上，让高校有一定的自由选择权，是既保障公平又强调效率的一种招生方式，同时强基计划突出国家需求导向，它针对的是有一定高考成绩基础的，综合素质突出，并有明确生涯规划，致力于投身高端芯片与软件、智能科技、新材料、先进制造和国家安全等关键领域以及国家人才紧缺的人文社会科学领域的人才。

2020年的强基计划主要有以下几个特点。

（一）高校范围为双一流建设高校A类校的36所

北京大学、中国人民大学、清华大学、北京航空航天大学、北京理工大学、中国农业大学、北京师范大学、中央民族大学、南开大学、天津大学、大连理工大学、吉林大学、哈尔滨工业大学、复旦大学、同济大学、上海交通大学、华东师范大学、南京大学、东南大学、浙江大学、中国科学技术大学、厦门大学、山东大学、中国海洋大学、武汉大学、华中科技大学、中南大学、中山大学、华南理工大学、四川大学、重庆大学、电子科技大学、西安交通大学、西北工业大学、兰州大学、国防科技大学。

这36所高校，基本涵盖了我们国家目前的最顶尖高校，是为国家培养拔尖创新人才的重要基地校，特别是在基础学科与涉及国家发展战略等关键领域以及国家人才紧缺的人文社会科学领域的人才培养方面的重中之重。未来强基计划也将成为考取全国最知名大学的基础学科专业和一些涉及国家重大发展战略专业的学生的又一条重要路径。

（二）强基计划的基本流程

从图10-2强基计划的招生基本流程中，我们不难看出，3月底公布招生简章，4月网上报名，这与自主招生的原来的报名流程基本一致，但是这次由于初审资格从自主招生的竞赛要求变成大部分走高考成绩要求，会有更多的考生报名。2020年从报名系统序号统计，共有133万考生报考，这也导致了一种现象，就是部分高校强基计划的招生名额并没有用满，因为报考时尚未进行高考，大家对高考分数也没有把握，很多人报考强基计划是以报一下试试的心态，如果高考成绩足够高，可以放弃校测，如果高考成绩并不那么高，再考虑通过强基升学，所以导致一种现象就是很多省份很多高校强基计划的入围分数线并没有比高考裸分录取低多少，甚至要比高考裸分录取还要高，自然也存在不少放弃强基计划的学生。这一点教育主管部门是否会在后续的强基计划中有所调整，也需要考生和家长进一步关注。

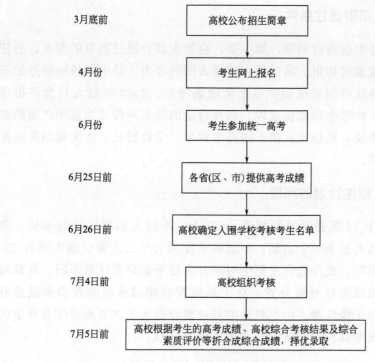

图 10-2 强基计划招生程序

（三）关于招生专业

强基计划主要选拔培养有志于服务国家重大战略需求且综合素质优秀或基础学科拔尖的学生。聚焦高端芯片与软件、智能科技、新材料、先进制造和国家安全等关键领域以及国家人才紧缺的人文社会科学领域，由有关高校结合自身办学特色，合理安排招生专业。要突出基础学科的支撑引领作用，重点在数学、物理、化学、生物及历史、哲学、古文字学等相关专业招生。建立学科专业的动态调整机制，根据新形势要求和招生情况，适时调整强基计划招生专业。

强基计划主要招收基础学科的学生，就是我们前面说的研究型人才，各高校在培养上也纷纷推出一系列举措，比如本硕博连读、单独成班重点授课等。对于有志于学习基础学科专业的同学来说，这无疑都是非常符合基础学科人才培养路径和生涯规划的培养方式，是非常值得关注的。

(四)初审通过条件

两类考生会通过初审,第一类,也是大部分通过初审的考生,会依据高考成绩通过初审。第二类,破格入围的考生,是中国科协举办的五大学科奥赛获得国家级银奖以上奖项的考生。2020年每人只允许报考一所高校,对考生和家长来说,选择合适的报名高校成为重中之重的事情,总体来说,还是要从孩子的高考成绩、学科特长、生涯规划来匹配合适的大学。

(五)招生计划的问题

2020年36所强基计划招生6090人,不同大学招生计划不同,比如清华、北大各900个名额,中国科学技术大学、上海交通大学各210个名额,等等。此外与自主招生时期各高校不做分省计划不同,各高校强基计划的招生计划要分省,对于基础教育相对落后的省份来说是好事,但是对于像江浙、山东这样的基础教育高水平大省则意味着竞争的加剧,在报考高校的时候家长要考虑到这一点。

(六)关于计分方式

考生参加统一高考和高校考核后,高校将考生高考成绩、高校综合考核结果及综合素质评价情况等按比例合成考生综合成绩,其中高考成绩所占比例不得低于85%。2020年36所高校中,只有南开大学规定高考占比90%,其他高校均为85%,根据考生填报志愿,按综合成绩由高到低的顺序录取。校考一般来说体测是前置条件,就是如果不达标直接淘汰,达标后不算成绩,一般的大学都以学校组织的笔试、面试为校考计分成绩,部分高校只有面试没有笔试,也有不少高校提出对于考生的综合素质评价情况进行参考。

总的来说,从2020年的情况来看,能够入围的学生高考成绩相差并不是很大,在这样的前提下,校考的15%就成为很重要的录取依据。如果有想通过强基计划升学的考生和家长,要注重学生在言谈举止、语言表达、思维逻辑和相关知识储备方面的准备,要有针对性地进行一些学习训练,这样才能在校考中发挥出自己的水平。

到本书截稿时,强基计划只进行了一年时间,政策在后续非常有可能有所调整,家长和考生应关注当年的政策情况,提早准备,做到有的放矢。

第三节
综合评价录取政策详解

综合评价录取是伴随着新高考出现的一种非常重要的高校招生模式,特别是在浙江和上海两个新高考试点省份已经成为高校非常重要的一条录取渠道。

所谓综合评价录取,就是在录取的时候会综合高考成绩、高中学业水平测试成绩和高校考核成绩的一种办法。比如在浙江,综合评价录取又叫"三位一体"招生。《浙江大学2020年浙江省"三位一体"综合评价招生简章》中规定:综合总分=(高考投档成绩÷750×100)×85%＋我校测试成绩(满分100分)×10%＋高中学业水平考试成绩(满分100分)×5%。从以上情况可以看出,严格意义上来讲,强基计划也可以说是综合评价录取的一种,只不过它是在录取时综合高考成绩和校考成绩的一种办法。

综合评价录取的高校,总的来说,有两类,第一类是面向全国多省份有综合评价录取的高校,如北京外国语大学从2016年开始面向全国26个省开展综合评价录取,还有中国科学院大学、南方科技大学、上海科技大学、上海纽约大学、香港中文大学深圳校区、深圳北理莫斯科大学、昆山杜克大学等也面向全国多省开展综合评价录取。第二类是只针对本省或个别省份开展综合评价录取的高校。比如,湖南省内的高校仅中南大学面向本省考生开展综合评价录取。上海、浙江、江苏、山东、广东、辽宁、云南等也都有很多省内高校面向本省考生开展综合评价录取招生。

高校综合评价主要招收品学兼优、综合素质优秀、全面发展的考生。各招生院校针对不同省份的学生一般都有一些具体要求,比如部分高校会对学业水平考试成绩、选考科目成绩、高中综合素质评价等级、社会实践等有特殊要求。具体招生条件,应以高校本年度招生简章为准。比如,《北京外国语大学2020年"一带一路"外语专业综合评价招生简章》要求：高三第一学期期末成绩在年级同科类排名前10%以内,并且语文和外语成绩均在同科类排名的前5%以内。《浙江工业大学2020年"三位一体"综合评价招生简章》规定：报考A组,要求学业水平考试7门(含)以上科目为A等,其余为C等(含)以上。总之,综合素质评价录取各高校、各地区报名条件都有所不同,考生和家长要注意查询当年招生简章,查看具体要求报考。

从已经实施综合评价录取招生院校的情况来看,同一学校的同一专业,通过综合评价录取进入高校就读的学生,相比普通招生形式录取的考生的高考成绩低,在一定程度上相当于降分。综合评价录取一般不对报考学校数量有要求,考生可以根据自己的实际情况填报。综合评价招生一般没有固定严格的工作流程安排,以中南大学在湖南和云南的综合评价录取为例,一般是6月下旬高考公布分数之后报名,6月底至7月初进行考核,7月上旬至中旬录取。但有的高校是在高考前报名并进行校考,出分后录取。有的高校是高考前报名,高考后校测,出分后录取。每所学校的具体情况需要查看当年的招生简章。考生和家长还要特别注意,综合评价录取因为各高校具体政策不同,是否可以放弃、是否需要填报志愿等,要看院校招生简章的具体要求。千万不要想当然。

第四节
家长和考生如何准备强基计划和综合评价录取

对于考生来说,综合评价和强基计划除了都有降分的可能之外,就是报考流程相似了。二者都需要经过报名、初审和复试。复试一般包括体测、笔试和面试,部分高校只进行面试。如果说高考是依分录取,强基计划和综合评价录取更看重考生的综合素质和专业的匹配程度。

无论是强基计划还是综合评价录取,都必须要过以下三关。

(一)初审关

做好初审关,第一是要定位好高校和专业,第二是要准备好初审材料。

首先，要定位好高校和专业，应该做到四匹配原则。

1. 高考成绩和预报考高校匹配

在选择高校的时候，考生应该充分考虑自己的学习水平，比如有的考生裸分水平是能考浙江大学的，却选择了一所以往分数非常低的高校，甚至即使自己高考发挥失常都可以考一所更理想的高校。当然，除非你就对这所高校情有独钟，或你很看重强基背后的培养体系，否则，这就叫作"为了强基而强基"，这种情况应该避免。正确的做法应该是正确评估自己的水平，可以利用模拟考试成绩进行判断，也可以查询一下上一届自己所在高中跟自己位次一样的考生考了多少分，大致能考入哪类学校，再结合高校可能的优惠条件，选择跟自己水平接近的高校进行保底，或者选择一些略高的高校进行冲高。

2. 专业选择上注重学科特长匹配

无论是强基还是综评，高校是想招收一些在某些方面具有特长，并能够把特长发挥到未来的专业学习中去的孩子，在现实工作中，很多孩子在材料中证明了自己具备文学方面的特长，获得了很多作文奖项，发表过多篇文学作品，而报考专业时却选择了计算机专业，这就属于驴唇不对马嘴了，这种情况考生应该避免。

3. 职业生涯规划与所报专业和大学匹配

强基和综评招收的对象一定是确实喜欢这个专业，有一定学科特长，保证学好这个专业，自身的职业生涯规划又与专业培养目标相一致的人才。高校的每个专业都有其培养目标，比如北大的考古专业，一定是为我国考古行业培养"国家队"人才的，而通过裸分招来的学生，很多可能是被调剂进这个专业的，他根本不了解、不喜欢这个专业，未来也没有打算从事这个专业，这就与专业的培养方向不符了，而强基和综评恰恰是喜欢高考总成绩相当，也可以略低，裸分考不进北大投档线，但在中学已经有了一定的考古知识基础，未来就想成为考古行业国家队一员这样的人才。因此，"你的理想是什么？你毕业后有什么打算？"这些问题常常成为面试老师非常关注的问题。

4. 高校考核方式要跟自身的优势相结合

复试主要分成三种：第一种是不笔试只面试。第二种是先笔试，笔试成绩过了才有面试资格。第三种是凡是过了初审的就既要笔试又要面试。

对于笔试成绩不是很优秀的孩子，如果参加第二种先过笔试再面试的，估计他过笔试的可能性不大，那么参加面试见到老师的可能性就会很小。这个问题，在前面定位学校和专业的时候就应考虑到，否则过了初审，也难过复试。

（二）申请材料关

申请材料是考生学科特长、创新潜质的集中体现，是考生给高校的第一印象。试点高校在收到考生申请材料后，都会组织专家进行初审。

考生提交的申请材料贵在"齐"，强在"精"，胜在"硬"。不同高校、不同专业对考生的要求基本上是相同的。从形式上看，申请材料一般包括申请表、自荐信、中学推荐信、高中阶段课程成绩、学业水平考试、社会公益活动情况以及获奖、学科特长和创新潜质等证明材料。考生一定要按照高校要求整理、装订好，确保准备齐全。从内容上看，申请材料一定要"精"，在保证真实的前提下，突出最能反映自己特长和优势的内容，把最能吸引初审老师眼球的内容放在显眼的位置，不要提供与高校和专业要求不相关的材料。材料要按要求装订整齐。当然，最关键的，也就是审核能否通过的核心在于有没有"硬"条件，即高校要求的硬性条件，比如北外综评要求高三第一学期期末成绩在年级同科类排名前10%以内，并且语文和外语成绩均在同科类排名的前5%以内，如符合条件，这一条件一定要提供，并放在最为显眼的位置上，那么获得资格审核通过可能性的保险系数就会大得多。

（三）考核测试关

高校考核测试形式一般分为笔试和面试，但有的高校只要求面试。笔试和面试由高校自行命题，没有统一的考试大纲。考生能否被高校"相中"，主要取决于平时的积累，而不是靠临时"突击"。其实，面试考核更多的是对考生的言谈举止、语言表达、思维逻辑、知识储备和道德价值的考察。只有平常养成良好的学习、观察、思维等习惯，善于思考、练习，才能在测试时体现出自身与众不同的优秀品质。但考生千万不要以影响高考复习为代价来准备校测。

总之，条条大路上大学。家长应该对本省当年的各种升学路径有所了解，可以肯定的一点是，不是所有的升学之路都适合您的孩子，多元升学毕竟也会牵扯孩子很多精力，明智的家长可以做到的是升学路径都知道，觉得不适合自己的孩子可以不选；糊涂的家长是本来自己的孩子可以有更适合的路径升学，但却不知道。

还有一点要提醒各位家长，多元升学路径的政策这两年变化较快较多，本书提及升学路径是截稿前的情况，大家要关注最新的政策动向，对新出现的一些升学路径要有政策敏感度，做到升学路径信息不遗漏。

第十一章

案例解读与志愿填报的其他几个重要问题

到这里，我们基本上已经把志愿填报的方法和必须掌握的内容讲完了。为了便于大家进一步掌握和理解这些方法，我们最后再增加一章内容，通过案例或独立议题的方式，加强对前面章节内容的理解。

第一节 如何使用志愿填报选择的一般模型：大学、地域和专业

在高考志愿填报选择时，很多家长常常抱怨说：孩子考的是要命分，如果能再高几分就好选择了。实际上志愿填报到底取什么舍什么是很重要的，我们先来看一个模型，选择志愿很大程度上就是选择大学层次、专业和地理位置。如图11-1所示，需要在这三因素中有个取舍，到底取什么舍什么，是我们大部分考生要面临的问题。

【案例】生涯规划不清楚：浙江当年高于一本1分考生的志愿选择之痛

有次到浙江进行志愿填报的讲座时，有位特殊听众，就是负责接待我的工作人员。她大学刚毕业，中午一起吃饭时，这个孩子突然哭了，说起来很委屈，她说："老师，如果我在报志愿的时候好好规划一下，可

图 11-1　志愿选择三要素：大学、专业、地域

能我的人生也就改变很多。"我一边劝她不要哭，一边让她说，她跟我提起她报考志愿的往事。她是浙江湖州人，在报考志愿的时候还是分录取批次的，虽然她的分数比一本线高一分，但想法很简单，就想读一所浙江本地的二本学校，一本都没有想过。但是到学校交志愿草表时，班主任老师建议高于一本的同学都把一本院校填上，也许幸运就会降临，于是他们这些之前没有准备，但是高于一本的同学就都开始忙起来，找一本上往年录取分数低的学校，于是她选择了几个较偏远地区的一本院校，结果真被一本录取了。她说当时自己的心情是又惊又悔，惊的是比一本线高一分竟然被一本录取，悔的是专业她并不喜欢，而且学校离家太远了。

【案例分析】

地域很可能会决定你未来生活的区域，虽然这不是绝对的，但在一定程度上，地域与未来的就业，学生学期期间的视野等有息息相关的作用。我国的高等教育发展也是不平衡的，北京、天津、江苏、湖北等地区办学数量和质量都比较集中，相对经济发展状况也比较好，这与高校多年来人才的供给充足也是有一定关系的，从专业发展来看，高校的优势专业往往也与地域的行业有着千丝万缕的联系。

高校的层次在一定程度上决定考生从怎样的高度进入未来的行业和领域。高校的选择是非常重要的，这里面非常需要注意的是不要仅仅依据录取批次来判断高校的层次，认为一本高校"好"于二本高校，二本高校"好"于三本高校。一本二本并非社会关注的内容，它只是录取工作需要的产物，录取批次可以让考生多几次录取机会，但现在的录取批次的概念已经跟最初完全不同，有很多省份把省内原二本高校放在一本招生，有的"985 工程"高校的中外合作办学专业放在二本招生。这个毕业证、学位证上并不会书写该生是几本招生招来的，单位只会关注你的学校是不是"985工程",是不是"211工程",是不是"双一流"高校,是不是全日制统招学历,而对于你是几本生我还没有听说过有特殊强调的。

专业决定着考生未来进入怎样的行业和领域,也是高考报考志愿需要重点考虑的因素之一。到大学最主要的是学习什么,学习专业知识,专业一旦选错可能会影响未来一生。专业在就业的时候决定着你具备什么专业技能,有一类岗位就是专业技能岗位,只对有专业技能的人开放,比如编程人员、建筑设计师等。

其实对于高校、专业和地域的抉择问题,不同的规划应该有不同的抉择,只要是符合你的规划的,就是好的。但是从一般性可操作的角度来看,要分成这样几种情况给予建议:

文科生填报策略:高校＞城市＞专业

对于文科生,城市、高校层次比较关键,专业选择可以往后放。文科专业尤其本科段,专业壁垒不会太高,专业交叉性相对较大,后期就业差异并不大。因此,文科生志愿可重点考虑城市和高校层次。对于城市和高校层次,则建议文科生优先考虑高校。文科生就业,毕业院校背景在入职面试时会起到重要作用。而后期工作状态、工作能力上,综合素质(如读大学时所在城市的文化,你的视野、经历等)对职业的影响会慢慢显现出来。但是对于未来想从事某一领域研究型工作的人可能还要综合考虑。

理科高分段填报策略:高校＞专业＞城市

对于高分段理科生,城市选择不那么重要。首先,高分段考生大部分会进入双一流高校,学校层次和专业水平在业内是有口碑的,无论学生未来读研还是本科毕业就业,择业时城市因素影响不大。而且理工科专业间壁垒较高,靠专业技能就业是理科生的常态。

其次,国内高校很多学术水平顶级的专业并不都在北上广深等一线城市,如果学生特别心仪某个专业,期望从事某领域的研究,高校选择是首选。同层次高校中,专业甚至是最关键因素。比如哈尔滨工业大学在东北,可能听上去感觉地理位置不够好,但只要专业对口、成绩够好,哈尔滨工业大学毕业生就业不会比北京高校学生差。

另外,如果高分段考生不太确定选什么专业,可以优先考虑高势能和适应性好的专业。比如,数学相对计算机和商学是高势能的,数学适应性比生物要广得多。

理科中低分段填报策略：专业首选，同层次高校优先考虑城市。

对于理科中低分段考生，建议专业首选，在同层次学校中再优先考虑城市。

比较为难的是，考生成绩同时满足一般城市的公办本科和较好城市的民办高校，这就需要根据自己的意愿和具体情况进行选择了。当然，如果考生分数足够上 C9 联盟（清华大学、北京大学、复旦大学、上海交通大学、南京大学、浙江大学、中国科学技术大学、哈尔滨工业大学、西安交通大学）等国内名校的话，城市、专业因素就没那么重要了。

第二节
阳光招生下，警惕招生诈骗

【案例】志愿填报走正道，非程序录取千万要警惕

据经济参考报 2018 年报道，2013 年至 2017 年间，北京市共审结涉高招诈骗案件 34 起，审理被告人 63 名，涉及 97 起犯罪事实，总案值共计人民币 4224.5 万元。97 起犯罪事实中涉统招类共 50 起，中央财经大学、对外经贸大学、北京师范大学、天津大学、山东大学等著名院校均有涉及，北京大学、中国政法大学最为犯罪分子青睐。39 起涉军校犯罪中包含专业军事院校、国防生、委托生及预备役，各地装甲兵学院、陆军指挥学院、武警学院均有涉及，部分招生项目系犯罪分子虚拟。7 起涉艺考犯罪均针对艺考校考环节，北京电影学院、中央传媒大学及其他大学艺术特长生招录均有涉及。高招诈骗案案值远超同类诈骗案件，其中最高案值近 1000 万元，平均案值 33.58 万元（1000 万元未纳入统计数）。该类案件财产损失弥补情况不容乐观，退赔及部分退赔合计占比不超过 16.5%。高招诈骗核心为虚构自己有替他人办理入学的能力，所虚构身份为机关领导干部、将军、大校、部队政委、领导秘书等最为常见，其次为教育部、文化和旅游部、政协、人力资源和社会保障部工作人员，再次为各高校教师。

【案例分析】

从 2004 年开始，教育部全面实施阳光招生，特别是随着信息公开

和信息技术在招生工作上的运用，目前已经从制度和操作程序上杜绝了招生腐败，但总有些家长心存侥幸，认为分数不够可以用钱来凑，他们总是希望通过钱权交易，走后门、通关系，动用一切资源帮助孩子上大学。须知，天网恢恢，疏而不漏，随着我们国家的法制进步和招生的进一步规范，这样的事是要严厉禁止的。从操作层面来说，随着招生计划的网上管理、高招录取的网上进行，信息化手段的实施除了提高效率，节约成本，还有一个重要的好处是把工作放在网上这个相对公开的环境中进行，流程化的管理更好区分责任，责权一致，让权力在监督下执行才能更好地保障所有考生的权益。

从以往的经验来看，一些家长处心积虑地"帮倒忙"不仅无益于孩子成长，甚至严重的，被骗钱财不说，还可能把自己和孩子都送上犯罪的道路。志愿填报的水平，可以说是一个家庭集体智慧、能力的体现。我们可以整合资源，通过合理合法的渠道帮助孩子上大学，但千万不要走错方向，触碰法律的底线。

这里给大家普及一个志愿知识，什么是预留计划？如何使用？根据教育部的相关规定，安排跨省、自治区、直辖市招生的本科高校，在国家核定的年度招生规模内，可以预留少量计划，用于调节各地统考上线生源的不平衡问题。像保送生、自主招生、艺术特长生等特殊类招生的招生计划也按照预留计划执行。凡有预留计划的高校，须将预留计划数报其主管部门审核，汇总后报教育部备案。我们举两个例子来说明预留计划的使用问题：某年某高校在某省理工类模拟投档线高达645分，为了不让高分考生落榜，该校适度增加了投档比例，使正式投档线降至642分，同时当年在该省投放7个预留计划，保证进档考生在服从专业调剂、符合招生章程和身体条件的情况下全部被录取。又如，某高校在某省进行文史类录取时，在剩余1个招生计划时，有3名考生高考总分均为585，单科成绩也一致，考生院无法比较位次，便把3名考生全部投档至该校，这3名考生专业均服从调剂，体检也都合格，全部符合招生章程要求。该校决定在该省投放2个文史类预留招生计划，将3名同分考生全部录取。由此我们可以看出，预留计划的使用同样是公平、公正、公开的，是严格按照相关录取规定执行的，并不是像有些人所说的"为了开后门，走关系"而设的。因此，考生和家长应该认清预留计划的使用，以免被不法分子钻了空子。

第三节
网上填报高考志愿要慎重

【案例】 山东考生志愿遭同学篡改，网上报志愿须谨慎

青岛一高三考生常某，2016年报考陕西师范大学免费师范生，志愿被人偷偷篡改，导致其上不了大学。篡改常某志愿的，居然是其室友郭某。已经被陕西师范大学录取的郭某与常某是同班同学，高二时两人还是舍友，郭某是舍长。尽管不算最好的朋友，但是两人的关系也比普通朋友亲密，平时经常一块打打闹闹。用常某的话说就是："我找他帮忙他肯定帮，他找我帮忙我也肯定帮。"

常某想起那个上午，当他自信满满地填志愿时，身边围着好多同学，他输入自己的用户名和那个用生日日期设置的密码（"＊＊＊＊1111"）。他没想到这样一个简单的密码，会在别的地方再次被登录。而郭某是在当天下午4点多填完志愿离开，他也填了陕西师范大学体育教育专业。因为自己成绩不如常某，记下密码的郭某两次登录常某的志愿并进行了修改。

【案例分析】

先不说事件本身，自我国从2002年开始实行计算机录取以来，网上填报志愿出的问题就不少。某年四川眉山12名考生志愿曾经被他人篡改，原因是高中教师掌握考生用户名、密码，在一些生源不足高职院校给予推荐一名考生就给多少好处费的诱惑下，串通将考生志愿进行了篡改，导致考生没有学上。

在招生办工作时，曾经遇到一个山东考生，他向我们反映，他和同学同时报考了南开，但为什么他的分数更高一些没有被所报的第一专业金融学专业录取，而比他分数低的同学却被金融学专业录取了。听到他反映的这个问题，我们心里很担忧，因为南开大学在为进档考生分配专业时当年实行的是无级差也就是分数优先的录取原则，按照这样的录取原则不该出现类似的状况，于是我们马上跑回办公室带着家长和学生一

起查，打开录取系统，打印出他当时填报的志愿，大家就都明白了。系统显示，该生第一专业志愿报的是国际经济与贸易专业，第二专业志愿才是金融学，他的分数达到第一专业分数，所以被录取到国际经济与贸易专业。考生和考生家长顿悟，一定是在网上志愿填报的时候，当天都在学校输机填报志愿，人多嘴杂，一忙活，把代码填反了，本来金融学的代码应该是01，因为在省招办发的招生计划手册上逐一填报的，一定是一忙活给看错了。考生和家长懊悔不已。不过已经无济于事，只能为自己的一时疏忽负责。

因此，网上志愿填报看似简单，但志愿填报无小事，任何一个疏忽都可能导致孩子12年苦读的结果大打折扣，因此，应该高度重视网上填报志愿的每个细节。

(1) 高考志愿表是表达考生高考志愿、录取时投放考生电子档案和高校录取新生的重要依据，提交到期后任何人无权修改志愿。特别是在计算机输入志愿时，大多数省份都要求填写代码，比如你报考北京大学，并不是填写北京大学四个字，而是省招办招生计划大本中的院校代码，有可能是1201、1000等，因此切忌出现因大意而填错代码等问题，要认真核对，一旦最终有错也无法修正。

(2) 认真阅读网上填报志愿的要求，尤其是有的省限制可以修改次数，注意进行征询志愿的时间点，对于一些生源严重不足院校或专业可能会降分征集志愿，有的学校可能只是某些专业有缺额，应进一步查阅专业目录全面了解缺额专业情况和收费标准。

(3) 考生每次填报、修改或浏览完志愿后，请务必点击"退出登录"并关闭所有填报志愿期间打开的窗口，以免他人进行不利于考生本人的修改和信息收集。

(4) 在正式填报志愿之前，尽量填写一次纸质原始填报记录，一是留有备份，二是不至于在计算机前手忙脚乱。

(5) 如有条件，尽量在填报志愿前，使用模拟系统进行演练1~2次，达到熟悉系统的目的。

(6) 如果对计算机操作不熟悉，尽量寻求计算机使用较为熟悉的亲戚做辅助帮忙工作。

(7) 在录取期间保持联络畅通和注意尽量不要外出，直到被录取。

第四节
看似位次不够的学校为什么又行了

【案例】看似位次不够的学校,为啥最后行了?

小欧同学,重庆2015年理科考生,高考成绩624分,对应位次为8722。小欧同学有个特殊情况,父母都在电力系统工作,因此只要小欧能够进入211以上大学或原电力行业高校的电气工程及自动化专业,进入电力系统工作的可能性就比较大,孩子对这个专业和职业也比较期待,经过查询筛选,西南大学电气工程及自动化专业进入家长和孩子的视野,但是查询2014年录取数据,西南大学该专业2014年在重庆招收6人,位次处于3920~7466之间,西南大学当年的录取最低位次是10025,而小欧的位次是8722。这时候小欧犯了难,报考西南大学投进去可能性很大,只是从专业位次来看好像情况不妙,但是想想影响高校或专业录取位次的因素,招生政策维持稳定,高校和专业热度也基本相当,那么就再看看招生计划,经过查询2015年西南大学在重庆投放了36个电气工程及自动化专业的招生计划,是2014年的6倍,多了30个招生计划,从这一点来看,小欧进入该专业的可能性大增,那么后续专业如何填报?毕竟还存在不被录取的可能性,小欧的父母这时候找来国家电网重庆市分公司上一年的招聘公告,公告显示招聘最多的专业是电气工程及自动化,第二多的专业是计算机科学与技术,这个专业也是小欧喜欢学的,查看计算机科学与技术2014年的录取最低位次是9765,加上小欧的父母早已经查过,2015年相比于2014年总体的招生计划情况来看,西南大学录取位次之前的高校总数是增加的,小欧就放心地填报了西南大学,第一专业是电气工程及自动化,第二专业是计算机科学与技术。最后小欧顺利被西南大学电气工程及自动化专业录取。

2020年重庆理科考生小木,该生有出国打算,家庭条件也比较好,一直想报考中外合作办学的大学,西交利物浦大学是他比较理想的高校，但是高考成绩出来后，一家人都提不起精神了，高考成绩 540 分，全市排名 24637 位。通过查询 2018—2019 年西交利物浦大学的最低位次分别是 19847、22007。从近两年的情况来看，他的位次都有一定的差距，但是咨询我的时候，我鼓励他可以填报，第一个是中外合作办学高校一般学费较高，但是比较尊重学生的专业选择，即使入学时专业不满意，后续调整的概率也比较大，第二个是 2020 年新冠疫情暴发，出国短期内会受阻，这个因素会导致中外合作办学院校热度下降，而小木的位次本身也没差多少。最后该生顺利被西交利物浦大学录取，并且录取到满意专业。

【案例分析】

家长在分析以往录取数据的时候，一定要结合政策的变化、招生计划数和报考热度有相关的分析把握，切不可只看往年位次。

第五节
新高考背景下，要注意了解大类招生的利弊

新高考背景下，各高校要对所招专业提出选考科目要求，于是按大类招生成了各高校简化招生选考科目要求，也简化报考单位数量，进而便于招生的一个不二选择，所以大家也会看到近年来各大高校纷纷推出按大类招生。这一政策的利弊也是家长要搞清楚的。

【案例 1】

重庆 2018 年考生小张，高考报志愿前对自己的职业生涯规划非常清楚，未来想做一名会计，所以很想报考相关大学的会计学专业。在小张和家长的印象里，也包括家长在看其他高校的招生计划时，均看到会计学一般是包含在"工商管理类"这个专业里的，于是就很自然地认为所有的工商管理类都会包含会计学专业，最终小张"如愿以偿"被一所大学工商管理类专业录取了。但是小张入校后才发现，这所高校根本没有会计学这个专业，工商管理类包含的专业为市场营销、人力资源管理、图书馆学和档案学专业。自己的选择与意愿是不匹配的，但为时已晚。

【案例分析】

遇到大类招生，不能只看大类名称不仔细研究内含专业。这一点是考生和家长要特别关注的，比如同样是工商管理类这个专业大类名称，有的学校仅包含市场营销、人力资源管理和工商管理三个专业，但有的学校却包含市场营销、人力资源管理、工商管理、财务管理、会计学甚至图书馆学、情报学、档案学等。包含不同的专业表示着未来分专业的时候你能够进入的专业范围是不同的。一般来说，该大类名称包含的专业有哪些，考生是否对这些专业感兴趣。需注意的是，感兴趣的专业越多，越值得选择；如果感兴趣的专业不多，填报时应当慎重。

【案例 2】

2017年某西部省份考生小刘，因母亲是医生，所以他从小就立志当一名医生，高考后只学医学类专业，但母亲误以为医学实验班就是以前的临床医学专业，也没有研究大类中所含专业、入学后分专业的办法等，便让他直接报考某校医学实验班。实际上该实验班包含临床医学、口腔医学、医学影像、预防医学等，学生入校后到大一下学期期末分专业，并且是依据大一成绩进行专业分配，而大类中的临床医学和口腔医学为最热门专业，虽然按照小刘的所在省份的高考成绩是可以考取同等大学的临床医学专业的，但由于没有考虑到分流专业办法等问题，误以为医学实验班挂上实验班字样就一定是好的，而由于小刘在实验班中成绩处于中下游，最后小刘被分配到医学影像专业，与小刘梦想的临床医学专业并不完全相同，职业发展路径也有所区别。

【案例分析】

遇到大类招生，如果不了解大类专业分流政策，就可能会导致高分考生最后学到不感兴趣专业。每位考生需在报考大类专业的时候就仔细考虑大类招生中的专业分流办法，一定要详细了解其专业分流的政策，每一个高校都有自己的政策，自主进行分流，没有一个统一的标准。提前了解所报院校分专业的相关规定，这将直接关系到将来学生的专业去向。目前高校实施的分流政策主要有以下几种。

（1）学生根据兴趣自由选择学习大类中的哪个专业，完全满足学生意愿。这种分流方法当然是最好的，也是最符合学生利益的，但是注意，实行这种分流方式的高校凤毛麟角。

（2）依据学生报考志愿，结合学生分流之前在大学的学习成绩排序进行分流。据不完全统计，目前实行这个分流政策的高校是占大多数的，也就是说，如果你在分流之前在高校的学分成绩没有很高的情况下，你非常有可能分到大类中的冷门专业。特别对于一些基础教育比较薄弱省份的考生，也许在高考时是所在省份的佼佼者，但入学后由于竞争对手都是来自更强省份的同类考生，也许在学习上就不占优势，这个问题是一定要思考好的。

（3）部分少数高校在分流时考虑的因素较多，如高考成绩、学业成绩、学生在校综合素质表现等，分流之前会综合很多因素打出分数排序进行分流。

此外，部分院校在大类招生时没提出具体要求，但专业分流时对身体条件会有限制。考生在填报志愿时要对照相关体检标准，了解自己的志愿专业是否有身体条件要求，如不符合要避开报考。

【案例3】

2018年天津考生小张，高考分数很高，希望考入"985工程"大学金融学专业。小张很早就瞄准一所南方大学，该校金融学专业也是优势专业，在咨询该校到津招生宣传老师时，该老师说，现在学校已经按照大类招生，金融学是包含在"社会科学试验班"里面的。听着这么高大上的名字，而自己的分数正常情况下又能够考入该校该专业，小张毫不犹豫地在平行志愿的A志愿填报了该校该专业并被顺利录取。入校后小张在入学教育的时候才发现，试验班涵盖的面之广是之前没有考虑到的，该试验班除了包含金融学、工商管理专业之外，还涵盖法学、政治学、国际政治、公共管理、教育学等一系列的专业，而金融学专业是分流时最难选到的专业，数量也是非常少的，对小张来说基本是可望而不可即的。而该校除经济管理类专业比较热门和有优势外，其他专业在全国学科评估排名中都比较靠后，小张有点后悔莫及。

【案例分析】

部分高校大类中所含专业冷热不均，优劣并存。宣传时用大类中热门专业吸引考生，用部分代替了整体，但最后还是会有部分考生进入非热门或非优势专业。

大类招生有利有弊，各位考生还应结合自身实际情况，选择最适合自己的报考方式。

第六节
利用好高招咨询，起到事半功倍的效果

【案例】

某年参加高考的小华是上海市某重点中学的一名考生，成绩处于中等偏下的水平，因平时对志愿填报关注得比较少，因此急于通过参加咨询会找到自己理想中的学校。小华随着父母参加了很多的咨询活动，因没有目标，到了现场却往往没有了疑问，好像有一肚子的话说不出来，虽然咨询了很多高校但仍感觉心里空落落的，没有任何的曙光。

再来看看 2011 年高考后被媒体广为报道的，被网友称为"鸽子门"的事件。

高考结束后，某大学招生咨询老师来到安徽省某中学进行考前动员，鼓励部分高分考生报考该大学。在填报高考志愿之前，该大学和 7 名考生签订了一份预录取协议，承诺第一批次 A 志愿填报该大学，学校就能保证录取。这份协议一式两份，还盖上了该大学的公章。面对该校信誓旦旦的承诺，这 7 名考生就没有考虑其他学校，直接填报该大学。结果却是，他们全部被"放了鸽子"。最终录取结果显示，该大学在安徽招生的最低投档线是 648 分，这 7 名学生的成绩都在 645 分到 647 分之间。尽管当时已经签订了预录取的协议，但这 7 人没有一人被该大学录取。安徽省教育厅对此事回应："从教育政策上预录取协议是不被认可的，但是考生可以以个人名义和该大学签订的录取协议作为一种契约，通过法律的途径维护权益。"尽管当地教育部门出面谴责，校方也表示歉意，最终都无法改变这 7 名考生落榜的事实。

【案例分析】

前面的例子告诉我们，对待高招咨询必须要有足够的准备，准备越充分，利用效果越好，从上面这个例子可以看出，就连盖有学校公章的预录取都不能完全保障考生的合法权益，所以咨询会上与咨询老师的口头承诺虽然是填报志愿的参考，但绝不是唯一依据，大家要清楚，这个分数线是考生报考后自然形成的，咨询老师也并非先知，他也是用同样

的位次法和分差法进行计算。所以也不要过于迷信咨询老师的结论，要用批判性的眼光看待。正确的态度应该是把高招咨询当作搜集资料的一种补充，是解决问题的一种途径。

那么，如何看待咨询会？

首先我们应该把目前咨询会的几种主要形式做一个分类和比较。

1. 所在省招生办公室组织的大型咨询会

这种形式的咨询会往往规模很大，信息发布比较权威，参会学校比较多，组织严密，管理规范，是参会的首选。但因大规模咨询会存在安全隐患，很多省市已经不组织此类咨询会。

2. 高校的校园开放日

这是目前比较常见的一种咨询会的举办模式，校园开放日虽然是主要宣传举办学校，但一般也会邀请同档次、录取分数也相当的高校参加，对于考生而言，参加此类咨询会也更有针对性。

3. 有关的社会团体或公司组织的咨询会

这种形式的咨询会往往规模也比较大，但参会学校类别较多较广，建议考生和家长分类别而视。

4. 中学举办的咨询会

这种形式的咨询会往往参加学校相对较少，不确定因素较多，建议提前了解参会高校，有针对性参会。

5. 网上咨询会

这种咨询会参会形式便捷，咨询范围广泛，但受咨询方式的限制，没有直接交流，很多问题不容易说清楚，建议作为面对面咨询的一种补充咨询方式。但是在疫情期间，也许会成为主流。

6. 电话咨询

目前很多高校都开通了电话咨询，特别是在招生季，平时注意搜集咨询号码。

7. 高校招生宣传组面对面咨询

目前很多高校在招生季都会派出招生咨询组到各地进行招生宣传，特别是知名高校，家长和考生要充分利用与咨询组进行咨询的机会解决报考中的一些难题，也可以把咨询意见作为参考，有的也可以拿到诸如报考保证前三个专业中的一个的类似承诺，虽然这种承诺并非有法律效力，不是绝对报考依据，但是却是报考时的重要参考。

探索咨询会 科学利用咨询会

亲密接触第一步：提前准备

凡事预则立，不预则废。打无准备之仗必然会导致失败，参加咨询会前的准备工作是必要的，更是重要的，是你参加咨询会有多大收获的前提。在选择参加咨询会前要先了解自己，做到心中有数，选好咨询方式，选好咨询学校，应提早分析，要做好以下几点：

首先，要合理地自我定位。考生和家长应该依据高考位次，各高校往年录取情况等进行合理定位。初步确定自己报考志愿的重点在哪一分数段的高校。

其次，要广泛搜集相关资料。此时主要应搜集高校的往年录取分数、位次，以及相应的录取分数线，笔者建议最好是近三年的相关信息，结合自我定位大范围地选择可能报考的学校。确定的重点考虑批次的高校初步选取以15～20所为宜，其他批次高校以5所左右为宜。

再次，按照刚才选定的可能报考的学校的范围，通过这些学校的招生章程找出这些学校的学校性质、学校所在地、学校规模、学校当年录取政策、特殊注意事项等。

最后，结合自身的特点和学校之间的比较适当缩小学校范围，重点批次缩小至10所左右为宜，其他批次以3所左右为宜。有了重点，走进咨询会就有的放矢了。

在查询分析资料的过程中，注意记录自己对于不同的高校有什么样的问题，以备咨询时使用。

亲密接触第二步：设计咨询路线

确定了重点咨询的高校后，通过各种媒体查询咨询会的情况，正所谓"磨刀不误砍柴工",由于填报志愿时期的时间和精力有限,必须有选择地参加。在决定参加这些活动之前要了解清楚咨询活动的主办方是谁,根据类别参加,不盲目从众,抓住重点是成功的第一步。因考生要么正处于复习阶段,要么刚刚经过紧张的高三生活,对信息掌握不够充分,因此家长应主动代替考生来完成准备工作,尤其重视自己列为重点的高校到哪些地方进行咨询,列好时间表,设计好路线准备出发。

亲密接触第三步:走进咨询会现场我们问什么?

有些问题不能问

考生和家长问得最多的经常是一些立竿见影的问题。例如:"你们学校今年理科在天津多少分录取?""我一模成绩在580分上下,想报考贵校金融专业,我能不能被录取?""我考了576分,能不能考入你们学校?我报哪个专业能录取?"这种问题对于考生和家长而言一旦有了答复便是一颗定心丸,便是高枕无忧地填写志愿的一种保证,但考生和家长应该切记这颗定心丸吃不得,盲目地轻信他人往往导致事与愿违。其实,如果经过仔细的分析,你就会发现录取工作没有完成,谁都无法断定本学校、各专业的录取分数,因为它是自然形成的。

在高招咨询时面对考生这样的问题,回答往往是"不好说",即便是给了你一个肯定的答复也是毫无意义的,这样,高招咨询便失去了它本来的意义,填报志愿也就缺乏科学性了,最后导致的结果是双双受损。

有些问题不必问

在咨询会上经常能看到一些家长大包小包地装着各个学校的招生简章,还有一些家长拿着笔和本,到每一所高校前去索要往年的录取分数线、各专业录取分数线等,把咨询会当成了搜集资料的最好场所,这么做也是不对的,因为如果在咨询会上才开始搜集资料,那么你的准备工作已经太晚了,而这些信息应该是参会前准备好的,如果此时你还没有相关的信息,那么肯定就没有分析,没有分析也就没有疑问,那么又怎么能在咨询会上有所收获呢?因此考生和家长在此时提出的常见问题是:"老师,你们去年的理科录取分数线是多少?""去年金融专业录取多少分?""你们学校录取原则是什么?",等等。这种浪费时间、浪费精力的问题,考生和家长完全可以充分地利用网络资源提前了解,原则应该是把咨询会当作搜集资料的一种补充而不是一种方式,也就是说自己可以轻易获取的资料建议不要在咨询会上询问。当然,也有一部分考生是因为在划定大范围学校的时候没有考虑某一学校,在咨询会上又觉得不错，这种情况现场搜集资料也是可以的，建议留下咨询组的联系方式，以便报考时进一步咨询。

有些问题需要问

在咨询会上也有一些家长拿着模拟填写的志愿表让咨询老师给一些指导意见，这种做法是非常有效和有收获的，给予指导后，还可以询问有关学校与学生成长息息相关的校风、学风、大学精神、办学理念等文化层面的学校概况。还可以询问自己预报考的一些专业的情况。

有些问题必须问

首先，对于在搜集资料的过程中没有搞清楚的问题必须要问，比如说章程中没有写对于投档考生如果符合章程要求，体检要求是否投档不退，这个问题就要问清楚。其次，对于填报志愿前与考生息息相关的录取规则等核心问题必须要问，比如如果真的调剂了，该学校调剂专业的原则是什么。再次，对于入学后的相关内容必须要问，如主辅修政策、转专业政策、校区分布情况等。最后，咨询老师的联系方式一定要问，如咨询组所住宾馆、行程等，以便日后联系。

咨询会后做什么？

咨询会过后，消除了各种疑虑，就应该静下心来好好分析相关情况，结合学校的录取政策将重点志愿高校确定下来，在填写之前可以再次与高校咨询老师联系，确认报考事宜，有不懂或需要深度了解的内容可以通过电话、网络等方式进一步了解。

总之，抓住重点，注意细节，提前准备是科学填报志愿的前提条件，科学地搜集和分析资料是科学填报志愿的方式，合理利用咨询会等平台进行志愿填报的细节分析和补充是科学填报志愿的保证。

第七节 一位考生的志愿填报全程解读

【案例名称】 把提前批当成机会，带着专业"冲一冲"

【考生情况】

姓名：小李，高考年份：2016，考试科类：理科，高考分数：608，位次：7622，性别：女，家庭状况：父母做小生意，家庭经济状况基本小康水平。

【职业规划情况】

希望就读经济管理专业，四年后到大城市或回重庆工作。

【考生求学意向】

通过上一年录取情况大体把该生的位次定位在985院校和211院校之间，就是说如果院校优先，该生很可能上一所985院校，但专业和地域就不一定能够满足其要求。通过与考生和家长三个小时的长聊，以及通过一些专业的测评手段，专业上基本选定经济管理专业为主。在地域、大学、专业的排序上，小李觉得除了专业外，地域也是非常重要的。既然选择了经济管理这种偏应用的学科，自己还是非常希望能够到江浙沪或者京津地区就读，未来毕业后留在相应地区工作，在这一问题上，小李的家长则持不同意见，他们认为大学的层次才是最重要的，因为大学层次高会有利于未来的就业。就这个问题孩子和家长进行了长时间的争论，为了节约时间，咨询师给的建议是先按照孩子的意愿、分数进行高校专业的筛选，如果这个结果孩子和家长都能够接受，就选择最优化的方案。

【志愿确认过程】

咨询师在招生计划公布后，连夜对重庆整体招生计划进行过了解。从宏观来看，2015年与2016年招生计划变化并不是特别大，因此，可以基本按照1∶1转化等位分，也就是2016年的608分，位次是7622，同样的位次在2015年按照1∶1转化，大致相当于627分，按照627分，对应重庆市教育考试院公布的2015年各校招生情况，咨询师建议学生重点考虑如下几所学校。

第一所，重庆大学。第二所，北京林业大学。第三所，山东大学威海分校。

第一所，重庆大学。重庆大学地处重庆，是国家"985工程"重点大学，以往重庆大学录取最低位次基本在重庆的8000位左右，该生今年的位次是有可能冲进重庆大学的，但重庆大学的经济管理类专业录取位次较高，基本在4000位左右，该生的位次明显不够。如果冲进重大，经过查询2015年各专业录取情况，被采矿工程、材料成型与控制这类专业录取的可能性较大。

第二所，北京林业大学。北京林业大学是老牌"211工程"学校，地处北京，2015年在重庆录取最低位次12321，在整体招生计划和该校招生计划变化均不大的情况下，不出意外，该生被该校录取的可能性极大，并且经过查询，该生最想去的金融专业 2015 年录取最低位次 8723，会计学 9763，其他经济管理类专业如国际经济与贸易、市场营销等都在 10000 位左右，但缺点是该校的优势学科还是集中在林学、园林、园艺这些专业上，经济管理类专业并非该校优势专业。

第三所，山东大学威海分校。山东大学是老牌"985 工程"名校，威海分校是山东大学的一个校区，通过查询招生章程，当年威海分校的毕业证、学位证均与本校一致，还是属于性价比极高的一个学校，但通过查询专业录取分数情况，该校的金融专业 2015 年最低录取位次是 7152，会计学最低录取位次是 6872，这两个专业是小李最想选的，而其他专业他都觉得不是很感兴趣。

经过利弊权衡，咨询师、小李和家长最终确定以北林为主要选择对象，毕竟地域是小李喜欢的，高校也是一所"211 工程"院校，专业也很有可能录取到自己喜欢的专业，这一结果家长也可以接受。后续小李又对志愿进行了丰富，咨询师建议小李再选择一些"保底"院校。

通过再次梳理招生计划，寻找新的机会。咨询师询问小李广东的暨南大学是否可以接受，因为暨南大学地处广州，属于国务院侨办直属，经济管理类专业也比较强，小李表示，如果去暨南大学的话，优势经济管理类专业可以接受，但如果不是优势专业就不接受了，咨询师就建议小李在提前批次填报暨南大学，并且不服从专业调剂，给自己多一次机会。除此之外，还有一个学校进入了咨询师的视野，就是坐落在成都的财经类院校——西南财经大学，这所学校在重庆录取分数很高，最低位次一般都在 3419，该生的位次是可望而不可即的，但西南财经大学 2015 年开始有个中外合作办学专业工商管理类在重庆招生，录取最低位次在 6095，因为该校中外合作办学专业为单独代码招生，就是在招生学校方面把一所学校分成两所学校来招，一个代码是招普通专业，另外一个招中外合作办学专业，而且在中外合作办学代码下只有一个工商管理类专业，咨询师询问小李是否愿意去，家长和孩子均表示如果能到西南财经大学，那一定要去，咨询师建议可以在本一批冲一冲这个合作办学的专业。

经过多次权衡探讨，为以防万一，咨询师和高考家庭把西南大学这所本地高校作为保底学校填在最后，一是西南大学作为重庆本地高校招生人数较多，历年录取情况比较稳定。二是西南大学的以往录取位次与考生位次有很大的位次差。同时选择了另外两所孩子在地域、大学层次、专业都相对能接受的中国海洋大学和江西财经大学作为填报高校，但实际上咨询师和家长、考生都很清楚,以孩子的成绩参考以往情况来看,不出意外,孩子投档进入北京林业大学的可能性是很大的,但是志愿填报慎重起见,还是认真填报了后续的志愿学校,并把考试院规定的志愿填报数量填满。最后小李的志愿表如表 11-1 所示。

表 11-1 小李的志愿填报表

批次名称	院校代号	院校名称	志愿号	专业调配
本科提前批	4402	暨南大学	一志愿	否
	专业代号	专业名称		
	22	会计学(ACCA)		
	44	金融学(金融工程)		
	16	经济统计学(精算师)		
本科第一批	院校代号	院校名称	志愿号	专业调配
	5186	西南财经大学	平行志愿 A	愿
	专业代号	专业名称		
	31	工商管理类(中外合作办学)(会计学)		
	院校代号	院校名称	志愿号	专业调配
	1117	北京林业大学	平行志愿 B	愿
	专业代号	专业名称		
	49	会计学		
	42	金融学		
	24	园林		
	46	工商管理类		
	40	国际经济与贸易		
	27	园艺(观赏园艺方向)		
	院校代号	院校名称	志愿号	专业调配
	3702	中国海洋大学	平行志愿 C	愿
	专业代号	专业名称		
	36	金融学		
	39	经济学		
	43	旅游管理		
	33	环境科学		
	17	食品科学与工程类		
	35	数学类		

续表

院校代号	院校名称	志愿号	专业调配
3718	山东大学威海分校	平行志愿 D	愿
专业代号	专业名称		
31	会计学		
00	金融学		
19	统计学		
22	通信工程		
25	软件工程		
23	电子信息科学与技术		
院校代号	院校名称	志愿号	专业调配
3613	江西财经大学	平行志愿 E	愿
专业代号	专业名称		
26	会计学(国际会计)		
27	会计学(ACCA方向)		
03	金融学类(01含金融学、保险学、金融工程)		
04	金融学(国际金融)		
05	金融学(CFA方向)		
06	金融学(FRM方向)		
院校代号	院校名称	志愿号	专业调配
5006	西南大学	平行志愿 F	愿
专业代号	专业名称		
30	工商管理类		
40	园林		
38	风景园林		
77	统计学		
49	环境科学与工程类		
28	农业经济管理类(农林经济管理)		

(批次名称:本科第一批)

【录取轨迹】

提前批被暨南大学提档,但因所报专业分数不够又不服从专业调剂,又被退档,在本科一批投档进入北京林业大学,如愿被第一专业会计学专业录取。

【案例点评】

该生的地域求学意向明确，专业明确，最后的结果应该说还是比较理想的，通过这个案例，我们应该明确以下几点。

（1）提前批次并非只是鸡肋，还是有很多省份的提前批有很多值得报考的学校和专业的，应该珍惜这样的机会，但同时要注意，如果一旦被提前批次录取，将不再参加下一批次录取。小李就是合理地利用了提前批次的录取规则，不服从专业调剂，试想如果她服从专业调剂，又被暨南大学提档，调剂到不喜欢的专业，其实也丧失了被北林录取的机会。

（2）提前批不服从专业调剂可以，本科一批呢？目前来说，本科一批大多省份都实行平行志愿，大部分省份平行志愿的投档规则是"分数优先、遵循志愿、一次投档"，也就是说如果你在本科一批次不服从专业调剂，一旦被投档又退档，那么将不再参加后续志愿的录取，以小李为例，如果在北林不服从专业调剂，被北林投档但又没有录取到自己报考的专业被退档，那么她只有进入征集志愿行列，而不能直接投入下一个志愿。

（3）志愿填报的过程就是"取舍"的过程，应该注意有取有舍，做到这一点还是要提前做好职业规划，明确自己想要什么、能舍弃什么。

第八节
志愿填报的知识你都掌握了吗

【案例】

凯是一位天津理科考生，单亲家庭，母亲是大学教授，凯那年考分为487分，超过二本线42分，当年天津市实行的是估分填报志愿，该生估计高考分数510分左右，在一批的平行志愿中填报了南开大学、天津大学、吉林大学、四川大学四所学校，他估计自己怎么也能上一本线，在一本B和二本都填报了天津财经大学，其他志愿没填，因为按照往年的录取情况，只要能上一本线，至少在二本批次的天津财经大学的专业往往是可以录取兜底的。但他们还是没有考虑到一个现实，就是估分毕竟是估分，高考分数出来后，没有达到一本线，而又高于二本线42分，天津财经大学无望，家长和孩子如热锅上的蚂蚁。他们对志愿的不了解完全体现在了志愿表上，但其实，如果科学合理地填报志愿，他们完全能规避这个风险，选择到天津师范大学或者天津理工大学等读书，但因为志愿填报得不合理，他们只能面临是否选择去三本的情形。

在凯跟我聊天的过程中，凯表达了要放弃人生理想以此来惩罚自己的想法，而凯的母亲一直在旁边哭泣。我的理智告诉我不能让他这么做，一直以来，我在指导填报志愿中从来没有劝过任何一个孩子选择复读，因为我始终觉得这也是一种赌博，但我觉得他的情况可以复读，因为对他来说一年的时间确实成本还是很低的，用一年的时间，即使他还保持这个水平，通过科学的填报志愿，至少能在天津上一个相对好的二本学校，何况据凯自己说，他的成绩直至高考时还一直处于上升期。我把这个想法告诉了母子俩，并用一些名人的成功例子鼓励他要尽量进入一所好一点的学校，开阔视野，因为往往视野决定了你成功的可能性。后来我又单独跟凯谈过一次，我鼓励他一定要好好学习，用身边的榜样鼓励自己。

在复读的这一年中，凯不仅埋头读书，还学会了抬头看天，在学习之余他和母亲经常会探讨一些学科专业方面的问题，我也会经常用手机发一些志愿常识与凯的妈妈分享。通过母子的交流沟通，凯明确了目标，学习更加上进。在第二年的志愿填报过程中，凯的妈妈也丝毫不敢马虎，积极地帮助儿子收录分数线信息，用平时积累的知识按照科学的步骤指导儿子填报志愿。第二年天津改成了出分后填报志愿，高考后，凯给我发来短信，告诉我分数出来了，是624分，虽然被南开录取的可能性极大，但他们母子俩除了把自己的重点批次一批次A志愿填报好之外，还规规矩矩地将一本B、二本A、二本B都选择了相应的学校，做到"攻守平衡，万无一失"。最后，虽然没有进入他理想的南开大学经济学专业，他却用一年的时间换来了南开大学物理学专业的录取通知书。

【案例分析】

我所在的省是分批次录取还是分段录取？有几个录取批次？这些录取批次是平行投档还是顺序投档？这几年的一本线、二本线、三本线都是多少分，它们对应的位次是多少？这几年的考生人数是多少？如何利用高校往年的录取分数来预测当年的录取分数？什么是分差法？什么是位次法？今年高考的考生成绩分布是否有较大变化？哪些高校是原985、211高校？哪些是双一流高校？哪些高校有保研资格？哪些是普通本科高校里面比较有特色的？这些学校它们各自的优势专业都有哪些？什么是强基计划？什么是综合评价录取？什么是艺术特长生？什么是艺术类考生？什么是高水平运动员？什么是体育类招生？高校招生通过哪种方式？网上填报志愿要注意什么？我参加高考的这一年我所在的省、自治区、直辖市有什么新政策？什么是平行志愿？什么是顺序志愿？省市招办实行的不同招生录取政策我们怎么应对？什么是招生章程？什么是志愿级差？我们应该怎么应对不同的专业分配方法？怎么利用高校咨询？怎么利用咨询会？如何准备报考工具？不同的专业都是学什么的，将来会做什么？我或者我的孩子适合什么样的专业？我了解孩子或者我自己吗？……其实高考填报志愿的过程就是解决如上问题的过程，大家把书看到这里，一定能够解决上述问题中的大部分，如果没有，那么说明你还没有学习得很好，要拿出钻牛角尖的态度去继续搞懂。总的来说，目前高考填报志愿，考生和家长需要搜集的信息主要有以下四大核心信息。

核心信息一：考生所在省（市、区）的招生政策。

了解本省（市、区）的招生政策，是家长和考生志愿填报的根本。各省市的招生录取批次、招生录取投档原则均由各省市考试院或招生办自行设定，并非全国统一。因此，同学们务必详细掌握本省的政策。多数的媒体现在都在说本省今年的政策中有哪些创新之处，比如在某一批次或者部分批次实行了平行志愿，媒体常常误读为本省实行了平行志愿。这些信息考生最好通过省招生办、考试院网站直接获得一手资料，以免转载有误造成的判断有误。

核心信息二：所在省、自治区、直辖市的往年各批次录取控制分数线及对应位次。考生所在学校上一年的高考情况。

通过这一数据，考生家长可以做大体定位，大体可以了解考到多少名以前的考生可以报考一本，多少名以前的报二本，依次往下。

核心信息三：掌握高校往年的招生信息和当年的招生政策。

掌握高校的招生信息包括以下几点：①高校近3~5年的录取分数线、位次。②当年招生计划数。③高校当年的录取专业原则，一般有分数优先、有专业级差和专业志愿优先三种办法。三种办法不同，填报策略不同。④招生章程。主要把特殊政策标出。⑤高校的学科特点以及优势专业等相关信息。⑥高校层次、地理位置、生活条件、转专业政策等辅助信息。

核心信息四：掌握志愿填报中利用高校往年录取信息预测当年录取分数的几种办法。

位次法结合政策分析、招生计划分析、报考热度分析、专业结构分析是目前首先推荐的分析往年录取数据的方法，分差法可以作为辅助性方法做参考，特别是分数线左右的考生，但考生和家长同时应该明确，既然是用往年录取分数预测判断当年的分数，存在偏差是必然的，而完全准确则是偶然的，要通过志愿结构做好保底，防范风险。其次，要明确几种方法各有利弊，都有一定的前提和假设。做到知其然还要知其所以然。最后，高考志愿填报是一个系统工程，影响高校录取结果的因素比较多，而且是互相影响的，有的是正向影响，有的是反向影响，一定要系统地多了解相关知识，做到知己知彼才能百战不殆。